VIES DES HOMMES ILLUSTRES - Nᵒ 41

ELISABETH
ET LE
COMTE D'ESSEX
HISTOIRE TRAGIQUE

par

LYTTON STRACHEY

Traduit de l'anglais par

JACQUES HEURGON

nrf

11ᵉ édition

LIBRAIRIE GALLIMARD

PARIS 43, rue de Beaune 1933

LA TRAGIQUE HISTOIRE

D'ÉLISABETH ET D'ESSEX

ELISABETH
ET LE
COMTE D'ESSEX
HISTOIRE TRAGIQUE

par

LYTTON STRACHEY

nrf

LIBRAIRIE GALLIMARD

PARIS 3, rue de Grenelle 1929

I

La Réforme en Angleterre eut un caractère non
seulement religieux, mais social. A l'époque où le
moule spirituel du Moyen Age était brisé, une révolution correspondante, non moins complète et de non
moindre portée, se produisit dans l'économie de la
vie temporelle et la répartition du pouvoir. Les seigneurs et les ecclésiastiques qui depuis des siècles
avaient régné, disparurent ; on vit s'établir à leur
place une classe nouvelle, qui n'était ni chevaleresque,
ni sainte ; et dans ces mains compétentes et vigou-
reuses, les rênes, et les avantages, du gouvernement se
trouvèrent rassemblés. Etrange aristocratie ; créée
par l'habileté d'Henri VIII, elle finit par submerger
le pouvoir auquel elle devait d'exister. Le personnage
royal ne fut bientôt plus qu'une ombre, tandis que
les Russell, les Cavendish, les Cecil régnaient avec
tout le poids de leur réalité. Pour de nombreuses
générations ils furent l'Angleterre ; et il est difficile,
aujourd'hui encore, d'imaginer une Angleterre où ils
ne soient pas.

Le changement fut soudain, et consommé sous le
règne d'Elisabeth. La révolte, en 1569, des Comtés du

Nord, dernier effort important de la vieille Loi pour échapper à son destin, échoua : l'infortuné Duc de Norfolk — le faible Howard, qui avait rêvé d'épouser Marie Stuart — eut la tête tranchée ; et le nouveau système social fut définitivement assuré. Pourtant, l'esprit de l'ancienne féodalité n'était pas tout à fait épuisé. Une dernière fois avant la conclusion du règne, il se ranima de ses cendres, incarné dans un individu isolé — Robert Devereux, Comte d'Essex. La flamme fut belle à voir ; les couleurs de l'antique chevalerie et l'éclat des prouesses passées y brillèrent de mille feux ; mais rien de substantiel ne la nourrissait ; projetant de sauvages lueurs, elle vacillait, incertaine ; un coup de vent l'éteignit. L'histoire d'Essex, si confuse dans son enchaînement, si démesurée dans ses contrastes, si terrible dans sa fin, laisse voir, à travers le tragique dessin d'un désastre individuel, l'agonie hantée de spectres, d'un monde aboli.

Son père, qui avait été fait Comte d'Essex par Elisabeth, se rattachait à toutes les grandes maisons de l'Angleterre médiévale. Le Comte de Huntingdon, le Marquis de Dorset, Lord Ferrers — des Bohun, des Bourchier, des Rivers, des Plantagenet — se pressaient en foule sur son arbre généalogique. Parmi ses ancêtres, Eléonore de Bohun était la sœur de Marie, femme d'Henri IV ; Anne Woodville, la sœur d'Elisabeth, femme d'Edouard IV ; par Thomas de Woodstock, Duc de Gloucester, la famille remontait à Edouard III. Le premier Comte avait été homme chimérique : vertueux et malheureux. Avec l'enthousiasme d'un Croisé, il avait entrepris de soumettre l'Irlande ; mais les intrigues de la Cour, l'esprit parcimonieux de la Reine, et l'indomptable fierté des « Kerns »[1] avaient eu raison de lui : il n'avait obtenu aucun succès, et était mort enfin dans la ruine et le désespoir. Son fils Robert était né en 1567. A neuf ans, quand son père mourut, l'enfant se trouva l'héritier d'un nom illustre et le plus pauvre Comte d'Angleterre. En outre, les influences complexes qui devaient modeler sa destinée étaient présentes à sa naissance : sa mère représentait aussi bien la nouvelle noblesse que son père l'ancienne. La grand'mère de Lettice Knollys était une sœur d'Anne Boleyn ; en sorte qu'Essex était petit-neveu d'Elisabeth à la mode de Bretagne. Une parenté plus considérable encore vint à se nouer quand deux ans après la mort du premier Comte, Lettice se remaria avec Robert Dudley, Comte de Leicester. La fureur de Sa Majesté et les murmures de scandale ? Nuages d'un instant et de peu d'importance ; seul resta le fait qu'Essex était beau-fils de Leicester, magnifique favori de la Reine, qui, depuis l'avènement de celle-ci, avait dominé la Cour. Que pouvait de plus souhaiter l'ambition ? Tous les éléments étaient donnés — une haute naissance, les plus grandes traditions, du crédit à la Cour, et même la pauvreté — pour composer une belle carrière.

Le jeune Comte fut élevé sous la tutelle de Burghley. Dans sa dixième année, il fut envoyé à Trinity College, Cambridge, où il reçut, en 1581, à l'âge de quatorze ans, le titre de Maître-ès-Arts. Il passa son adolescence

---

1. Insurgés irlandais.

à la campagne, dans l'un ou l'autre de ses lointains domaines de l'Ouest — à Lanfey dans le Pembrokeshire, ou, plus souvent, à Chartley dans le Staffordshire, où la vieille demeure, avec sa charpente sculptée, son faîte crénelé, et, sur les fenêtres, les armes et devises des Devereux et des Ferrers, se dressait de façon romantique au milieu de chasses illimitées que le cerf et le daim, le blaireau et l'ours sauvage peuplaient en abondance. Le jeune homme aimait la chasse et tous les sports virils ; mais il aimait la lecture aussi. Il savait écrire le latin avec correction, et l'anglais avec art. Il eût pu être savant, s'il n'avait été, avec tant de feu, gentilhomme. A mesure qu'il grandissait, cette double nature sembla se refléter dans son tempérament physique. Un sang généreux bouillonnait dans ses veines ; il courait et joutait avec les plus ardents ; puis, soudain, la santé se retirait de lui comme une mer qui reflue, et l'enfant au front pâle gisait des heures durant dans sa chambre, mystérieusement triste, un Virgile à la main.

Quand il eut dix-huit ans, Leicester, envoyé dans les Pays-Bas avec une armée, le nomma Général de la Cavalerie. Le poste comportait moins de responsabilités sérieuses que de manifestations pittoresques, et Essex s'acquitta parfaitement de ses fonctions. A l'arrière du front, dans les fêtes et les tournois, « il donnait à tous grand espoir », dit le Chroniqueur, « de sa noble hardiesse au combat » — espoir qui ne fut pas démenti à l'heure de la bataille véritable. Au cours de la charge effrénée de Zutphen, il fut parmi les plus braves ; Leicester l'arma chevalier le soir même.

Plus heureux — du moins en apparence — que Philip Sidney, Essex revint sain et sauf en Angleterre. Dès lors il commença à se montrer assidûment à la Cour. La Reine, qui l'avait connu dès son enfance, l'aimait bien. Son beau-père se faisait vieux. C'était un palais où des cheveux blancs et une figure rouge constituaient une grave infériorité ; et il se peut que le courtisan vieilli sous les armes ait pensé que la faveur d'un jeune parent donnerait plus de force à son action personnelle, et, en particulier, ferait équilibre à l'influence croissante de Walter Raleigh. Quoi qu'il en soit, il n'y eut bientôt plus sujet de pousser le jeune homme. Il devint clair à tous qu'Essex, avec ses manières ouvertes, son espièglerie, ses mots et ses regards adorateurs, sa haute taille, ses mains délicates, et la couleur châtain des cheveux sur cette tête qui s'inclinait si noblement, avait ensorcelé la Reine. La nouvelle étoile monta avec une rapidité extraordinaire, et soudain parut seule briller au firmament. La Reine et le Comte étaient toujours ensemble. Elle avait cinquante-trois ans, il n'en avait pas encore vingt : âges dangereusement assortis. Mais pour le moment — on était au mois de mai 1587 — tout était calme et uni. Il y avait de longues conversations, de longues promenades à pied ou à cheval à travers les parcs et les bois de la campagne de Londres, et le soir, d'autres conversations, et des rires, et ensuite de la musique, jusqu'à ce qu'enfin les salles à Whitehall fussent vides, et qu'ils restassent, tous deux seuls, à jouer aux cartes. Tout le long de la nuit, ils jouaient aux cartes, ou à tel autre jeu, en sorte que, disaient les mauvaises langues : « Milord ne rentre jamais chez lui que les oiseaux du matin n'aient commencé de chanter ». Ainsi passèrent les mois de mai et de juin 1587.

Si seulement le temps avait pu s'arrêter dans son cours, et prolonger à travers un éternel été ces jours alcyoniens ! L'enfant qui, plein de fièvre, regagne sa maison à l'aube, la Reine qui sourit dans l'ombre... Mais il n'y a point de répit pour les mortels. Les rapports humains doivent ou se transformer ou périr. Quand deux caractères viennent à se rapprocher suffisamment, l'intensité de leur action réciproque, qui devient de plus en plus violente, conduit à un paroxysme inévitable. Le crescendo doit s'élever jusqu'à sa note extrême ; et seulement alors la solution préétablie du thème est manifestée.

II

Le règne d'Elisabeth (1558-1602) se divise en deux
parties : les trente années qui précédèrent la défaite
de l'Armada espagnole, et les quinze qui la suivirent.
La première période fut une période de préparation :
c'est alors que s'accomplit l'œuvre formidable qui
fit de l'Angleterre une nation cohérente, définitivement indépendante du continent, et produisit un
état de choses où toutes les énergies du pays pouvaient se donner carrière. Durant ces longues années,
les qualités dominantes des hommes au pouvoir furent
l'habileté et la prudence. Les temps étaient difficiles ;
toute autre méthode eût été hors de saison. Pour une
génération entière, ce fut l'infinie circonspection de
Burghley qui exerça l'influence suprême en Angleterre. Les figures du second plan suivaient l'exemple ;
et pour cette raison même, il ne nous est plus permis
de les distinguer nettement. Walsingham eut une
action souterraine ; Leicester, tout fastueux qu'il
était, nous demeure obscur — personnage incertain qui pliait à tous les souffles ; le Lord Chancelier
Hatton dansait, et c'est tout ce que nous savons de
lui. Puis, tout d'un coup, le kaléidoscope tourna ;
les vieilles façons, les vieux acteurs furent entraînés

dans le naufrage de l'Armada. Burghley seul resta, monument du passé. A la place de Leicester et Walsingham, Essex et Raleigh, jeunes, audacieux, peints de couleurs vives, et qu'animait une originalité pleine d'éclat, bondirent sur la scène des affaires publiques et l'occupèrent. Il en fut de même dans tous les autres champs de l'énergie nationale : les neiges de l'Hiver, protecteur des germes, avaient fondu, et le merveilleux printemps de la civilisation élisabéthaine jaillit à la lumière.

L'époque — celle de Marlowe et de Spenser, du premier Shakespeare et du Francis Bacon des « Essais » — n'a pas besoin d'être décrite ; chacun connaît ses apparences extérieures, et les œuvres littéraires qui en expriment l'essence. Plus précieux que des descriptions, mais peut-être hors de notre portée, serait un moyen d'amener l'esprit moderne à pénétrer, par l'imagination, la psychologie de ces êtres d'il y a trois cents ans — à se mouvoir avec aisance parmi leurs sentiments spécifiques familiers — à toucher, ou à rêver qu'il touche (car de tels rêves sont l'étoffe de l'histoire) *the pulse of the machine* [1]. Mais il semble que ce chemin nous soit interdit. Par quelle ruse nous insinuer dans ces âmes étrangères, et dans ces corps plus étrangers ? Plus clairement nous le percevons, plus distant nous devient ce monde singulier. Avec un petit nombre d'exceptions — et peut-être la seule exception de Shakespeare — les créatures dont il est peuplé se présentent à nous sans intimité : fantômes qui restent en dehors de nous, nous les

1. Wordsworth.

connaissons, mais nous ne les comprenons pas.

C'est avant tout l'aspect contradictoire de cette époque qui défie notre imagination et confond notre intelligence. Les humains, sans doute, cesseraient d'être humains s'ils étaient cohérents, mais l'incohérence des Elisabéthains excède toute limite permise à l'homme. Leurs parties composantes s'échappent l'une de l'autre avec impétuosité : on s'en saisit, on les secoue ensemble, et l'on travaille dur à produire un mélange simple : la cornue vole en morceaux. Comment serait-il possible de rendre compte avec suite de leur subtilité et de leur naïveté, de leur brutalité et de leur raffinement, de leur pitié et de leur luxure ? Où que l'on regarde, c'est tout de même. Quelle perverse magie avait entrelacé, en John Donne, l'ingéniosité intellectuelle et l'ingénuité théologique ? Qui a jamais expliqué Francis Bacon ? Comment se peut-il concevoir que les puritains fussent les frères des dramaturges ? Quel étrange tissu mental était-ce donc que celui qui pour trame avait les mœurs cruelles et fangeuses du xvie siècle à Londres, et pour chaîne un sentiment intime et passionné du magnifique et de l'exquis, de *Tamerlan* et de *Vénus et Adonis ?* Qui saurait reconstruire ces êtres aux nerfs d'acier, qui, laissant la taverne où tel enfant gracieux, s'accompagnant du luth, chante un divin madrigal, allaient voir avec délices des chiens sanglants déchirer un ours ? Aux nerfs d'acier ? Peut-être, et pourtant le fat qui se pavane, et dont la braguette proclame l'étonnante virilité, n'était-il pas aussi, avec ses cheveux flottants et ses oreilles étincelantes de pierreries, efféminé ? Et la curieuse société qui se plaisait à des fantaisies si délicates, par quel prompt revirement la voyait-on mettre en pièces, et avec quelle hideuse cruauté, une victime de hasard ! Que la fortune vienne à tourner — le mot d'un espion — et ces mêmes oreilles, on les coupait au pilori, pour le rire de la foule ; ou bien, si l'ambition ou la religion faisait l'imbroglio plus sinistre, une mutilation plus horrible — au milieu d'un marécage de platitudes morales à l'usage des petits enfants. et de confessions suprêmes écrites dans un anglais admirable — pouvait ajouter, à la mort d'un traître, un ragoût spécial.

C'était l'âge du *baroque* ; et sans doute est-ce le peu de conformité entre la charpente et l'ornementation qui rend le mieux compte du mystère des Elisabétains. Il est très difficile de retracer, sous l'exubérance de la décoration, le secret, le subtil dessin de leur nature intime. Certainement c'est le cas d'Elisabeth elle-même, dernier et souverain exemple, et chef-d'œuvre de l'Elisabéthanisme ; jamais ne foula cette terre une plus *baroque* créature. De l'aspect visible jusqu'aux profondeurs de l'être, elle était pénétrée en toutes ses parties par le déroutant contraste du réel et de l'apparent. Sous la dense complication du costume — ce vaste panier. cette fraise aux plis raides, ces manches bouffantes, cette poussière de perles, ces soies brochées d'or et répandues sur elle — la forme de la femme disparaissait, et l'on voyait à la place une image — magnifique, monstrueuse, artificielle — une image de royauté, qui par un miracle n'en était pas moins effectivement vivante. La postérité a souffert d'une semblable illusion d'optique. La grande Reine de son imagination, l'héroïne au cœur de lion, qui humilia l'insolence espagnole, qui écrasa la tyrannie romaine avec des gestes splendidement assurés, est aussi loin de la Reine véritable qu'Elisabeth habillée d'Elisabeth nue. Mais, après tout, la postérité jouit d'un privilège. Approchons-nous : nous n'offenserons plus cette Majesté, si nous regardons sous ses robes.

Le cœur de lion, les gestes splendides, les traits héroïques étaient là, sans aucun doute, visibles à chacun ; mais leur exacte valeur dans le plan général du caractère était accessoire et complexe. Les yeux aigus et malintentionnés des ambassadeurs espagnols virent quelque chose de différent ; à les en croire, la caractéristique dominante d'Elisabeth était la pusillanimité. Ils se trompaient, mais en apercevant une plus grande part de vérité que le spectateur superficiel. Ils étaient entrés en contact avec des forces de son esprit qui se révélèrent à l'occasion fatales à leurs desseins, et valurent enfin à la Reine son triomphe suprême. Ce triomphe ne fut point l'effet de l'héroïsme. Au contraire : la grande politique qui gouverna la vie d'Elisabeth fut la moins héroïque qui se pût concevoir, et sa véritable histoire demeure une leçon durable pour les hommes d'Etat amateurs de mélodrames. En réalité, le succès lui fut donné en vertu de toutes les qualités dont un héros devrait le plus se passer — la dissimulation, la souplesse, l'indécision, la remise au lendemain, la parcimonie. On pourrait presque avancer que l'élément héroïque se manifesta surtout ici dans la durée paradoxale pendant laquelle elle permit aux sus-

dites qualités de la mener. Il lui fallait assurément
un cœur de lion pour consacrer douze ans à persuader
au monde qu'elle était amoureuse du Duc d'Anjou,
et pour rationner les vainqueurs de l'Armada ; de ce
côté-là, elle était en vérité capable de tout. Elle se
trouva femme de sens dans un univers de violents
maniaques, entre des forces adverses d'une terrible
intensité — nationalismes rivaux de la France et de
l'Espagne, religions rivales de Rome et de Calvin ;
pendant des années, il sembla inévitable qu'elle fût
écrasée par l'une ou l'autre de ces menaces ; et elle ne
dut le salut qu'à sa science d'opposer aux extrêmes
qui l'entouraient ce qui chez elle était également extrême, l'astuce et l'art des faux-fuyants. La chance
voulut que la subtilité de son intellect fût exactement
adaptée à la complexité des circonstances. L'équilibre des pouvoirs entre la France et l'Espagne, l'équilibre des factions en France et en Écosse, les vicissitudes des affaires hollandaises donnaient lieu au
cheminement d'une diplomatie tortueuse qui n'a
jamais été jusqu'à ce jour complètement débrouillée.
Burghley était son auxiliaire préféré, intendant zélé
et selon son cœur ; et plus d'une fois Burghley déses-
péra devant ce rébus, la conduite de sa maîtresse.
Or, ce n'était pas seulement son intelligence qui la
servait ; c'était son caractère aussi bien. Ici encore
le mélange du masculin et du féminin, du pas vigoureux et de l'allure sinueuse, de la persévérance et de
l'indécision, était précisément ce que les circonstances demandaient. Un instinct profond lui rendait
presque impossible de se déterminer sur quelque matière que ce fût. Ou, si elle y parvenait, elle s'empres-

sait de contredire sa résolution avec une extrême violence, et, après cela, de contredire sa contradiction avec plus de violence encore. Telle était sa nature : flotter, pendant la bonace, sur une mer d'incertitudes, et, quand le vent s'élevait, louvoyer fébrilement d'un bord à l'autre. Autrement — eût-elle possédé, conformément au type reconnu de l'homme d'action, de l'homme fort, le don de choisir une direction et de s'y maintenir — elle était perdue ; inextricablement emmêlée aux forces qui l'entouraient, et presque fatalement, aussitôt détruite. Le côté féminin de son tempérament la sauva. Seule une femme pouvait être si effrontément transfuge, seule une femme pouvait, par un mouvement de cœur si entier et si peu tourmenté de scrupules, rejeter ses derniers lambeaux, non seulement de constance, mais de dignité, d'honneur, et de commune bienséance, dans le dessein d'échapper à l'effrayante nécessité de prendre parti. On doit reconnaître pourtant que la nature évasive des femmes n'y suffisait pas : il fallait un mâle courage, une mâle énergie pour fuir la pression qui pesait sur elle de tous côtés. C'étaient là des vertus qu'elle possédait aussi, mais leur valeur dans le cas d'Elisabeth — et ce fut le paradoxe final de sa carrière — ne fut que de la rendre assez forte pour tourner le dos, avec une indomptable ténacité, aux voies de la force.

Les personnes religieuses du temps s'affligeaient de sa conduite, et depuis, les historiens impérialistes, pensant à elle, se tordent les mains. Que ne cachait-elle ces hésitations et ces chicanes ? Plutôt courir un noble risque ! Qui la retenait de marcher, audacieuse et sûre de soi, à la tête de l'Europe protestante, d'accepter le sceptre de Hollande, et de combattre le bon combat pour la destruction du catholicisme et l'assujettissement de l'empire espagnol à la domination anglaise ? La réponse est qu'elle ne se souciait point de cela. Elle comprenait sa vraie nature et sa vraie mission mieux que ne font ses critiques. C'est seulement le hasard de la naissance qui l'avait fait présider aux intérêts du Protestantisme ; son cœur était profondément soumis au siècle ; et sa destinée fut d'être le champion, non de la Réforme, mais d'un plus grand événement — la Renaissance. Quand elle vint au bout de son étrange travail, il y avait une civilisation en Angleterre. Le secret de sa conduite, après tout, est fort simple : il s'agissait de gagner du temps. Et le temps, pour elle, était tout. Une décision signifiait la guerre — la guerre, c'est-à-dire exactement l'opposé de ce qu'elle aimait. Il n'y a pas dans l'histoire un autre grand homme d'Etat qui ait été comme elle, non seulement en intention, mais en fait, pacifique. Non qu'elle se troublât beaucoup des horreurs de la guerre — elle était loin de toute sentimentalité. Elle la haïssait pour la meilleure raison de toutes : qu'elle est pur gaspillage. Son goût de l'épargne était spirituel aussi bien que matériel, et la moisson qu'elle mettait en grange n'était autre que le grand siècle auquel, bien qu'il n'ait atteint ses gloires suprêmes qu'avec le successeur d'Elisabeth, le nom de celle-ci a été justement donné. Sans elle, jamais ces champs prodigieux n'eussent mûri, foulés aux pieds par les hordes furieuses des nationalistes et des théologiens. Elle maintint la paix pendant trente années, à force, il est vrai, d'une longue suite de honteuses capitulations, et d'équivoques inouïes ; mais elle la maintint, et c'était assez pour elle.

Remettre la décision à demain, à demain encore, toujours à demain, semblait son unique objet ; et sa vie se consuma dans la passion de l'atermoiement. Mais ici encore les apparences étaient trompeuses, comme ses adversaires l'apprirent à leurs dépens. A la fin, quand des âges révolus s'étaient inscrits au cadran de l'horloge ; quand le Délai grisonnait déjà ; quand l'Attente s'était consumée jusqu'à la bobèche... alors quelque chose de terrible se produisait. Le rusé Maitland de Lethington, aux yeux de qui le Dieu de ses pères n'était qu'un « espouvantail de nourrice », déclarait avec dédain que la Reine d'Angleterre était inconstante, irrésolue, timorée, et qu'avant que la partie fût jouée il la ferait « asseoir sur sa queue et pleurer comme chienne fouettée ». De longues années passèrent ; soudain, les pierres du château d'Edimbourg croulèrent comme sable au signal d'Elisabeth, et Maitland n'eut d'autre recours, contre l'inacceptable ruine, qu'une mort vraiment romaine. Marie Stuart méprisait sa rivale, d'un violent mépris de Française ; après dix-huit ans, à Fotheringay, elle connut qu'elle s'était trompée. Il fallut au roi Philippe trente ans pour être pareillement instruit. Pendant trente ans, il avait épargné sa belle-sœur ; enfin il prononça sa condamnation ; et il souriait de voir cette femme abusée toujours négociant une paix universelle, au moment où son Armada entrait dans la Manche.

Sans aucun doute, il y avait en elle quelque chose

de sinistre. On le voyait aux mouvements de ses mains extraordinairement longues. Mais ce n'était qu'une ombre, et rien de plus — juste assez pour rappeler qu'en ses veines coulait du sang italien — le sang des subtils et cruels Visconti. Dans l'ensemble, elle était Anglaise. Dans l'ensemble, quoique infiniment subtile, elle n'était pas cruelle, mais presque humaine pour son temps ; si parfois elle laissait éclater quelque férocité, la peur ou la colère en était cause. En dépit de ressemblances superficielles, elle était exactement l'opposé de son très dangereux ennemi de l'Escurial — araignée attentive à ses trames. Tous deux étaient passés maîtres en dissimulation, avaient du goût pour le délai ; mais ce pied de plomb, chez Philippe, était le symptôme d'un organisme mourant, au lieu qu'Elisabeth temporisait pour la raison contraire — parce que la vitalité peut se permettre d'attendre. Farouchement immobile, la vieille poule couvait la nation anglaise, dont les palpitantes énergies, sous ses ailes, montraient chaque jour plus de maturité et d'unité. Elle couvait, immobile, mais les plumes hérissées ; redoutablement vivante. Cette vigueur débordante alarmait et réjouissait tout ensemble. L'Ambassadeur espagnol déclarait la Reine possédée de dix mille diables, mais l'Anglais ordinaire considérait en ce rejeton du roi Henri, fille au sang généreux, une souveraine selon son cœur. Elle jurait ; crachait ; frappait du poing quand on l'irritait ; riait à grands éclats quand on l'amusait ; et elle était facilement amusée. Une rayonnante atmosphère de bonne humeur adoucit et colora les lignes sévères de sa destinée, et à travers les zigzags de sa vie — affreux chemin — la maintint à flot. Sa réplique à toute impulsion était immédiate et riche : sous l'aiguillon du plaisir, ou devant l'horrible fracas des grandes circonstances, son âme bondissait avec une vivacité, un abandon, une présence d'esprit qui faisaient d'elle, et font d'elle encore, un spectacle fascinant. Elle savait jouer avec la vie comme avec une égale, boxant avec elle, se moquant, l'admirant, observant ses drames, et savourant à fond l'étrangeté de l'évènement, les soudains caprices de la fortune, et le caractère perpétuellement inattendu des choses. « Per molto variare la natura è bella » était un de ses aphorismes préférés.

Les variations dans sa propre conduite n'étaient guère moins fréquentes que dans la nature. La rude et tapageuse dame, avec ses méchants tours, ses façons de plein air, sa passion pour la chasse, se transformait soudain en une femme d'affaires, au visage glacé, claquemurée de longues heures durant avec ses secrétaires, à lire et dicter des dépêches, à contrôler des comptes avec une exactitude minutieuse. Puis, aussi soudainement, c'était la princesse de la Renaissance, infiniment cultivée, qui se manifestait. Car les talents d'Elisabeth étaient nombreux et éclatants. Elle possédait six langues en plus de la sienne, savait du grec, était calligraphe, et jouait excellemment de la musique. Elle s'y connaissait en peinture et en poésie. Elle dansait, dans le style florentin, avec une magnificence altière qui étonnait les spectateurs. Sa conversation, pleine, non seulement de gaieté, mais d'élégance et d'esprit, révélait un sens social infaillible, une charmante délicatesse d'intuition. Grâce à cette versatilité d'esprit, elle fut l'un des diplomates les plus éminents de l'histoire. Son âme protéenne, épousant avec une extrême vivacité les replis de toute forme imaginable, confondait les plus clairvoyants de ses antagonistes, et prenait au piège les plus circonspects. Mais sa virtuosité suprême était la maîtrise qu'elle exerçait sur les ressources du langage. Quand il lui plaisait, elle savait, sous le martèlement des mots, enfoncer jusqu'à la garde ce qu'elle voulait dire. Nul ne l'a jamais surpassée dans la subtile élaboration d'équivoques étudiées. Ses lettres sont écrites d'un style royal qui est bien à elle, fait d'apophtegmes et d'insinuants détours. Dans la conversation privée, elle savait gagner un cœur par certaine brusquerie vive et heureusement appliquée. Mais ses plus grands moments étaient lorsqu'en audience publique, elle faisait connaître au monde ses vœux, ses opinions et ses méditations. Alors la magnificence du discours, se poursuivant à travers une constante volubilité, proclamait le curieux travail de son intellect avec une force captivante, et dans le même temps la passion intérieure vibrait magiquement sous l'accent sonore, fier, intraitable, et le rythme exquis des paroles.

Ce n'est pas seulement dans l'esprit d'Elisabeth qu'étaient visibles ces contrastes ; ils dominaient aussi son être physique. Ce grand corps osseux était sujet à d'étranges faiblesses. Des rhumatismes la mettaient à la torture ; d'intolérables maux de tête la tenaient prostrée et gémissante de douleur ; un hideux ulcère empoisonna son existence pendant des années. Quoiqu'elle ait eu peu de maladies graves, une longue

suite d'indispositions, une foule de symptômes mor-
bides tinrent ses contemporains dans une incertitude pleine d'alarmes, et ont induit quelques modernes chercheurs à conjecturer qu'elle eût reçu de
son père une infection héréditaire. Notre science, à
la fois des lois de la médecine et des détails réels des
troubles de sa santé, est trop limitée pour nous permettre une conclusion précise ; mais il semble à tout
le moins certain qu'en dépit de ses souffrances mul-
tiples et prolongées, Elisabeth était d'une forte constitution. Elle vécut jusqu'à soixante-dix ans — âge
avancé pour l'époque — s'acquittant jusqu'à la fin
des pénibles devoirs du gouvernement ; toute sa vie
elle fut capable d'efforts physiques extraordinaires ;
elle chassa et dansa inlassablement ; et — fait significatif, difficilement compatible avec aucune faiblesse physique prononcée — elle prenait un plaisir
particulier à se tenir debout, en sorte que plus d'un
infortuné ambassadeur se retira de sa présence,
après une audience qui avait duré plusieurs heures,
chancelant et plaignant amèrement sa fatigue. Probablement, la solution de l'énigme — suggérée
en son temps par divers témoins et acceptée depuis
par les auteurs compétents — est que la plupart
de ses malaises avaient une origine nerveuse. Cette
structure d'acier était la proie des nerfs. Les ha-
sards et les angoisses qui avaient marqué sa vie
auraient suffi, en eux-mêmes, à ébranler la santé des
plus vigoureux ; mais c'est un fait que, dans le cas
d'Elisabeth, il y avait une cause spéciale de névrose :
son organisation sexuelle était gravement faussée.

Depuis le commencement, sa vie émotive avait été

soumise à d'extraordinaires tensions. Les années si profondément impressionnables de la prime enfance avaient été pour elle une période d'exaltation, de terreur, et de tragédie. Il est possible qu'elle pût tout juste se rappeler le jour où, pour célébrer la mort de Catherine d'Aragon, son père, vêtu de jaune des pieds à la tête, sauf une plume blanche à son bonnet, l'avait conduite à la messe au son des trompettes triomphales, puis, la prenant dans ses bras, montrée à tous ses courtisans l'un après l'autre, au comble de la joie. Mais il est possible aussi que son tout premier souvenir fût d'une nature différente : quand elle avait eu deux ans et huit mois, son père avait fait couper la tête de sa mère. Qu'elle se le rappelât ou non, les réactions d'un tel évènement sur un esprit d'enfant ont dû être profondes. Les années qui suivirent furent pleines de trouble et d'incertitude. Son sort variait sans cesse avec les complexes changements de politique de son père et ses mariages ; tour à tour caressée et négligée, elle était tantôt héritière d'Angleterre, et le moment d'après bâtarde et réprouvée. Puis, quand le vieux Roi fut mort, une nouvelle et dangereuse complication faillit la perdre. Elle n'avait pas encore quinze ans, et vivait dans la maison de sa belle-mère, Catherine Parr, mariée à l'Amiral Seymour, frère de Somerset, le Protecteur. L'Amiral était bien fait, charmant, et sans scrupule : il se divertit avec la Princesse. Le matin, de bonne heure, il faisait irruption dans sa chambre, et avec de grands éclats de rire bondissait sur elle qui était encore au lit ou venait juste de se lever ; il la prenait dans ses bras, la chatouillait, lui donnait des claques sur les fesses, et lançait une plaisanterie obscène. Ces privautés continuèrent pendant plusieurs semaines. Mais Catherine Parr en eut vent, et envoya Elisabeth dans une autre demeure. Quelques mois plus tard, Catherine mourait. L'amiral offrit à Elisabeth de l'épouser. L'ambitieux séducteur, qui visait au pouvoir suprême, espérait s'assurer contre son frère par une alliance avec le sang royal. Ses intrigues furent découvertes ; il fut jeté à la Tour ; et le Protecteur essaya d'inculper Elisabeth dans la conspiration. La jeune fille, au comble de l'angoisse, ne perdit pas la tête. La beauté et les manières de Thomas Seymour lui avaient plu ; mais elle nia fermement qu'elle eût jamais songé au mariage en dehors du consentement du Protecteur. Dans une lettre magistrale, d'une écriture parfaite, elle réfuta les allégations de Somerset. Le bruit courait, lui disait-elle, qu'elle fût « enceinte des œuvres de Milord Amiral » ; ce n'était qu' « une impudente calomnie ; » et elle demandait la permission de venir à la Cour où tous pourraient le constater. Le Protecteur comprit qu'il n'y avait rien à faire avec cette adversaire de quinze ans ; mais il fit décapiter l'Amiral.

Telles étaient les circonstances —à la fois horribles et singulières — dans lesquelles elle passa l'enfance et la puberté. Qui s'émerveillera de voir son âge mûr marqué des signes d'une infirmité nerveuse ? Elle ne fut pas plus tôt sur le trône qu'une étrange anomalie de tempérament se déclara. Du moment que la catholique Marie Stuart était héritière présomptive, la cause protestante en Angleterre demeurait suspendue, tant qu'Elisabeth ne se marierait pas, au mince fil de

ses jours. Conclusion évidente, naturelle, inévitable :
il fallait que le mariage de la Reine eût lieu immédiatement. Mais la Reine était d'un avis différent. Le
mariage lui déplaisait, et elle ne se marierait pas.
Pendant plus de vingt ans, jusqu'à ce que l'âge mît
la chose hors de question, elle résista, à travers une
incroyable série de délais, d'équivoques, de perfidies,
et de tergiversations, à l'incessante pression de ses
ministres, de ses parlements, et de son peuple. La
considération de sa sûreté personnelle était sans
valeur à ses yeux. Qu'elle n'eût pas d'enfant mettait
sa tête à prix. Elle le savait. Elle en souriait. Le monde
était confondu par cette conduite sans précédent.
Ce n'était pas comme si une chasteté de glace eût
possédé le cœur d'Elisabeth. Loin de là ; au contraire.
Nature l'avait faite une amoureuse si peu capable de
contrainte que son mal était toujours évident et quelquefois scandaleux. La noble forme des hommes
l'emplissait d'un trouble délicieux. Sa passion pour
Leicester domina son existence, du jour où la tyrannie
de sa sœur les eût réunis à la Tour de Londres, jusqu'à la dernière heure du favori ; et il y avait en
Leicester une beauté virile, mais rien de plus que
cette virile beauté, pour prévenir en sa faveur. D'ailleurs, Leicester ne brillait pas seul à son firmament ;
il y avait d'autres astres qui, par moments, étaient
près de l'éclipser. Il y avait le majestueux Hatton, si
plaisant à danser la gaillarde ; il y avait le gracieux
Heneage ; il y avait de Vere, audacieux prince de la
lice ; il y avait le jeune Blount, avec « ses cheveux
bruns, son doux visage, un corps si bien tourné, et
une si haute taille », et la belle rougeur qui, si le regard

de Sa Majesté se fixait sur lui, colorait un instant ses joues.

Tous, elle les aimait ; sur ce point, ses amis comme ses ennemis restent d'accord ; car le mot *amour* est d'un sens incertain ; et sur les faits et gestes d'Elisabeth plane une vaste interrogation. Ses adversaires catholiques proclamaient rondement qu'elle était la maîtresse de Leicester, et qu'elle avait eu de lui un enfant, porté clandestinement en lieu sûr — le conte est sans nul doute inventé. Mais il y avait aussi dans l'air des rumeurs tout à fait opposées. Ben Jonson dit à Drummond, à Hawthornden, après boire, qu' « elle avait une membrane qui la rendait *incapax viri*, quoique pour son plaisir elle eût essayé beaucoup d'hommes ». Les propos de table de Ben Jonson, naturellement, n'ont aucune autorité ; tout au plus nous renseignent-ils sur les commérages du temps ; ce qui a plus d'importance, c'est l'opinion réfléchie de quelqu'un qui était bien placé pour découvrir la vérité — Féria, l'ambassadeur espagnol. Ayant fait diligente enquête, il en était venu à la conclusion qu'Elisabeth, disait-il au roi Philippe, n'aurait jamais d'enfant ; « entiendo que ella no terna hijos » étaient ses propres mots. S'il en est ainsi, ou si Elisabeth le croyait, son refus de se marier devient tout de suite compréhensible. Avoir un mari et pas d'enfant, c'était simplement perdre son indépendance, sans gagner en retour aucun avantage équivalent ; la succession protestante ne serait en rien plus assurée, et elle-même subirait pour l'éternité l'outrage de servir un maître. La grossière légende de sa malformation physique peut bien avoir eu son origine dans un fait plus subtil, et pourtant non moins essentiel. En de telles matières, l'esprit est aussi puissant que le corps. Une répugnance profondément ancrée à l'acte final du commerce amoureux peut produire, quand la possibilité en approche, un état de convulsions nerveuses, accompagné, dans certains cas, d'une douleur intense. Tout nous induit à conclure que telle — résultat des graves perturbations psychologiques de son enfance — était la condition d'Elisabeth. « Je hais l'idée de mariage, disait-elle à Lord Sussex, pour des raisons que je ne divulguerais pas à une âme sœur. » Soit ; elle haïssait le mariage ; mais elle s'en ferait néanmoins un jeu. Son détachement intellectuel, et le flair suprême qu'elle avait des occasions de chicanerie politique, l'engageaient à faire miroiter cette promesse à la convoitise du monde. L'Espagne, la France, et l'Empire — pendant des années, elle les tint, leurrés de cet impossible appât, dans les filets de sa diplomatie. Pendant des années, elle fit de son mystérieux organisme le pivot sur lequel tournait le destin de l'Europe. Il se trouva qu'une circonstance accessoire lui permit de donner à son jeu une vraisemblance remarquable. Quoique, au centre de son être, le désir se fût changé en répulsion, il ne s'était pas évanoui tout à fait ; au contraire, les forces compensatrices de la nature avaient redoublé sa vigueur en d'autres points. Quoique la précieuse citadelle elle-même ne dût jamais être profanée, il y avait alentour des territoires, il y avait des retranchements et des bastions sur lesquels se pouvaient livrer d'émouvantes batailles, et que même, à de certains moments, il ne serait pas interdit de laisser tomber aux mains téméraires d'un assaillant. Fatalement d'étranges rumeurs devaient courir. Les princiers poursuivants multiplièrent leurs assiduités ; et la Vierge Reine tour à tour fronçait les sourcils et souriait de son secret.

Les années d'équivoque passèrent, et le temps arriva enfin qu'il ne put désormais plus être question de mariage. Mais le curieux tempérament de la Reine subsista. A l'approche de la vieillesse, son agitation émotive ne diminua pas. Peut-être, en réalité, devint-elle plus violente ; quoiqu'ici encore il y eût mystification. Jeune fille, Elisabeth n'était pas sans attraits ; elle resta pendant mainte année belle femme ; mais à la longue les traces de sa beauté furent remplacées par des lignes dures, des couleurs empruntées, et un certain éclat grotesque. Pourtant, comme ses charmes faiblissaient, croissait son insistance à les voir reconnus. Elle s'était contentée de l'hommage dévot de ses égaux en âge ; mais des jeunes hommes qui l'entourèrent dans sa vieillesse elle exigea — et reçut — les témoignages d'une passion romanesque. Les affaires de l'Etat s'accompagnaient d'une fandango de soupirs, d'extases, et de protestations. Son prestige, que le succès avait fait énorme, était encore magnifié par cette atmosphère de mystique adoration autour de sa personne. On sentait, quand on approchait d'elle, une présence surhumaine. Aucune vénération n'était trop grande pour une telle divinité. On racontait qu'un jeune gentilhomme d'une extrême beauté, en s'inclinant très bas devant elle, avait laissé échapper un bruit malheureux, et que là-dessus, si grands étaient son embarras et son horreur, il s'était expatrié et avait voyagé sept ans avant que d'oser reparaître devant sa maîtresse. La politique d'un tel système est évidente ; et pourtant il ne s'agissait pas uniquement de politique. Sa clairvoyance, si effrayante dans ses relations avec le milieu extérieur, s'arrêtait court dès qu'elle tournait les yeux au-dedans. Alors sa vue se faisait artificielle et confuse. On eût dit qu'obéissant à un subtil instinct, elle avait réussi à devenir l'un des plus grands réalistes du monde, à force de concentrer sur soi tout le romanesque de sa nature. Le résultat était peu commun. Le plus sage des monarques, obsédé par une vanité déraisonnable, vivait dans un univers qui était entièrement composé ou d'imaginations absurdes, couleur de rose, ou des plus dures et plus froides réalités. Il n'y avait pas de transition — seulement les extrêmes juxtaposés. Extraordinaire esprit qui tantôt était pur acier, et le moment d'après délicieux émoi. Une fois de plus sa beauté avait vaincu, une fois de plus son regard fascinateur avait provoqué la réponse inévitable. Avidement, elle absorbait l'encens alambiqué de ses adorateurs, et dans le même instant, par un coup décisif de chance et d'habileté, le convertissait, comme tout ce qu'elle touchait, en traites monnayables.

Cette Cour étrange était le temple du paradoxe et de l'arbitraire. La Déesse, s'animant dans un nimbe de gloire dorée, était une vieille personne, habillée de vêtements fantasques, toujours grande quoique voûtée, avec des cheveux teints en roux sur un pâle visage, de longues dents jaunissantes, un nez haut et dominateur, et des yeux qui étaient à la fois profondément enfoncés et lui sortaient de la tête — des yeux féroces et terribles qui, dans leurs profondeurs d'un bleu sombre, cachaient quelque chose de frénétique — quelque chose de presque dément. Elle passait — incarnation singulière d'une suprême énergie ; et la Fortune et le Sort la suivaient. Quand la porte de ses appartements était close, le monde savait que le cerveau, par delà ces yeux, travaillait, avec la dextérité consommée d'un génie riche d'une longue expérience, aux complications infinies de la diplomatie européenne et au difficile gouvernement d'une nation. De temps en temps, l'on entendait un son rauque — une voix aiguë — une semonce. C'était un ambassadeur qui recevait un avertissement, une expédition aux Indes qu'on décommandait, une décision prise pour la constitution de l'Eglise d'Angleterre. L'infatigable créature reparaît enfin, saute sur un cheval, galope dans les clairières, et revient contente, pour une heure à son épinette. Après un repas frugal — une aile de volaille arrosée d'un peu de vin et d'eau — Gloriana dansait. Au son des violes, les jeunes hommes, groupés autour, attendaient ce que leur destinée apportait. Quelquefois, le Comte était absent, et alors que ne pouvait-on espérer de cette prompte susceptibilité, de ce caprice impérieux ? La Déesse, les joues en feu, plaisantait rudement avec l'un et avec l'autre, et finissait par sommer un garçon vigoureux de lui faire la conversation dans un coin. Son cœur se fondait aux paroles flatteuses, et, comme de ses longs doigts elle lui donnait de petites tapes sur le cou, en tout son être se répandait une lasciveté indéfinissable. Elle était femme — ah !

oui ! femme séduisante ! — mais encore, n'était-elle pas aussi vierge, et vieille ? Mais immédiatement, une autre vague de sentiments la balayait et la submergeait ; elle planait ; elle était quelque chose de plus — elle le savait ; qu'était-ce ? Etait-elle... homme ? Elle considérait les êtres chétifs qui l'entouraient, et souriait à la pensée qu'elle avait beau être leur maîtresse en un sens, il y en avait un autre où elle ne le serait jamais — et qu'on pouvait presque dire que le contraire était vrai. Elle avait lu l'histoire d'Hercule et d'Hylas, et elle aurait pu, dans une rêverie à demi consciente, s'imaginer pourvue de quelques-uns des traits de cette païenne virilité. Hylas était un page — il était devant elle... mais un silence soudain troublait ses réflexions. Elle se retournait, et voyait qu'Essex était entré. Dans un éclair, il était près d'elle ; et la Reine avait tout oublié, comme il s'agenouillait à ses pieds.

III

L'idylle, en son été, coulait doucement ; mais
soudain, dans les chaudes journées de Juillet, un
orage éclata. Quand le Comte s'entretenait avec la
Reine dans sa chambre, le Capitaine des Gardes était
de service, debout derrière la porte ; or, le Capitaine
des Gardes était un gentleman à la mine intrépide
— Sir Walter Raleigh. Fils cadet d'un hobereau de
l'Ouest, la faveur royale l'avait élevé en quelques
années à la richesse et au pouvoir ; les privilèges et
les monopoles s'étaient entassés sur lui : il était devenu
possesseur de grands domaines en Angleterre et en
Irlande ; il était Conservateur des Mines d'Etain,
Gouverneur de Cornouailles, Chevalier, et Vice-Ami-
ral ; il avait trente-cinq ans — homme dangereux et
magnifique. Son port superbe, son esprit entrepre-
nant, qui l'avaient conduit à cette grandeur inattendue — que lui réservaient-ils à la fin ? Les Parques
avaient filé pour lui un écheveau mélangé d'ombre
et de lumière : bonheur et malheur, dans une mesure égale, mais avec une extraordinaire intensité,
lui étaient destinés.

Le premier coup de la malchance qui devait hanter
sa vie avait été l'apparition à la Cour du juvénile

Essex. Juste comme Raleigh pensait que la fantaisie de la Reine s'allait fixer sur lui, comme le dédain de Leicester semblait ouvrir la voie pour un avenir triomphant, — à cet instant précis le beau-fils du vieux favori était entré en scène, et sa séduction de page avait transporté d'enthousiasme la Reine. Raleigh se trouva soudain dans la situation d'une beauté naguère irrésistible, dont les attraits vont se flétrissant. Elisabeth avait beau lui jeter à la tête trois ou quatre états, dépouilles de conspirateurs décapités, lui donner licence de fonder une colonie en Amérique, et même priser de son tabac et mordre, en faisant la grimace, à ses pommes de terre — tout cela n'était rien ; son cœur, sa personne étaient avec Essex, de l'autre côté de la porte. Alors il fronçait ses noirs sourcils, et prenait la résolution de ne pas sombrer sans combat. Au cours d'une partie de campagne chez Lord Warwick, il réussit à porter le trouble dans l'âme d'Elisabeth. Lady Warwick était l'amie d'une sœur d'Essex, Lady Dorothy Perrott, qui, à la suite d'un mariage secret, avait reçu l'ordre de ne plus paraître à la Cour. La téméraire hôtesse, croyant que la colère de la Reine s'était relâchée, avait invité Lady Dorothy en même temps que son frère. Raleigh persuada Elisabeth que la présence de Lady Dorothy était une marque d'irrespect délibéré de la part d'Essex : sur quoi Elisabeth signifia à Lady Dorothy de garder la chambre. Essex, comprenant ce qui s'était passé, n'hésita point. Après dîner, resté seul avec la Reine et Lady Warwick, il fit une véhémente sortie, prit la défense de sa sœur, et déclara (comme il le rapporta

à un ami, dans une lettre écrite tout de suite après)
qu'Elisabeth avait agi de la sorte « dans la seule
intention de plaire à ce coquin de Raleigh, en faveur
de qui elle consentait à m'affliger moi et mon amour,
et à me déshonorer aux yeux du monde ». Elisabeth,
non moins véhémente, répliqua. « On eût dit qu'elle
ne pouvait rien supporter qu'on avançât contre Raleigh,
et s'emparant d'un mot, celui de mépris, elle me fit
savoir que je n'avais aucun droit à le mépriser ». Ce
discours « me troubla si fort que, dès que je le pus, je
lui représentai ce qu'il avait été et ce qu'il était ».
L'audacieux jeune homme alla plus loin. « Quel plaisir
puis-je avoir, s'écria-t-il, à me dévouer au service
d'une maîtresse qui tremble devant un tel homme ? »
Pendant tout ce temps le Capitaine des Gardes était
à son poste. « Tant par douleur que par colère, je dis
tout ce que je pus contre lui, et je pense que debout
contre la porte, il a pu très bien entendre le pire que
j'ai dit de lui. » Mais ces fières paroles n'eurent point
d'effet : la dispute s'envenima, et quand la Reine,
de la défense de Raleigh, en vint à attaquer la mère
d'Essex, Lady Leicester, pour qui elle nourrissait
une aversion particulière, le Comte ne voulut pas en
ouïr davantage. Il assura qu'il allait renvoyer sa
sœur, bien qu'il fût près de minuit ; et « pour ma
part, dit-il à la Reine émue, je n'avais de joie à être
en aucun lieu, mais de l'horreur à être près d'elle,
quand je connus que mon affection était si outrageuse-
ment piétinée, et qu'un misérable comme Raleigh
était tenu en si haute estime ! A cela la Reine ne répondit rien, mais se détourna vers Milady Warwick » ;
et Essex, se précipitant au dehors, commença par

dépêcher sa sœur au loin, sous une escorte de serviteurs en armes. Lui-même piqua des deux vers Margate, décidé à passer la Manche et prendre part à la guerre hollandaise. « Si je reviens, écrivit-il, je serai bienvenu de ma patrie ; sinon *una bella morire* vaut mieux qu'une vie inquiète ». Mais la Reine fut plus prompte que lui. Robert Carey, lancé à sa poursuite, le découvrit avant qu'il eût pris la mer, et le ramena à Sa Majesté. Il y eut une réconciliation ; la faveur royale fut de nouveau flamboyante ; et dans l'intervalle d'un mois ou deux, Essex fut Maître de la Cavalerie et Chevalier de la Jarretière.

Pourtant, quoique le nuage se fût dissipé, le ciel demeurait subtilement changé. Une première querelle est toujours lourde de présages. Dans la curieuse scène qui avait eu lieu chez Lord Warwick, sous le couvert de la jalousie et de l'affection blessée, une défiance contenue, presque une hostilité latente, était pour un moment montée à la surface. Mais il y avait plus : Essex s'était aperçu qu'en dépit de sa jeunesse, il pouvait impunément tenir tête à la Reine. Elisabeth s'était montrée irritée, désagréable, et inflexible dans sa défense de Raleigh, mais elle n'avait pas fait taire ces protestations audacieuses ; on eût dit même qu'elle y prenait plaisir.

IV

L'Armada était battue ; Leicester mort. Un monde nouveau s'ouvrait aux jeunes et aux aventureux. Il fut décidé, sous les auspices de Drake, que l'on contre-attaquerait en Espagne, et qu'une armée serait tenue prête à faire une descente à La Corogne, à s'emparer de Lisbonne, à détacher le Portugal de Philippe, et à placer le prétendant Don Antonio sur le trône. L'ivresse du combat, le butin, la gloire enchantaient l'imagination de chaque soldat, et d'Essex parmi les autres ; mais la Reine lui interdit de partir. Il eut l'audace de passer outre, et, quittant Londres à cheval un jeudi soir, arriva à Plymouth le samedi matin, ayant parcouru une distance de deux cent vingt milles. Cette fois, il devança sa maîtresse. Il s'embarqua sur-le-champ, avec un détachement que commandait le vétéran Sir Roger Williams, et fit voile vers la côte d'Espagne. Elisabeth fut furieuse ; elle envoya messager sur messager à Plymouth, donna l'ordre que des pinasses parcourussent la Manche en tout sens, et, dans une lettre rageuse à Drake, lança ses foudres contre l'infortuné Sir Roger. « L'offense qu'il nous a faite, écrivit-elle, est si grave qu'elle mérite d'être punie de mort ; si vous ne l'avez déjà fait, nous voulons et vous donnons mandement qu'il soit par vous écarté de toute charge et service, et maintenu sous bonne garde, jusqu'à ce que vous connaissiez notre bon plaisir à son sujet, vu que vous répondrez du contraire sur votre tête ; car, comme nous avons l'autorité du gouvernement, ainsi nous visons à être obéi. » « Si Essex, disait-elle ensuite, est maintenant parvenu en compagnie de la flotte, nous vous chargeons personnellement de pourvoir aussitôt à son retour ici de la façon la plus sûre. Si vous y manquez, vous aurez à m'en répondre à vos dépens ; car il ne s'agit pas d'enfantillages. Ainsi donc, considérez bien ce que vous allez faire. » Mais ses menaces comme ses ordres furent inutiles. Essex rejoignit sans encombre le corps principal de l'expédition, et prit part bravement aux escarmouches et aux marches dans lesquelles, sans gloire, elle finit. Il se trouva qu'il était plus facile de repousser une invasion que de la conduire. Quelques vaisseaux espagnols furent brûlés, mais les Portugais ne se soulevèrent point, et Lisbonne se barricada contre Don Antonio et les Anglais. Sur l'une des portes de la ville, Essex, en geste d'adieu, jeta sa pique, « demandant à haute voix si quelque Espagnol enfermé là-dedans oserait se risquer au dehors et rompre une lance en l'honneur de sa maîtresse. » Il n'y eut pas de réponse ; et l'expédition retourna en Angleterre.

Le jeune homme eut bientôt fait sa paix avec la Reine ; Sir Roger Williams même obtint sa grâce. Les jours heureux de la Cour revinrent avec leurs chasses, leurs fêtes, et leurs joutes. Raleigh haussa les épaules,

et partit pour l'Irlande veiller à ses dix mille acres.
Essex demeura libre même du soupçon d'une rivalité. Car Charles Blount était-il un rival ? L'aimable
garçon avait déployé dans un tournoi de tels talents
qu'Elisabeth lui avait envoyé une reine d'or de son
jeu d'échecs, trophée qu'il avait attaché à son arme
avec un ruban cramoisi. Quand Essex le vit, il demanda ce que c'était, et, quand réponse lui eut été
faite : « Maintenant je comprends, s'écria-t-il : à tout
fol une faveur ! » Un duel s'ensuivit dans les champs
de Marylebone, et Essex fut blessé. « Morbleu ! dit
Elisabeth quand on le lui annonça, il convenait
que quelqu'un humiliât son orgueil et lui apprît de
meilleures manières. » Elle était ravie que du sang
eût été répandu pour sa beauté ; mais quand tout fut
fini, elle insista pour que les deux jeunes hommes
oubliassent leur différend. Elle fut obéie, et Blount
devint l'un des plus dévoués partisans du Comte.

Le flot de la royale bienveillance continua à s'épancher, quoique, de temps à autre, il y eût morte eau.
Essex était prodigue ; il avait plus de 20.000 livres
de dettes ; et la Reine gracieusement lui en prêta
3.000 pour soulager ses plus pressants besoins. Puis,
soudain, elle demanda qu'il la remboursât sur l'heure.
Essex sollicita un délai. Mais la réponse fut nette et
péremptoire : l'argent — ou son équivalent en terres —
devait être versé aussitôt. Dans une lettre pathétique,
Essex proclama sa soumission et sa fidélité. « Dès lors
que Votre Majesté se repent, écrivit-il, de la faveur
qu'elle pensait me faire, je souhaiterais d'être en état,
par la perte de toutes les terres que je possède, de
réparer aussi bien la brèche que sa cruelle réponse a

faite dans mon cœur, que je puis, par la vente d'un seul pauvre manoir, satisfaire à la somme que Votre Majesté exige de moi. La terre et l'argent sont choses viles, mais l'amour et la bonté sont choses excellentes, qui ne peuvent être mesurées que par elles-mêmes. » Sa Majesté admira la musique de la phrase, mais désapprouva sa signification économique ; peu de temps après, le manoir de Keyston dans le Huntingdonshire, « de mon antique héritage », dit Essex à Burghley, « libre de toute charge, grande étendue de terrain, dans un très bon sol », passa au domaine royal.

Elle préférait se montrer généreuse d'une façon plus rémunératrice. Elle vendit à Essex, à terme, le fermage des droits de douane sur tous les vins doux importés en Angleterre ; il était libre d'en tirer tout le profit possible ; il fit beaucoup de bénéfices aux dépens du public ; mais il fut averti que quand le bail expirerait, il pourrait être renouvelé ou non — au gré de Sa Majesté.

Il répandait sans compter les protestations de son respect — de son adoration — de son amour. Ce mot commode, si fort et si vague, était toujours sur ses lèvres et trouvait place dans toutes ses lettres — lettres élégantes, nobles, et passionnées, qui existent encore, avec leurs caractères vifs et raides, et ces nœuds de soie qui furent jadis desserrés par les longs doigts d'Elisabeth. Elle lisait, elle écoutait, avec une satisfaction si extraordinaire et si nouvelle, que lorsque elle vint à apprendre le mariage du Comte, son courroux ne dura pas plus de quinze jours. Essex avait fait un choix irréprochable : la veuve de Sir Philip Sidney, la fille de Sir Francis Walsingham.

A vingt-trois ans, beau et robuste comme il était, avec un comté à transmettre à sa postérité — même Elisabeth n'y pouvait trouver d'objection sérieuse. Elle tempêta, se cabra. Puis se souvint que les relations qui l'unissaient à son serviteur étaient sans exemple et n'avaient rien à voir avec la futilité des liens domestiques. Le jeune mari la poursuivait et cajolait avec des ardeurs toujours aussi passionnées, et elle comprit qu'une Reine pouvait négliger une épouse.

Bientôt une occasion surgit de démontrer au monde qu'être le favori d'Elisabeth impliquait des devoirs publics non moins que des délices privées. Henri IV de France, sur le point d'être vaincu par la Ligue et les Espagnols, adressa à l'Angleterre un pressant appel. Elisabeth flotta pendant plusieurs mois, puis décida sans enthousiasme qu'il fallait soutenir Henri — mais avec le minimum de frais. Elle consentit à envoyer quatre mille hommes en Normandie, pour agir de concert avec les Huguenots ; là-dessus, Essex, qui avait fait tout ce qu'il avait pu pour l'amener à cette résolution, demanda d'être mis à la tête du détachement. Trois fois la Reine refusa d'entendre sa requête ; à la fin, il demeura à genoux devant elle pendant deux heures ; elle refusait toujours — puis tout d'un coup céda. Le Comte partit avec toutes ses plumes, mais il eut tôt fait de découvrir que commander, fût-ce la plus petite armée, requiert autre chose que les prouesses d'un chevalier errant. Durant l'automne et l'hiver de 1591, les difficultés et les complications fondirent sur lui. Il était précipité, imprévoyant, et téméraire. Laissant le gros de ses troupes en arrière, il partit avec une petite escorte, et, traversant un pays hostile, s'en fut à toutes brides conférer avec le Roi de France devant Rouen assiégée ; au retour, il faillit être coupé par les Ligueurs. Le Conseil écrivit d'Angleterre, lui reprochant de risquer sa vie sans nécessité, de « traîner la pique comme un simple soldat », et d'aller à la chasse au faucon dans des régions fourmillantes d'ennemis. La Reine dépêcha plusieurs lettres irritées ; tout la contrariait ; elle soupçonnait Essex d'incompétence, et le Roi de France de trahison ; elle fut sur le point de rappeler tout le contingent. Une fois de plus, comme dans l'expédition portugaise, l'évènement prouvait que la guerre à l'étranger était une triste et vaine affaire. Essex perdit son frère préféré dans une escarmouche ; il était désespéré par la sévérité de la Reine ; son armée réduite, par la mort et la désertion, à un millier d'hommes. Les Anglais se battirent à Rouen avec un généreux mépris du danger ; mais le Prince de Parme, arrivant de Hollande, força Henri à lever le siège. L'infortuné jeune homme, que tourmentait la fièvre, succomba à un accablement subit. « La méchanceté et la douleur, dit-il à la Reine, ont brisé mon courage et mes pensées. » « Je souhaiterais, déclarait-il à l'un de ses amis, sortir de cette vie, que je tiens pour une prison ». Pourtant, son noble cœur se rétablit bientôt. Sa bravoure personnelle relevait sa réputation. Il provoqua le Gouverneur de Rouen en combat singulier — là se bornait chez lui l'art tactique — aux applaudissements de la multitude. La Reine, toutefois, demeurait légèrement cynique. Le Gouverneur de Rouen, à l'entendre, n'était qu'un rebelle ; il était tout à fait déplacé d'échanger avec lui des défis. Mais Essex, quelle que fût l'issue de l'expédition, devait, jusqu'au bout, jouer les héros de romans ; et quand arriva le moment du retour en Angleterre, il s'en acquitta par un geste de l'ancienne chevalerie. Debout sur le rivage de France avant d'embarquer, il dégaîna solennellement son épée, et baisa la lame.

V

Le printemps de la jeunesse était presque passé ; à cette époque, la plupart des gens atteignaient, avec leur vingt-cinquième année, leur pleine maturité. Essex conserva jusqu'à la fin quelques traits de l'adolescence, mais il ne pouvait échapper aux rigueurs du temps, et désormais une saison nouvelle — faite de dangers et de gravité comme il sied à l'âge d'homme — s'ouvrait devant lui.

La fortune d'une seule famille — la chose arriva plus d'une fois dans l'histoire d'Angleterre — dominait la situation. William Cecil, Lord Burghley, qui avait rempli, depuis le commencement du règne, la charge de Premier Ministre, avait dépassé soixante ans ; il ne pouvait guère durer plus longtemps ; qui lui succéderait ? Il espérait, quant à lui, que son fils cadet, Robert, réussirait à se pousser à sa place. C'est dans cette vue qu'il l'avait élevé. Enfant chétif et mal venu, Burghley l'avait confié aux plus diligents précepteurs ; promené sur le continent ; introduit à la Chambre des Communes ; initié à la diplomatie ; et doucement, obstinément, à chaque instant favorable, conduit sous le regard de la Reine. Elisabeth, de son œil aigu, que ne troublait ni la naissance ni la condition, comprit que le petit bossu avait de grands talents. Quand Walsingham mourut, en 1590, c'est à Sir Robert Cecil qu'elle transmit les devoirs de son emploi ; et ce jeune homme de vingt-sept ans devint en fait, sinon en titre, principal Secrétaire. Le nom et les émoluments suivraient peut-être plus tard — elle ne pouvait tout à fait se résoudre ; Burghley fut satisfait ; ses efforts n'avaient pas été vains ; sur le chemin du pouvoir, son fils avait le pied fermement planté.

Mais Lady Burghley avait une sœur, et celle-ci deux fils : Anthony et Francis Bacon. Agés de quelques années de plus que leur cousin Robert, ils étaient, comme lui, délicats, bien doués, et ambitieux. Ils avaient débuté dans la vie avec les plus grands espoirs : leur père avait été Garde des Sceaux — c'est-à-dire chef de la corporation des gens de loi ; et leur oncle était, après la Reine, le plus important personnage du royaume. Mais leur père était mort, ne laissant que le mince héritage des cadets de famille ; et leur oncle, tout puissant qu'il était, semblait ne pas connaître les droits du mérite et de la parenté. Il apparut que Lord Burghley ne ferait rien pour ses neveux. Pourquoi ? Aux yeux d'Anthony et de Francis, l'explication était simple ; ils étaient sacrifiés à la carrière de Robert ; ils n'inspiraient au vieillard que jalousie et que crainte ; leur valeur était étouffée afin que Robert n'eût point de compétiteurs. Nul ne peut dire jusqu'à quel point ces accusations étaient vraies. Burghley, sans aucun doute, était égoïste et retors ; mais peut-être son influence n'était pas toujours aussi grande qu'il

semblait ; et peut-être aussi avait-il du singulier
caractère de ses neveux une sincère méfiance. Quoi
qu'il en soit, un profond refroidissement s'ensuivit.
Les formes extérieures du respect et de l'affection
étaient maintenues ; mais l'amère déception des Bacon
cédait la place à une amère animosité, pendant que
les Cecil se faisaient chaque jour plus hostiles et plus
soupçonneux. A la fin, les Bacon décidèrent de rompre
toute allégeance avec un oncle qui était pire qu'inutile,
et d'attacher leur sort à quelque autre patron, qui les
apprécierait comme ils le méritaient. Ils regardèrent
autour d'eux : Essex était évidemment l'homme de
leur choix. Le Comte était jeune, actif, influençable ;
son éclatante situation personnelle semblait être là,
à portée de la main, n'attendant que le geste qui la
transformerait en quelque bien plus glorieux encore,
le pouvoir suprême. Ils avaient le vouloir et le savoir
nécessaires. L'oncle sombrait dans l'enfance ; la précau-
tionneuse cervelle du cousin n'était pas de taille à
intimider leur double intelligence. Ils montreraient
au père et au fils, qui avaient pensé éteindre leur
mérite, qu'il est possible de trop embrasser en ce
monde, et que c'est quelquefois l'opposé de la sagesse
que de se quereller avec les parents pauvres.

Telles étaient les pensées à tout le moins d'Anthony
— jeune infirme perclus, mélancolique, entier dans
ses mouvements. Mais les imaginations de Francis
étaient plus compliquées. Dans cette âme étonnante,
il y avait des gouffres cachés et des sables trompeurs,
étrangement entremêlés, et déconcertants à l'extrême
pour l'observateur curieux. Francis Bacon a été décrit
plus d'une fois sous la lumière crue de l'antithèse ;

mais en vérité, pareille méthode est singulièrement déplacée en ce cas exceptionnel. Ce n'est pas par la juxtaposition de quelques contraires en petit nombre, mais par l'infiltration d'une multitude d'éléments infiniment variés, que sa texture mentale avait été combinée. Au lieu d'une frise rayée, un taffetas changeant. Le détachement du philosophe, la véhémence du superbe, l'inquiétude du névropathe, l'impatience de l'ambitieux, l'opulente délicatesse de l'homme de goût, ces qualités se mêlant, s'entrelaçant, s'éclairant l'une l'autre, donnaient à son secret génie l'aspect subtil et brillant du serpent. Un serpent, en effet, aurait pu être son emblème familier — créature prudente, sinueuse, dangereuse, fruit mystérieux de la Terre aux mille beautés. Entendez-vous la musique ? Et voici que le long serpent se lève, déploie son capuchon, se penche, écoute — balancé sur des ondes d'extase ; de même, avec toute sa sagesse, le Lord Chancelier, au milieu d'une ample sentence, d'une noble production de l'esprit, semble retenir son souffle et s'abandonner à une félicité profonde, charmé par les pures délices de la forme. Véritable enfant de la Renaissance, sa diversité n'était pas seulement le fait d'une intelligence accomplie, mais de la vie elle-même. Sa pensée pouvait bien se mouvoir joyeusement parmi les cimes et les théories, mais la saveur variée de l'existence temporelle n'était pas moins chère à son cœur — les splendeurs du luxe, le dédale des intrigues de cour, la grâce des pages, les lumières qui se réfléchissent sur de menus morceaux de verre coloré. Comme tous les grandes esprits du temps, il était instinctivement et profondément artiste. Ce fut cette qualité esthétique qui d'une part inspira la grandeur de ses conceptions philosophiques, et de l'autre fit de lui l'un des maîtres suprêmes du mot écrit. Pourtant ses dons d'artiste étaient d'une nature toute particulière : il n'était ni homme de science ni poète. La beauté des mathématiques lui demeurait fermée, et toutes les capitales découvertes scientifiques de l'époque échappèrent à son attention. En littérature, en dépit de la couleur et de la richesse de son style, son talent était essentiellement celui d'un prosateur. L'intelligence, non le sentiment, formait la matière dont étaient faites la somptuosité et la plénitude de ses phrases. L'intelligence : facteur commun parmi toutes les variations de son esprit ; épine dorsale du merveilleux serpent.

La vie en ce monde est pleine de précipices ; il est dangereux d'être bête, il est dangereux aussi d'être intelligent : dangereux pour les autres, et non moins pour soi-même. « Il est bon, plus souvent qu'on ne pense, de savoir ne pas avoir de l'esprit », disait le sage et vertueux Malesherbes. Mais ce fut là une des branches du savoir que l'auteur du *De dignitate et augmentis scientiarum* ignora. Francis Bacon était incapable d'imaginer que quelque bien que ce fût pût sortir de la naïveté. Son intelligence le dominait trop complètement ; il était ensorcelé par elle ; il ne pouvait lui résister ; il était obligé de la suivre partout où elle le conduisait. Dans les domaines de la pensée, dans le royaume de l'action, il allait, incroyablement ingénieux. De l'action aussi ? Certes, car, si confus et violent que soit le fatras des affaires humaines, à coup sûr on y peut faire son chemin sans manquer le but, pourvu qu'on fasse preuve d'entendement. Ainsi pensait l'astucieux artiste ; et en souriant, il travaillait à donner forme, avec sa fine lame de rasoir, aux grossiers et vagues blocs de la passion et du fait. Un rasoir peut être fatal en pareille occurrence ; la main peut vous échapper ; et voilà qu'on se coupe la gorge.

Cette misérable fin — il faut bien qu'elle ajoute ses couleurs à notre portrait de son caractère et de sa vie. Mais la fin était implicite dans le commencement — conséquence nécessaire de qualités qui étaient innées. La même cause qui fit de Bacon un prosateur parfait, amena sa ruine temporelle et spirituelle. C'est probablement toujours une calamité de n'être point poète. Son imagination, avec toute sa magnificence, ne suffisait pas ; elle ne pénétrait pas au cœur des choses. Et parmi le reste, son propre cœur lui demeurait caché. Son acuité intellectuelle, funestement extérieure, ne lui révéla jamais la nature de ses propres désirs. Il ne rêva jamais qu'il fût si intensément humain. C'est ce qui fait l'ironie amère de sa tragique destinée, et l'émotion profonde dont elle est revêtue. On voudrait détourner les yeux de ce traître inconscient, ce fier sycophante, cet exquis intellect pris à son propre piège, étranglé par un filet qu'il a tissé lui-même. « Encore que nos personnes vivent en vue du ciel, pourtant nos esprits sont enfermés dans les cavernes de nos propres inclinations et coutumes, qui nous pourvoient d'erreurs infinies et opinions vaines. » Telles étaient ses paroles, et peut-être à la fin telles ses croyances — désormais vieillard disgrâcié, brisé, abandonné, sur la colline de

Highgate, emplissant de neige une poule morte [1].

Mais tout cet avenir était encore très éloigné, à cette époque fiévreuse des premières années 90, si riche en intérêts, en possibilités. Les circonstances étaient simplifiées du fait de la disgrâce et de l'emprisonnement de Raleigh, dont les intrigues amoureuses avec une fille d'honneur, Elisabeth Throgmorton, avaient mis la Reine en fureur. Le champ demeurait libre aux deux partis en présence : le nouveau parti d'Essex et sa suite — agressif et aventureux — et le vieux parti des Cecil, retranché sur les places fortes d'un pouvoir ancien. Telle resta, dans ses grandes lignes, la situation politique jusqu'à la fin du siècle, mais compliquée et troublée à la fois par des compromis et des schismes, qui portent la marque du temps. Le système des partis était encore à concevoir ; et les forces hostiles qui, de nos jours, seraient groupées en tant que Gouvernement et Opposition, se trouvaient alors côte à côte dans une lutte commune pour dominer l'exécutif. Quand, au début de 1593, Essex fut solennellement admis au Conseil Privé, il devint collègue de ses rivaux. C'était à la Reine à choisir ses Conseillers. Elle écoutait l'un, puis l'autre ; elle oscillait, selon l'homme, d'une politique à sa contraire : système de gouvernement fait pour lui plaire. C'est ainsi qu'il lui était donné de goûter sans restriction le délicieux

---

1. Allusion aux circonstances dans lesquelles Bacon contracta le mal qui devait l'emporter. Comme il se promenait, un jour d'hiver, à Highgate Hill, il eut l'idée que le froid pouvait prévenir la décomposition des corps. Il arrêta sa voiture à une ferme, acheta une poule, la fit tuer, et la remplit de neige de ses propres mains.

sentiment de régner, qu'elle pouvait décider, dans la plénitude de son pouvoir, entre de graves éventualités — et du même coup, faire en sorte de maintenir infiniment l'équilibre, et ces admirables *mesures pour rien*. Ses serviteurs, se démenant les uns contre les autres à la poursuite de l'influence, n'en demeuraient pas moins ses serviteurs. Leur hostilité profonde ne parvenait pas à les distraire du devoir de collaborer au profit de la Reine. On ne savait pas ce que c'était que momentanément quitter les affaires ; on était, soit aux affaires, ou l'on était rien du tout. Echouer pouvait signifier la mort ; mais, en attendant, le dangereux ennemi dont le succès eût fait votre perte se rencontrait chaque jour avec vous dans l'étroite familiarité de la table du Conseil, et le cercle restreint des courtisans.

Très vite Essex, secondé par les Bacon, en vint à dépasser la condition de favori, pour se découvrir ministre et homme d'Etat. Le jeune homme enfin se prit au sérieux. Il n'était jamais absent du Conseil ; et quand la Chambre des Lords siégeait, on le voyait à sa place dès que le travail du jour commençait, à sept heures du matin. Mais le principal de son activité se dépensait ailleurs — dans la galerie aux fines boiseries, dans les appartements aux riches tentures d'Essex House, résidence familiale du Comte, spacieuse et gothique, qui, du Strand, regardait le fleuve. C'est là qu'Anthony Bacon, le pied emmailloté de flanelles chaudes, laissait courir son inlassable plume. C'est là qu'un grand dessein était conçu et mis à exécution. Il fallait battre les Cecil sur leur propre terrain. La direction des affaires étrangères — où

Burghley, pendant plus d'une génération, avait exercé un pouvoir absolu, leur serait retirée ; on prouverait qu'ils avaient été mal informés ; on réfuterait et répudierait leur politique là-dessus fondée. Anthony ne doutait point que ce plan ne fût mené à bien. Des années durant, il avait voyagé sur le continent ; il avait des amis partout ; il avait étudié les caractères des divers pays, les combinaisons de la diplomatie étrangère, avec toute la vigueur de son esprit pénétrant et infatigable. Si ses connaissances et ses talents recevaient l'appui d'une condition et d'une fortune comme celles d'Essex, on jugerait par l'événement que l'alliance était irrésistible. Essex n'hésita pas : il se jeta dans l'entreprise avec tout son enthousiasme. Une énorme correspondance s'engagea. Des émissaires étaient répandus, aux dépens du Comte, sur toute l'Europe, et les lettres se précipitaient, venant d'Ecosse, de France, de Hollande, d'Italie, d'Espagne, de Bohême, rapportant avec soin et chaque jour les paroles des Princes, les mouvements des armées, et le complexe déroulement des intrigues internationales. Anthony Bacon, assis au centre, absorbait, digérait, rendait nouvelle pour nouvelle. La tâche augmentait sans cesse, et en peu de temps, telle fut la multiplicité des affaires qu'il eut quatre jeunes secrétaires pour l'aider, parmi lesquels on voyait l'ingénieux Henry Wotton et le cynique Henry Cuffe. La Reine s'aperçut bientôt qu'Essex savait de quoi il parlait, quand on discutait les affaires extérieures. Elle lisait ses mémoires, écoutait ses recommandations ; et les Cecil durent s'avouer plus d'une fois que leur intelligence, amassée à si grand'-

peine, était négligée. Peu à peu se forma un extraordinaire état de choses, bien caractéristique de cet âge à double face. Essex en arriva presque à remplir le rôle de second Ministre des Affaires Etrangères. Divers ambassadeurs — entre autres Thomas Bodley — se mirent sous son influence, et, sans cesser d'entretenir avec Burghley une correspondance officielle, envoyèrent en même temps des communications parallèles et plus confidentielles à Anthony Bacon. Si le bénéfice, au point de vue de l'intérêt public, fut douteux, au point de vue d'Essex il fut net ; et les Cecil, quand ils se furent avisés de ce qui se passait, commencèrent à comprendre qu'il faudrait désormais compter sérieusement avec la maison du Strand.

Francis Bacon n'entretenait pas avec Essex des relations si étroites. Avocat et Membre du Parlement, il poursuivait une carrière personnelle, et consacrait son loisir à des exercices littéraires et des méditations philosophiques. Il était pourtant en contact intime avec Essex House. Le Comte était son patron, qu'il se tenait prêt à assister de toutes les manières, dès que son aide était requise — qu'il s'agît de donner un conseil, de rédiger des papiers d'Etat, ou de composer quelque compliment d'un symbolisme minutieux, quelque charade longuement déduite dans le style élisabéthain, pour le divertissement de la Reine. Essex, de sept ans le cadet, avait été conquis dès l'abord par l'éblouissante intelligence de son aîné. Sa nature enthousiaste bondit à la rencontre de cette étincelante sagesse et ce profond esprit. Il se sentit en présence de la grandeur. Il fit vœu que cette créature étonnante, qui se dévouait si généreusement à son service, aurait une noble récompense. La charge de Procureur Général étant devenue vacante, Essex aussitôt déclara que Francis Bacon devait l'obtenir. Il était jeune et ne s'était pas encore distingué dans sa profession — qu'importe ? Il méritait mieux encore : la Reine aurait beau désigner qui elle voudrait ; si Essex avait la moindre influence, c'est à l'homme qualifié que, pour une fois, la préférence serait donnée.

Le titre de Procureur Général était chose fort appréciable, et le recevoir des mains d'Essex était pour faire un plaisir particulier au neveu de Lord Burghley — on apprendrait par là qu'il était capable, sans son oncle, d'atteindre aux honneurs. Francis sourit : il vit une grande carrière s'ouvrir à son imagination — des magistratures, d'importants offices dans l'Etat — et pourquoi ne pas lui conférer bientôt, comme à son père avant lui, la Garde du Grand Sceau d'Angleterre ? Une pairie ! — Verulam, Saint-Albans, Gorhambury — quel titre sonore choisirait-il ? « Mon manoir de Gorhambury » — la phrase était ronflante. Mais bientôt son âme de caméléon prit une autre couleur. Il se savait doué d'extraordinaires talents d'administrateur ; il guiderait les destinées de sa patrie ; le monde connaîtrait sa valeur. Mais ce n'était là, tout compte fait, que mesquines considérations. La plupart pouvaient être des politiciens, beaucoup des hommes d'état ; un sort plus brillant ne lui était-il pas réservé ? Faire servir sa place et son pouvoir au profit des connaissances, à la création d'une science nouvelle et puissante, à l'essor d'une bienfaisance universelle, se répandant en cercles de plus en plus larges à travers toute l'humanité — fins magnifiques en vérité ! Quant à lui — et déjà une autre nuance marquait sa fantaisie — ce poste viendrait décidément à point nommé. Il avait terriblement besoin d'argent. Il était dépensier ; il le savait ; et n'y pouvait rien. Il lui était impossible de mener l'étroite vie d'économies sordides que dicte la pauvreté. Son tempérament généreux exigeait la caresse des plaisirs matériels. Les vêtements de prix lui étaient nécessaires — de la musique — et un certain train de vie. Ses sens étaient difficiles ; l'odeur du cuir ordinaire le mettait à la torture, et il chaussait tous ses serviteurs de bottes en cuir d'Espagne. Il se donnait une peine extrême pour obtenir une spécialité de petite bière que son palais supportait tout juste. Ses yeux — des yeux délicats, vifs, couleur noisette — « c'était presque l'œil d'une vipère », dit William Harvey — demandaient le perpétuel rafraîchissement de la beauté. Il retenait chez lui un groupe d'élégants jeunes hommes — qui ne sont plus aujourd'hui que des noms — un Jones, un Percy — à demi serviteurs, à demi compagnons, et goûtait dans leur société équivoque un plaisir inattendu. Mais leur luxe ajoutait de façon alarmante aux dépenses de sa maison. Il avait déjà des dettes, et ses créanciers commençaient à montrer les dents. Donc, aucun doute là-dessus : être nommé Procureur Général serait, à tout point de vue, un magistral coup de chance.

Essex, d'abord, ne douta guère d'obtenir gain de cause, et rapidement. Il trouva la Reine de bonne humeur ; il mit en avant le nom de Bacon, et s'aperçut

tout de suite qu'un sérieux obstacle se dressait sur
son chemin. Par un hasard malheureux, quelques
semaines auparavant, Bacon, de son siège à la Chambre
des Communes, avait fait opposition à propos d'un
subside demandé pour la Couronne. L'impôt, déclara-t-il, était trop élevé, et le temps accordé pour le
percevoir, trop court. La Chambre des Lords était
intervenue, et avait essayé d'amener les Communes
à conférer avec elle ; là-dessus, Bacon avait fait
ressortir le danger qu'il y aurait à laisser les Lords
prendre part à une discussion financière ; en conséquence, leur proposition avait été rejetée. Elisabeth
entra dans une grande colère ; se mêler d'une telle
question lui semblait, de la part d'un membre de la
Chambre des Communes, un acte tout voisin de la
trahison ; et elle interdit à Bacon de paraître devant
elle. Essex, vainement, tenta de l'apaiser. La Reine
jugeait ses excuses insuffisantes — il s'était défendu
en assurant qu'il n'avait agi comme il avait fait que
par un sentiment de devoir. Bacon, en fait, avait
montré un courage exceptionnel, mais pour la dernière fois. Son discours contre le subside avait été
extrêmement habile, mais ne l'avoir pas prononcé
eût été plus habile encore. Jamais plus désormais
il n'aurait la naïveté de faire à la Cour figure d'indépendant. Le résultat d'une conduite si ouverte était
trop évident. Essex eut beau insister, la Reine souleva
force objections. « Bacon, disait-elle, avait trop peu
d'expérience ; au reste, homme tout théorique ; et
Edward Coke faisait un juriste plus solide. » Les
semaines passèrent, les mois, et le titre de Procureur
Général flottait toujours au vent, et la régénération

de l'humanité, enfouie sous une montagne de notes à payer, devenait douteuse.

Essex persévérait dans son optimisme ; mais Bacon s'aperçut que si l'attente se prolongeait encore, il serait ruiné. Il se procurait de l'argent comme il pouvait. Anthony vendit un bien dont il lui abandonna le bénéfice. Lui-même se décida à vendre de ses terres ; mais il n'avait qu'une propriété dont il pût tirer parti, et n'en pouvait disposer sans le consentement de sa mère. La vieille Lady Bacon était une terrible douairière, qui vivait, recroquevillée et puritaine, à la campagne. Elle désapprouvait violemment son fils Francis. Elle le désapprouvait ; mais, si terrible qu'elle fût, elle trouvait plus sage de ne pas exprimer ses sentiments directement. Il y avait en son fils Francis quelque chose qui faisait que même elle y regardait à deux fois avant de lui être désagréable. En de telles occasions, elle préférait s'adresser à Anthony, épancher sa bile sous un regard moins inquiétant, et espérer que quelque bruit en parviendrait à destination. Quand les deux frères vinrent la pressentir au sujet du domaine en question, sa fureur atteignit au paroxysme. Elle écrivit à Anthony une longue lettre, revêche et offensée. On sollicitait son consentement, disait-elle, pour la vente d'un bien, dans le dessein de défrayer les débauches de Francis et sa suite d'individus sans aveu. « Certes, j'ai pitié de votre frère, écrivait-elle ; mais si longtemps qu'il retiendra cette crapule de Percy — je le lui ai bien dit — pour compagnon de carrosse et compagnon de lit — cet arrogant, impie, et coûteux individu, fréquentation qui, j'en ai peur, n'est pas mieux vue de Notre

Seigneur Dieu que — et du reste compromet son crédit sans parler de sa santé — vraiment j'en suis toute découragée... Ce Jones n'a jamais sincèrement aimé votre frère, sinon pour son crédit, vivant aux dépens de votre frère, vantard mais ingrat... Il est bien sûr qu'avant l'arrivée d'Enny, ce triste sire, dégoûtant et ruineux, et ses Gallois l'un suivant l'autre — qu'il en vienne un, ils feront aussitôt un pullulement hideux — qui l'entraînèrent où nous voyons, c'était un honnête jeune gentilhomme et un fils qui donnait les plus grandes espérances en religion. » Ayant ainsi fulminé, elle ajoutait qu'elle ne renoncerait à ses droits sur le domaine qu'à condition que lui fût remis un compte exact des dettes de Francis et qu'elle eût liberté de contrôle sur le paiement de celles-ci. « Car je ne veux pas, concluait-elle, souffrir que ses séducteurs, cormorans rapaces, et instruments de Satan à son endroit, s'autorisent de lui pour se livrer à l'immondice du péché, au mépris de Dieu et de la colère divine. »

Quand la chose fut communiquée à Francis, il adressa à sa mère une lettre très étudiée de protestation et de raccommodement. Elle la retourna à Anthony avec rage. « Je vous envoie ici la lettre de votre frère. A vous d'en interpréter le sens. Je ne comprends rien à ce galimatias énigmatique. » Son fils, disait-elle, avait reçu du Ciel « d'heureux dons d'esprit et entendement. Mais le même juste Dieu qui les lui a donnés, je le prierai à deux genoux qu'Il sanctifie son cœur en lui permettant d'en faire bon usage, pour la gloire de Celui qui les a donnés et pour sa propre consolation intime. » Cette prière — c'est le sort commun des prières maternelles — n'obtint qu'une réponse ironique. Quant au domaine, la vieille Lady Bacon dut s'avouer à la fin qu'elle n'était pas de taille à résister à ses deux fils ; elle céda sur tous les points ; et Francis, pour quelque temps du moins, sortit d'embarras.

Essex n'avait pas relâché ses efforts auprès de la Reine. « Je ne puis dire, écrivait Anthony à sa mère, par quels termes il conviendrait de reconnaître le mérite de l'indicible bonté du Comte envers nous deux, mais particulièrement envers celui qui est présentement à la gêne, ce qu'avec l'aide de Dieu nous verrons bientôt paraître à son bon succès. » Au cours de plusieurs longues conversations, dont il rapportait, sitôt qu'elles avaient pris fin, l'essentiel à l'un ou l'autre des deux frères, Essex pressa Elisabeth d'accorder la nomination désirée. Le « bon succès » était lent à venir. La vacance s'était produite en avril 1593, et l'hiver touchait à sa fin qu'elle restait toujours sans occupant. Il était clair que la Reine faisait preuve une fois de plus de sa tactique temporisatrice. Les discussions répétées qu'elle avait avec Essex sur les titres de son ami la rendaient à son élément. Elle soulevait toutes sortes de doutes et de difficultés, à chaque réponse opposait aussitôt une réplique, soudain hésitait et semblait au bord d'une décision, renvoyait toute l'affaire sur un léger prétexte, se réfugiait dans un accès d'humeur, était charmante, ou par un pas de danse esquivait le coup. Essex, qui ne pouvait pas croire qu'il serait battu, se fâchait quelquefois plus sérieusement. La Reine était d'autant plus contente. Elle le piquait des pointes de sa moquerie, et observait les larmes de colère qui jaillissaient de ses yeux. La charge de Procureur Général et la destinée de Francis Bacon s'étaient emmêlées au réseau de ce mystérieux amour. Par moments, le flirt cédait la place à la passion. Plus d'une fois cet hiver-là, le jeune homme, soudain boudeur, disparut de la Cour sans un mot d'avertissement. Les ténèbres et le vide descendaient sur Elisabeth ; elle ne pouvait cacher son trouble ; et puis, aussi soudainement, il revenait, bientôt accablé de reproches humiliants et de sonores jurons.

Les querelles étaient brèves, et les réconciliations délicieuses. La Nuit des Rois, il y eut à Whitehall danse et comédie. Du haut d'un trône somptueusement orné, la Reine assistait aux cérémonies ; auprès d'elle se tenait le Comte, avec qui « elle s'entretenait souvent d'un air doux et plein de faveur ». C'est ainsi que la scène nous est décrite par un vieux courtisan, Anthony Standen, dans une lettre qui nous est parvenue. Ce fut une heure de paix et de félicité ; et, parmi les joyaux et les tentures brochées d'or, l'incroyable Princesse, qui avait passé son soixantième anniversaire, paraissait briller dans une gloire qui était presque celle de la jeunesse. L'aimable chevalier à ses côtés était l'auteur du miracle — son sourire avait anéanti pour une minute la longue chronique des ans impitoyables. Les courtisans regardaient et admiraient, et n'y trouvaient rien d'incongru. « Elle était aussi belle, écrivait Anthony Standen, à mes yeux de vieillard, que je l'ai jamais vue. »

Pouvait-il se faire que le héros d'un tel soir se vît refuser un souhait ? Du moment qu'il avait jeté son dévolu sur la charge de Procureur Général, afin de l'offrir à Bacon, il était fatal qu'il l'obtînt. Le moment de la décision semblait proche. Burghley demanda à la Reine de ne point hésiter davantage, et lui conseilla de choisir Edward Coke. Les Cecil étaient persuadés qu'elle suivrait leur avis ; et Sir Robert, un jour qu'il traversait la ville en carrosse avec le Comte, le prévint que la nomination serait faite avant une semaine. « Je prie Votre Seigneurie, ajouta-t-il, de me faire savoir quel est son favori. » Essex répondit que Sir Robert, à coup sûr, ne devait pas ignorer qu'il soutenait Francis Bacon. « Parbleu, répondit Sir Robert, je m'étonne que Votre Seigneurie aille perdant sa peine à des fins si incertaines, pour ne pas dire impossibles. Si votre Seigneurie avait dit : *Avocat Général*, la chose serait d'une digestion plus facile à Sa Majesté. » A ces mots, Essex éclata : « Foin de vos digestions ! s'écria-t-il ; c'est Procureur Général que je veux que soit Francis ; et dussé-je y perdre tout ensemble pouvoir, influence, crédit, et amitié, j'ai bec et ongles pour le défendre et lui procurer son droit contre quiconque ; et quiconque me tirera des mains cet office pour un autre, avant de l'avoir pour sien, il faudra qu'il en paye le prix. Et tenez-vous le pour dit, Sir Robert ; car aujourd'hui je me déclare en plein jour. Et pour ce qui est de vous, Sir Robert, je trouve étrange à vous et à Milord Trésorier que tous deux vous soyez ainsi faits que vous recherchiez l'élection d'un étranger de préférence à un si proche parent. » Sir Robert ne fit aucune réponse ; et le carrosse roulait, en grinçant, sa charge de ministres furieux. Désormais, il n'y eut plus à le cacher : les deux adversaires s'affrontaient, l'œil farouche ; ils allaient essayer leur force en l'honneur de Coke et de Bacon.

Mais Elisabeh se montrait de plus en plus impénétrable. La semaine passa, et il n'y eut pas la moindre nomination. Prendre un parti sur quelque sujet que ce fût lui était devenu odieux. Elle languissait à Hampton Court, en proie à une paralysie de l'esprit ; il lui vint la pensée d'aller à Windsor, elle donna des ordres à cet effet, puis décommanda les préparatifs. Chaque jour, son humeur changeait : il lui était impossible même de décider si elle désirait s'en aller ou rester. Toute la Cour était sur les dents, les malles à moitié faites. Le charretier préposé aux voitures dans lesquelles on transportait les bagages de la Reine, avait été mandé pour la troisième fois, et pour la troisième fois averti qu'il pouvait disposer. « Je m'aperçois maintenant, dit-il, que la Reine est femme comme la mienne. » La Reine, qui se tenait à une fenêtre, surprit cette remarque, et éclata de rire. « Quel est ce manant ? dit-elle », et lui dépêcha trois angelots pour le faire taire. A la fin, elle partit pour Nonesuch. Quelques semaines se passèrent encore. On était à Pâques 1594. Soudain, elle nomma Coke Procureur Général.

Le coup était dur pour Bacon, pour Essex, et pour tout leur parti : l'influence des Cecil ayant été ouvertement défiée, ils avaient triomphé. Il y avait apparemment une limite à la puissance du Comte. Pour autant, toutefois, qu'il s'agissait de Bacon, un moyen demeurait de rétablir la situation. La nomination de Coke laissait vacante la place d'Avocat Général, et il semblait évident que Bacon fût désigné. Les Cecil eux-mêmes l'admettaient ; Essex sentit que cette fois il ne devait souffrir qu'aucun doute subsistât ; il se précipita chez la Reine — et essuya un nouveau refus. Sa Majesté fut extrêmement réservée ; elle était, à l'en croire, contre Bacon — pour la raison singulière que les seules personnes qui le soutenaient étaient Essex et Burghley. Sur quoi, Essex eut beau plaider et discourir ; Elisabeth s'emporta. « Elle se mit en colère — dit Essex à un ami, dans une lettre écrite immédiatement après — et m'ordonna de m'aller coucher, si je n'avais pas d'autre sujet à la bouche. Je me mis en colère et m'en fus, l'assurant que tant que je serais avec elle je ne saurais que la solliciter pour la cause et pour l'homme dans lesquels j'étais le plus intéressé, et donc que je me retirerais jusqu'à ce que je pusse être plus gracieusement entendu. Et là-dessus, nous nous séparâmes. » Et là-dessus s'engagea un autre combat, non moins extraordinaire, sur le sort de Francis Bacon. Pendant près d'un an, Elisabeth avait refusé de le nommer Procureur Général ; était-il concevable qu'elle se préparât maintenant à différer de même son choix d'un Avocat Général ? Etait-il possible qu'avec une reprise *da capo* de toutes ses précédentes hésitations, elle continuât à tenir son entourage dans cette angoissante incertitude ?

Il n'était, en effet, que trop possible. La charge d'Avocat Général demeura vacante pendant plus de dix-huit mois. Durant tout ce temps, Essex ne perdit jamais courage. Il bombarda la Reine, à tort et à raison. Il écrivit au Garde des Sceaux Puckering, revendiquant les droits de Bacon ; il alla jusqu'à écrire dans le même sens à Sir Robert Cecil. « C'est à vous en tant que Conseiller, dit-il à celui-ci, que j'écris, et atteste que Sa Majesté n'a jamais eu dans son règne un instrument si habile et si propre à lui rendre d'honorables et importants services qu'elle a maintenant, si elle veut l'employer. » Le vieil Anthony Standen fut surpris de la constance du Comte. Il avait cru que son patron manquait de ténacité dans ses desseins, « qu'il fallait continuellement lui tirer l'oreille, comme à un petit garçon qui apprend *ut, ré, mi, fa* » ; et désormais, il voyait que sans pédagogue, il était capable d'une extrême persévérance. D'un autre côté, la vieille Lady Bacon, qui dans sa retraite à Gorhambury fumait de colère, était d'avis que le Comte perdait tout par la violence de ses démarches. « Il induisait la Reine, pensait-elle, à sous-estimer la valeur de Francis par pur esprit de contradiction. » Peut-être avait-elle raison. Mais qui pouvait prescrire la bonne méthode pour persuader Elisabeth ? Plus d'une fois, elle parut sur le point de se rendre. Fulke Greville eut une audience avec elle, et quand il lui fut permis de placer un mot à l'avantage de son ami, elle fut « excessivement gracieuse. » Greville développa le thème des mérites de Bacon. « Oui, dit Sa Majesté, il commence à *venir en forme.* » L'expression est plutôt bizarre : on s'en servait à propos du dressage des chevaux rétifs. Mais Greville, succombant à la bénignité des manières de la Reine, ne douta guère que tout allât bien. « Je parierais cent livres contre cinquante, écrivait-il à Francis, que vous serez son Avocat. »

Tandis que ses amis restaient pleins d'espoir et

d'énergie, Francis lui-même était la proie d'un trouble extrême. Cette tension prolongée dépassait les forces de sa nature nerveuse, et, comme les mois se traînaient l'un après l'autre sans apporter de décision, il fut au seuil du désespoir. Son frère et sa mère, animés des mêmes sentiments, les exprimaient de façon différente. Anthony cherchait à noyer son agitation dans une mer de correspondance, mais la vieille Lady Bacon s'abandonnait, à tout propos, à des accès de fureur qui rendaient la vie insupportable autour d'elle. Un serviteur d'Anthony, séjournant à Gorhambury, manda à son maître la triste histoire d'une levrette. Il avait introduit cet animal dans la maison : « sitôt que Madame le vît, elle m'avertit d'avoir à le pendre. » L'homme gagna du temps, mais « à la fin elle m'avertit que si je ne m'en débarrassais pas, Madame ne pouvait dormir dans son lit ; en conséquence, j'ai pendu la levrette. » Le résultat fut inattendu. « Elle entra dans un grand courroux et me traita de forcené, et me donna l'ordre de retourner chez mon maître, quitte à le rendre fou s'il voulait — elle ne se laisserait pas faire... Madame ne m'adresse plus la parole. Je prends bien garde à ne la point offenser ni la mettre en colère : mais personne ne peut lui plaire longtemps de suite. » Une considération, cependant, consolait dans son embarras ce garçon. « La levrette, dit-il, n'était bonne à rien, sans quoi je ne l'aurais pas pendue. » La douairière, dans ses moments plus calmes, essayait de détourner sa pensée et celle de ses fils des choses de ce monde. « J'ai regret, écrivait-elle à Anthony, que votre frère, par le chagrin secret qui est dans son âme, nuise à sa santé. Chacun dit qu'il a mauvaise mine et maigrit. Qu'il regarde Dieu, et s'entretienne avec Lui dans de pieux exercices, écoutant et lisant, et qu'il méprise de paraître occupé de ces vains soucis. »

Mais le conseil ne fut pas du goût de Francis ; il préférait regarder en d'autres directions. Il offrit à la Reine un bijou précieux ; elle le refusa — quoique gracieusement. Il informa Sa Majesté qu'il avait l'intention de voyager à l'étranger, et elle lui interdit ce projet, avec beaucoup d'âpreté. Ses nerfs à vif l'entraînèrent enfin à des actes d'imprudence et de folie véritable. Il envoya au Garde des Sceaux Puckering, qui, croyait-il, avait déserté sa cause, une lettre de remontrances farouches ; et il attaqua son cousin Robert, dans un style qui fait penser aux coups de griffe d'une chatte. « Je tiens à vous faire savoir, Monsieur, qu'un de mes amis, homme sage, et des mieux disposés envers Votre Honneur, m'a dit avec force protestations que Votre Honneur était acheté par Mr. Coventry pour 2.000 angelots... Et il ajouta que par vos serviteurs, par votre épouse, par quelques-uns de vos conseillers qui vous ont observé en ce qui me concerne, il avait appris que vous travailliez sous-main contre moi. Que ce conte soit vrai, je ne le crois pas. » La nomination demeurait en suspens, et c'est à l'impétueux et téméraire Essex qu'il incombait de réparer, par de douces paroles et des explications diplomatiques, le mal que le sage et subtil Bacon avait fait à sa propre cause.

En octobre 1595, Mr. Fleming fut nommé, et cette longue lutte de deux ans et demi prit fin. Essex avait échoué — doublement échoué — échoué quand il eût à peine cru possible un échec. La perte dont souffrait son prestige était grave ; mais, en galant gentilhomme qu'il était, sa première pensée fut pour l'ami qu'il avait nourri d'espoirs, et peut-être desservi par excès de confiance ou manque de jugement. Dès que la nomination fut faite, il rendit visite à Francis Bacon. « Maître Bacon, dit-il, la Reine m'a refusé de vous octroyer cette place pour y mettre un autre. Je sais que votre intérêt est ce que vous considérez le moins dans vos propres affaires, mais mal vous en a pris de me choisir pour moyen et garantie de votre fortune ; vous avez perdu votre temps et vos pensées dans mes affaires. Que je meure si je ne fais quelque chose pour vous. Vous ne refuserez pas d'accepter une petite terre dont je vous fais présent. » Bacon demeura incertain, puis il accepta ; et le Comte lui abandonna un domaine qu'il revendit ensuite pour 1.800 livres, soit au moins 10.000 livres de notre monnaie.

Peut-être, tout compte fait, s'était-il heureusement tiré d'un mauvais pas. Il aurait pu lui arriver pire. Dans ce monde de caprice, une chiquenaude échappée aux doigts de la Reine pouvait à tout moment briser une existence entière en petits morceaux. Derrière un décor de nobles conceptions politiques et de courtisans aux caracolantes montures, se cachaient la cruauté, la corruption, et les grincements de dents. Il y avait lieu de se féliciter, en tout cas, de n'être point Mr. Booth, un des fidèles d'Anthony Bacon, qui, le pauvre homme, s'était vu soudain condamner par la Cour de la Chancellerie à une lourde amende, à l'emprisonnement, et par surcroît à avoir les oreilles coupées. Personne ne croyait qu'il méritât une telle

sentence, mais il y eut plusieurs personnes qui furent
d'avis d'en profiter, et nous avons un aperçu, dans la
correspondance d'Anthony, de cette mince, ridicule,
et sordide intrigue, parallèlement à l'héroïque bataille
que suscitaient les grandes magistratures. Une dame
d'honneur, Lady Edmondes, avait été circonvenue
par les amis de Mr. Booth, qui lui proposèrent cent
livres pour son acquittement. Elle vint sans délai
trouver la Reine, qui fut tout miel. Cependant, Sa
Majesté lui montra que malheureusement elle avait
déjà promis l'amende de Mr. Booth au chef de ses
valets d'écurie, « un très vieux serviteur », en sorte
qu'il n'y avait pas à revenir là-dessus. « Je prétends
punir ce fou en quelque manière, dit Sa Majesté, et
je le garderai en prison. Néanmoins, ajouta-t-elle,
par un mouvement subit de générosité envers Lady
Edmondes, si Madame trouve à s'accommoder de
quelque chose en ce procès, je veux bien vous accorder
l'élargissement de notre homme. Quant à ses
oreilles... » Sa Majesté haussa les épaules, et la conversation s'arrêta. Lady Edmondes ne douta point
qu'elle trouverait à s'accommoder, en effet, et porta
ses conditions à 200 livres. Elle alla même jusqu'à
menacer d'empirer les affaires au lieu de les améliorer,
ayant du crédit, à l'entendre, non seulement près
de la Reine, mais aussi près du Garde des Sceaux
Puckering. Anthony Standen la considérait comme
une femme dangereuse, et conseilla qu'on lui offrît
150 livres en compromis. Les négociations furent
longues et compliquées ; mais il semble qu'à la fin
l'accord se soit établi : l'amende serait payée, mais,
sur versement de 150 livres à Lady Edmondes, on

ferait remise au condamné de sa peine d'emprisonnement. Après quoi, c'est le règne des ténèbres ; du
haut en bas des affaires cet âge énigmatique reste
fidèle à son caractère ; et, quand nous cherchons en
vain à résoudre le mystère des grandes âmes et les
étranges désirs des Princes, c'est aussi le sort des
oreilles de Mr. Booth qui nous demeure à jamais
caché.

VI

L'incident Booth ne fut qu'une farce brutale, et le
fastueux Comte, occupé de soucis très différents — sa
position auprès de la Reine, la nomination du Procureur Général, la politique étrangère de l'Angleterre —
à grand'peine aurait pu y donner une pensée. Mais il
y eut une autre affaire criminelle, non moins obscure,
mais chargée d'une bien plus profonde horreur, qui,
surgissant soudain dans une éclatante lumière, absorba
l'attention de tous — l'épouvantable tragédie du
Docteur Lopez.

Ruy Lopez était un Juif Portugais, qui, chassé par
l'Inquisition de son pays natal, était venu en Angleterre au commencement du siècle et s'était établi
docteur à Londres. Il avait eu un succès énorme ;
était devenu médecin attitré de l'hôpital de Saint-
Bartholomé ; avait conquis, en dépit de la jalousie
de ses confrères et du préjugé de race, une large
clientèle parmi les personnes du plus haut rang ;
il soignait Leicester et Walsingham ; et, après dix-sept
ans de séjour en Angleterre, il avait atteint le plus
haut poste dans sa profession, celui de médecin en
chef de la Reine. Il n'y avait pas lieu de s'étonner

qu'on tînt de méchants propos sur cet étranger, ce Juif, qui avait éclipsé ses rivaux anglais ; le bruit courait qu'il devait son avancement moins à sa science de médecin qu'à la flatterie et l'art de se faire de la réclame ; et un pamphlet diffamatoire contre Leicester donnait à entendre qu'il n'avait que trop fidèlement servi ce gentilhomme — en lui distillant ses poisons. Mais le Docteur Lopez était bien assis dans la faveur royale, et ces calomnies restèrent sans effet. En octobre 1593, c'était un vieillard prospère — Chrétien pratiquant, pourvu d'un fils à l'École de Winchester, d'une maison à Holborn, et de toutes les apparences de la richesse et de la considération.

Son compatriote, Don Antonio, prétendant à la couronne de Portugal, vivait aussi en Angleterre. Après la désastreuse expédition de Lisbonne, quatre ans auparavant, cet homme malheureux avait rapidement sombré dans la pauvreté et l'humiliation. Les faux espoirs qu'il avait suscités d'un soulèvement populaire en sa faveur au Portugal l'avaient discrédité aux yeux d'Élisabeth. Les magnifiques joyaux qu'il avait amenés avec lui avaient été vendus pierre par pierre ; il était entouré d'une meute de domestiques affamés ; leurré d'une maigre pension, il s'en alla avec son fils, Don Manoel, loger au Collège d'Eton, d'où, quand la Reine était à Windsor, il s'échappait, tel un spectre hagard qui hantait les abords de la Cour.

Pourtant il n'était pas encore tout à fait quantité négligeable. Il conservait l'utilité d'un pion dans le jeu qui se poursuivait contre l'Espagne. Essex, d'un œil amical, le surveillait, car le Comte, par un progrès inévitable, s'était mis à la tête du parti anti-espagnol,

Les Cecil, naturellement pacifiques, commençaient à espérer que la guerre, qui semblait se prolonger en vertu de son mouvement propre plutôt que d'aucun bénéfice qu'elle eût procuré à l'un ou l'autre parti, pourrait bientôt être menée à fin. La chose suffisait pour inspirer à Essex des désirs belliqueux ; mais il était soumis à d'autres forces que la simple opposition aux Cecil ; son caractère inquiet et romanesque l'excitait irrésistiblement à la grande aventure d'une guerre ; là seulement pourrait s'exprimer sa vraie nature, là seulement il atteindrait la gloire désirée. Les ennemis, certes, ne lui manquaient pas ; à l'intérieur — évidemment — les Cecil ; au dehors — qui en eût jamais douté ? — l'Espagne. Et c'est ainsi qu'il devint le foyer du nouveau patriotisme élisabéthain — un patriotisme qui était tant soit peu distinct de la religion ou la politique — qui était la manifestation de cette audace prodigieuse, cette superbe confiance en soi, ce sens exaltant de solidarité, qui, après tant d'années de doutes et de préparatifs, s'étaient emparés de la race, quand la fumée s'étant évanouie et la tempête calmée avaient révélé le naufrage de l'Armada. L'esprit nouveau, à ce moment précis, résonnait dans le rythme glorieux de Tamerlan ; et sa vivante incarnation était Essex. Il affirmerait la grandeur de l'Angleterre d'une façon incontestable — en fracassant la puissance de l'Espagne une fois pour toutes. Et pour une telle entreprise aucun instrument n'était à dédaigner ; même Antonio, si dépourvu, se montrerait encore utilisable. Il pourrait y avoir — qui sait ? — une autre expédition au Portugal, plus heureuse que la précédente. Le Roi Philippe, en tout cas, était de cet avis. Il était des plus impatients de se débarrasser de Don Antonio. Plus d'un complot pour l'assassiner avait été tramé à Bruxelles et à l'Escurial. Sa suite besogneuse, achetée par l'or espagnol, se glissait d'Angleterre en Flandre, puis revenait, pleine de mauvais desseins. Anthony Bacon, par ses espions, veillait. Il fallait protéger le prétendant ; pendant longtemps, il n'eut l'occasion de mettre la main sur rien de défini, mais un jour ses soins furent récompensés.

La nouvelle arriva à Essex House qu'un certain Esteban Ferreira, gentilhomme portugais, qui s'était ruiné en s'attachant à la cause de Don Antonio, et logeait désormais chez Lopez à Holborn, conspirait contre son maître et avait offert ses services au Roi d'Espagne. Le renseignement était certainement digne de foi, et Essex obtint d'Elisabeth un ordre d'arrestation. On se saisit, en conséquence, de Ferreira ; aucun grief précis ne fut introduit contre lui, mais il fut placé sous la garde de Don Antonio à Eton. En même temps, on envoya des instructions à Rye, Sandwich, et Douvres, ordonnant que toute la correspondance portugaise qui atteindrait ces ports fût interceptée et déchiffrée. Quand le Docteur Lopez apprit l'arrestation de Ferreira, il vint trouver la Reine et la pria de relâcher son compatriote. Don Antonio, dit-il, était beaucoup à blâmer ; il accablait ses serviteurs de mauvais traitements ; il était ingrat envers Sa Majesté. Elisabeth prêta l'oreille, et le Docteur se risqua à faire observer que Ferreira, relâché, pourrait être avantageusement employé à « négocier la paix entre les deux royaumes ». La suggestion ne parut pas du goût d'Elisabeth. « Ou bien, ajouta le médecin, si votre Majesté est opposée à ce parti... » il fit une pause et ajouta mystérieusement : « Pourquoi ne pas dire : à trompeur, trompeur et demi ? » Elisabeth le regarda ; elle ne savait ce que l'homme voulait dire, mais évidemment, il allait trop loin. Elle « exprima », — nous dit Bacon — « son déplaisir et désaveu », et le médecin, comprenant qu'il n'avait pas produit une bonne impression, salua et s'en fut.

Quinze jours plus tard, un Portugais de basse extraction, Gomez d'Avila, voisin de Lopez à Holborn, fut arrêté à Sandwich. Il revenait des Flandres ; une lettre en portugais fut découverte sur lui. Les noms de l'expéditeur et du destinataire étaient inconnus aux autorités anglaises. Le contenu, quoiqu'il semblât avoir rapport à quelque transaction commerciale, mit en défiance ; certaines phrases avaient l'air suspect. « Le porteur informera Votre Honneur du prix auquel vos perles sont prises. Je ferai connaître sur-le-champ à Votre Honneur le dernier penny que j'en puis donner... Ce porteur vous dira également à quelle résolution nous nous tenons, en ce qui concerne une petite quantité d'ambre et de musc, que je suis décidé à acheter... Mais avant que je m'engage, je veux être au fait du prix de ces matières, et s'il plaît à Votre Honneur de s'associer avec moi, je suis persuadé que nous ferons de grands bénéfices. » N'y avait-il pas là une signification cachée ? Gomez d'Avila refusa de rien dire. Il fut conduit à Londres sous bonne garde. A son arrivée, il attendait dans une antichambre l'heure d'être interrogé par ceux qui étaient chargés de son procès, quand il reconnut un gentilhomme qui savait l'espagnol. Il demanda à ce gentilhomme de porter la nouvelle de son arrestation au Docteur Lopez.

Cependant Ferreira était toujours prisonnier à Eton. Un jour, il tenta une démarche très compromettante. Il s'arrangea pour faire parvenir au Docteur Lopez, qui s'était ménagé un gîte tout contre le Collège, un message par lequel il recommandait au Docteur, « pour l'amour de Dieu », d'empêcher que Gomez d'Avila revînt de Bruxelles, « car s'il était pris, le Docteur serait perdu sans remède ». Lopez ne savait rien encore de l'arrestation de Gomez ; et il répondit, sur un chiffon de papier caché dans un mouchoir, qu' « il avait déjà envoyé deux ou trois fois dans les Flandres, pour prévenir l'arrivée de Gomez, et n'épargnerait pas la dépense, dût-il lui en coûter 300 livres. » Les deux lettres furent interceptées par les espions du Gouvernement, lues, copiées, et transmises. Puis on fit venir Ferreira, on le confronta avec le contenu de sa lettre, on l'avertit que le Docteur l'avait trahi. Aussitôt il déclara que Lopez était depuis des années à la solde de l'Espagne. Il y avait, dit-il, un complot, par lequel le fils de Don Antonio, en même temps son héritier, devait être acquis, à prix d'argent, aux intérêts de Philippe ; et le Docteur était le principal agent des négociations. Il ajouta que trois ans auparavant, Lopez avait assuré l'élargissement d'un espion portugais, du nom d'Andrada, afin qu'il partît pour l'Espagne et préparât l'empoisonnement de Don Antonio. Ces nouvelles étaient étranges et confuses ; les autorités en prirent note soigneusement, et attendirent d'autres indications.

Dans le même temps, Gomez d'Avila était amené à la Tour de Londres et mis en présence du chevalet. Son courage l'abandonna, et il avoua qu'il était un émissaire des conjurés, ayant mission de porter des lettres aller et retour entre Ferreira en Angleterre et un autre Portugais, Tinoco, à Bruxelles, à la solde du gouvernement espagnol. La lettre de l'ambre et du musc, disait-il, avait été écrite par Tinoco et adressée à Ferreira sous des noms supposés. Gomez fut ensuite accablé de questions, d'après les renseignements obtenus de Ferreira. Il était parfaitement vrai, reconnut-il, qu'il y eût un complot pour acheter le fils de Don Antonio. Le jeune homme devait se rendre à l'appât de 50.000 livres, et la lettre de l'ambre et du musc se référait à cette transaction. Ferreira, interrogé à son tour, confessa l'exactitude de ce récit.

Deux mois plus tard, Burghley reçut une communication de Tinoco. Il souhaitait, disait-il, venir en Angleterre, pour révéler à la Reine des secrets de la plus haute importance quant à la sécurité de son royaume, secrets qu'il avait surpris à Bruxelles ; et il demandait un sauf-conduit. Un sauf-conduit fut expédié ; dans la suite, Burghley remarqua qu'on l'avait « prudemment rédigé » ; il accordait au porteur libre entrée en Angleterre, sans faire mention du retour. Peu de temps après, Tinoco arriva à Douvres ; il fut arrêté aussitôt, conduit à Londres, et fouillé. Des lettres de change, pour une somme élevée, furent trouvées sur lui, avec deux lettres du Gouverneur espagnol des Flandres adressées à Ferreira.

Tinoco était un jeune homme qui avait couru bien des aventures ; pendant plusieurs années, il avait

partagé les vicissitudes d'Antonio ; il avait combattu
au Maroc, été fait prisonnier par les Maures, et après
quatre ans d'esclavage, rejoint son maître en Angleterre. Aux abois et risque-tout, il avait fini, comme
Ferreira son camarade, par se vendre à l'Espagne.
Pouvait-il faire autrement ? Ces sortes de créatures,
fétus à la dérive que happait le gouffre de la diplomatie européenne, n'avaient pas le choix ; tournaient
et virevoltaient, toujours plus près de l'abîme. Mais
pour Tinoco, qui avait la jeunesse, la force, et le
courage, une vie de trahison et de danger n'était
peut-être pas sans charme. Il y a une volupté dans
l'horrible ; au surplus, la Fortune est capricieuse ; et
l'esprit d'intrigue, qu'arme l'audace et n'entravent
point les scrupules, risque de pêcher à la loterie
quelque rare merveille — ou bien le plus révoltant,
le plus abominable arrêt du sort.

Les lettres trouvées sur la personne étaient vagues
et mystérieuses, et l'on y pouvait donner une interprétation sinistre. Elles furent remises à Essex, qui
décida d'interroger lui-même le jeune homme. L'interrogatoire eut lieu en français ; Tinoco avait sa version
toute prête ; il était venu en Angleterre pour révéler
à la Reine un complot des Jésuites contre sa vie ;
mais il se troubla devant les questions serrées du
Comte, tergiversa, et se contredit. Le lendemain, il
écrivit à Burghley, protestant de son innocence. Il
s'était laissé, disait-il, « confondre et engluer par
l'adroite investigation du Comte d'Essex » ; avec son
mince bagage de français, il n'avait pu comprendre
où l'on voulait en venir dans cette enquête, ni se faire
entendre lui-même ; et il demandait d'être renvoyé

dans ses Flandres. Le seul résultat de sa lettre fut une geôle plus étroite. Interrogé à nouveau par Essex, et pressé de questions tendancieuses, il avoua qu'il avait été envoyé en Angleterre par les autorités espagnoles pour voir Ferreira, et avec le concours de celui-ci, obtenir du Docteur Lopez qu'il rendît au Roi d'Espagne un service. Le Docteur Lopez, encore ! Chaque ligne de l'enquête, pensa Essex, menait droit à ce Juif. Son message secret à Ferreira l'avait gravement compromis. Ferreira lui-même, Gomez d'Avilla, et maintenant Tinoco s'accordaient à dénoncer le Docteur comme le foyer d'une conspiration espagnole. La conspiration, s'il fallait les en croire, était dirigée contre Don Antonio ; mais pouvait-on les croire ? N'y avait-il point, tapi derrière leurs propos, quelque sombre dessein ? Il fallait passer cette affaire au crible d'un examen minutieux. Essex vint chez la Reine, et le 1er janvier 1594, le Docteur Lopez, premier médecin de Sa Majesté, fut arrêté.

Il fut conduit à Essex House, et là, placé sous bonne garde, pendant que sa maison de Holborn était visitée de fond en comble ; mais on n'y trouva rien de suspect. Le Docteur fut alors interrogé par le Lord Trésorier, Robert Cecil, et Essex. A chaque question, il répondit de façon satisfaisante. Les Cecil se persuadèrent qu'Essex se battait contre des moulins à vent. A leur avis, toute cette affaire n'était qu'un symptôme de la manie anti-espagnole dont le Comte était obsédé ; il voyait partout des complots, des espions ; et voici qu'à présent, il essayait de soulever une ridicule agitation contre ce Juif infortuné, qui avait fidèlement servi la Reine pendant des années, qui avait fourni une explication de chaque circonstance suspecte, et dont l'honorabilité, universellement reconnue, garantissait suffisamment que l'attaque dirigée contre lui n'avait pour raison d'être que la folie ou la méchanceté de ses accusateurs. En conséquence, dès que l'interrogatoire fut terminé, Sir Robert s'élança chez la Reine, et lui protesta que son père et lui-même étaient tous deux convaincus de l'innocence du Docteur. Mais Essex n'était pas ébranlé ; il persistait dans l'opinion contraire. Il vint aussi chez la Reine, mais elle était avec Sir Robert, et fort en colère. Dès qu'il parut, Sa Majesté l'accabla d'invectives. Elisabeth déclara qu'il était « un jeune fou et un téméraire », qu'il avait porté contre le Docteur des accusations dont il ne pouvait faire la preuve ; qu'elle était très mécontente, car il y allait de son honneur. Un flux de paroles se pressait à ses lèvres ; Essex gardait un silence irrité ; et Sir Robert contemplait la scène avec une douce satisfaction. Enfin le Comte, dont la Reine, avec un geste péremptoire, avait coupé net les récriminations, fut banni de sa présence. Il quitta le palais aussitôt ; en hâte rentra chez lui ; puis, sans un regard, sans un mot écartant ses serviteurs, s'enferma dans sa chambre et se jeta sur le lit, au comble de la rage et de l'humiliation. Pendant deux jours, il demeura ainsi, muet et furieux. Il finit par reprendre ses esprits ; son visage annonçait une ferme résolution. Son honneur à lui, non moins que celui de la Reine, était en jeu ; quoi qu'il advînt, il devait prouver que les Cecil se trompaient complètement ; il devait traîner le Docteur Lopez en justice.

C'est un trait assez caractéristique que, malgré le

courroux de la Reine et le scepticisme des Cecil, les poursuites contre le Docteur ne furent pas abandonnées. Maintenu prisonnier à Essex House, il eut encore à subir, avec le reste des prévenus portugais, d'interminables interrogatoires. Et c'est alors que s'engagea l'un de ces étranges, de ces odieux procès qui remplissent les obscures annales du passé de l'ironique futilité de la justice humaine. Les vrais principes de la juridiction criminelle n'ont commencé d'être connus, avec une perfection insensiblement croissante, qu'au cours des deux derniers siècles ; on les a mieux appréhendés à mesure que progressait la science, qu'on entendait plus exactement la nature du témoignage, et que lentement triomphaient, dans les habitudes mentales de l'homme, l'expérience organisée et la raison. Aucune créature mortelle ne peut se flatter d'être vraiment juste ; mais il y a des degrés dans l'humaine faillibilité, et pour d'innombrables générations la justice ne fut que le jouet de la crainte, de la démence, et de la superstition. Pour l'Angleterre d'Elisabeth, il y faut ajouter une influence particulière, qui, dans certains cas tragiques, tournait l'appareil de la justice en dérision. Il était pratiquement impossible à quiconque tombait sous le coup d'un procès de haute trahison — le crime le plus grave dont la loi eût à connaître — d'être acquitté. La raison en est claire — raison, non de justice, mais d'opportunité. A la vie d'Elisabeth était suspendue toute l'architecture de l'Etat. Pendant les trente premières années de son règne, sa mort eût impliqué l'avènement d'un prince catholique, inévitablement suivi d'une complète révolution dans le régime du gouvernement, sans compter la mort ou la ruine de ceux qui, à l'époque, détenaient le pouvoir. Le fait était assez évident aux ennemis de la politique anglaise, et il y avait un danger réel qu'ils pussent accomplir leur dessein par l'assassinat de la Reine. Le meurtre des souverains incommodes était dans les habitudes du temps. Guillaume d'Orange et Henri III Roi de France avaient tous deux été fort à propos supprimés par Philippe et les Catholiques. Elisabeth de son côté avait cherché — quoiqu'en vérité plutôt mollement — à se débarrasser en secret de la Reine d'Ecosse, pour éviter la honte publique d'une exécution judiciaire. Sa propre intrépidité augmentait le péril. Elle refusait, prétendait-elle, de mettre en doute l'amour de ses sujets ; elle était d'un accès singulièrement facile ; et elle paraissait en public avec une garde tout à fait insuffisante. Etant donnée la situation, une seule ligne de conduite semblait plausible : toute autre considération devait être soumise à la nécessité suprême de préserver la vie de la Reine. Il y avait de la futilité à parler justice ; car la justice implique, de par sa vraie nature, incertitude ; et le gouvernement n'avait le droit de rien risquer. Le vieux dicton était pris à rebours : mieux valait que dix innocents périssent plutôt que laisser échapper un coupable. Exciter des soupçons devenait en soi-même un crime. Les preuves de culpabilité n'avaient pas à être passées au crible de l'équité, par les lentes démarches de la logique; il fallait les multiplier — par les espions par les agents provocateurs, par la torture. On refuserait à l'inculpé les conseils d'un avocat qui le soutînt contre la sévérité de fer des juges et la violence des plus habiles gens de loi. La conviction devait être suivie des plus épouvantables châtiments. Dans le domaine de la trahison, sous Elisabeth, le règne de la raison fut, en fait, supplanté, et l'on vit en sa place le règne de la terreur.

C'est dans la recherche des preuves que tout ensemble l'absurdité et l'atrocité du système étaient surtout manifestes. Non seulement l'instruction d'une affaire criminelle reposait souvent sur les allégations des créatures à gages du gouvernement, mais l'institution du chevalet imprimait aux paroles de chaque témoin une marque de déraison. La torture était en usage constant ; mais que dans tel cas particulier elle fût ou non employée, les conséquences étaient identiques. La menace, l'allusion, la simple connaissance qui était dans l'esprit du témoin qu'à tout moment elle pouvait lui être appliquée n'offraient que des différences de degré : toujours la fatale contrainte était présente — confondant de façon inextricable mensonge et vérité. Quel lambeau de crédibilité pouvait s'attacher au témoignage obtenu dans ces circonstances — d'un homme, en prison, seul, soudain confronté avec un groupe d'enquêteurs hostiles et rusés, accablé de questions tendancieuses, et terrifié par l'imminente possibilité d'une douleur physique extrême ? Quel moyen de démêler, parmi ses déclarations, la part de la sincérité et celle de la crainte, le souci d'apaiser ses interrogateurs, l'instinctif désir de charger autrui, le mouvement qui le portait à éviter, en lançant au hasard quelque affirmation, la dislocation d'un bras ou d'une jambe ? Une seule chose restait claire dans ces témoignages : il était toujours possible de leur donner l'interprétation que les accusateurs voudraient. Le Gouvernement pouvait prouver n'importe quoi. Il pouvait proclamer criminel, avec la plus grande facilité, dix innocents. Aussi bien le faisait-il, puisque c'était le seul moyen par lequel il pût s'assurer que le vrai coupable — qui pouvait être parmi eux — n'échapperait pas. C'est ainsi qu'Elisabeth vécut toute sa vie, jusqu'au dernier souffle, saine et sauve ; et c'est ainsi qu'on peut dire que les gloires de son siècle n'auraient jamais vu le jour sans les espions de Walsingham, les humides cachots de la Tour, et les registres des dépositions, placidement consignées par d'adroits questionneurs, au milieu des cris et des râles.

C'était, naturellement, un trait essentiel du système que ceux qui le pratiquaient n'eussent pas compris ses conséquences. La torture était considérée comme une désagréable nécessité ; le témoignage obtenu par ce moyen pouvait, en de certaines circonstances, être regardé comme d'une valeur douteuse ; mais personne ne songeait que la procédure de justice dont il faisait partie n'avait nécessairement pas de valeur du tout. Les sages et les habiles du temps — un Bacon, un Walsingham — étaient tout à fait incapables de s'apercevoir que les conclusions, que le témoignage qu'ils avaient recueilli semblait leur imposer, n'étaient en fait que le résultat de la machine qu'ils avaient mise en mouvement. Les juges, non moins que les prisonniers, étaient les victimes de la question.

Le cas du Docteur Lopez était typique. On y peut suivre pas à pas le chemin par où le soupçon, la crainte, et les théories préconçues furent graduellement, sous la pression du système judiciaire, combinés en une certitude qui, en fait, était sans fondement. Essex était un honnête jeune seigneur, qui aurait repoussé avec horreur l'idée de condamner à mort un innocent pour des motifs politiques ; mais il n'avait pas la tête très solide. Il se méfiait des Cecil, se méfiait de l'Espagne, remarquait — avec assez de bon sens — ce qu'il y avait de visqueux dans la personne du Docteur Lopez. Le mépris jeté par la Reine sur la sagacité de son flair acheva de le convaincre : il avait raison, en dépit de tous ; il n'aurait de cesse qu'il n'eût sondé l'affaire jusqu'au fond. Et il n'y avait qu'une méthode pour y parvenir : méthode évidente ; les Portugais seraient soumis aux plus compliqués interrogatoires jusqu'à ce que la vérité leur fût arrachée. Lopez avait déjoué sa poursuite, mais il restait Ferreira et Tinoco, qui s'étaient déjà montrés plus traitables. Ils furent, en conséquence, et dans des cachots séparés, interrogés sans merci. Chacun était assez enclin, pour se disculper, à charger l'autre, et à déclarer, quand on le pressait de plus près, que le Docteur était le centre du complot. Mais qu'était ce complot ? S'il visait simplement Don Antonio, à quoi bon faire un si grand mystère ? Mais s'il visait quelqu'un d'autre ? Si... ? Point n'était besoin de génie pour déchiffrer l'énigme. Il n'était que de poser les données, et la solution surgissait d'elle-même à l'esprit. L'Espagne — un complot — le médecin royal — un tel enchaînement suffisait. C'était une nouvelle tentative, de la part du Roi Philippe, pour assassiner la Reine d'Angleterre. Ce but une fois atteint, le pas suivant était inévitablement franchi. La croyance dans l'esprit du questionneur devenait une déclaration dans la bouche de l'accusé. A un moment de son interrogatoire, Ferreira prétendit que le Docteur Lopez avait écrit au Roi d'Espagne pour l'assurer de son empressement à faire tout ce que Sa Majesté demanderait. On lui fit cette question : « Le Docteur aurait-il empoisonné la Reine si le Roi Philippe l'avait demandé ? » Et Ferreira répondit affirmativement. Il fut alors forcé d'échafauder l'hypothèse sur une masse de détails ; et le même procédé fut employé avec Tinoco ; avec le même effet. Après quoi l'hypothèse eut tôt fait de glisser sur le terrain des faits. « J'ai découvert, écrivait Essex à Anthony Bacon, une trahison dangereuse et terrible. L'objet de cette conspiration était la vie de Sa Majesté ; le bourreau devait être le Docteur Lopez ; le moyen, le poison. J'ai poussé si loin cette affaire que je la ferai paraître en plein jour. »

La chance était contre le Docteur. Son procès dépendait d'un édifice fort compliqué, bâti sur le témoignage de deux coquins sans foi, Ferreira et Tinoco — témoignage extorqué par la crainte du chevalet, et fait d'un amas d'ouï-dire, ou du souvenir d'anciennes conversations et de lettres qui ne furent jamais produites. Les Cecil, avec leur tour d'esprit favorable à l'Espagne et contraire à Essex, auraient eu d'assez bons yeux pour voir clair en ce fatras, n'était une circonstance malheureuse. Au début de l'instruction, Ferreira avait prononcé le nom d'Andrada, espion portugais qui, assurait-il, avait été envoyé en Espagne pour négocier le meurtre de Don Antonio. Andrada était bien connu de Burghley.

L'homme avait été effectivement en Espagne, à l'époque mentionnée, dans les circonstances les plus suspectes. Burghley ne doutait point que tout en restant de nom au service de Don Antonio, il n'eût été acheté par les autorités espagnoles. Il se trouvait maintenant à Bruxelles ; et s'il était vrai qu'une secrète connivence avait existé entre lui et Lopez, on aurait enfin découvert, dans la conduite du Docteur, quelque signe de nocivité. A mesure que les séances se succédaient, le nom d'Andrada revint plus souvent. On vit qu'il avait été le principal intermédiaire entre la Cour d'Espagne et les intrigues des Flandres. Tinoco répéta, ou feignit de répéter, une longue description qu'Andrada avait faite de sa visite à Madrid. Le Roi Philippe lui avait donné l'accolade, et lui avait dit de la transmettre au Docteur Lopez ; il l'avait gratifié d'une bague de diamants et de rubis, avec une recommandation semblable. Tout cela était-il vrai ? On le dit à Elisabeth, et elle se souvint que, quelques trois ans auparavant, le Docteur lui avait offert une bague de diamants et de rubis qu'elle avait refusé d'accepter. Une fois de plus, le Docteur fut accablé de pressantes questions. Il nia, par les imprécations et les jurements les plus emportés, qu'il sût rien de la matière ; mais à la fin, harcelé sur le sujet de la bague, il changea de ton. Il reconnut avoir eu connaissance de la visite d'Andrada en Espagne ; mais il ajouta que l'explication de cette visite était différente de tout ce qui avait été mis en avant. Andrada était à la solde de Walsingham. On l'avait envoyé à Madrid sous couleur de négocier la paix, à seule fin d'épier l'état des affaires à la Cour d'Espagne.

Le Docteur, sur la demande spéciale de Walsingham, avait permis qu'on se servît de son nom pour donner créance à l'entreprise. Andrada représenterait à Philippe qu'il était envoyé par Lopez, lequel, pacifique zélé, jouissait d'un grand crédit auprès de la Reine. Le trompeur, en fait, avait été trompé. Le plan avait joué ; Philippe s'y était laissé prendre ; la bague avait eu pour destinataire, non le Docteur, mais Elisabeth. Walsingham était parfaitement renseigné sur tous ces détails, et les pouvait confirmer. Tous. Pouvait, c'est-à-dire, aurait pu... Essex haussa les épaules. Les Cecil, convaincus qu'Andrada était à la solde des Espagnols, demeurèrent incrédules. Rien à faire. Le conte du Docteur était ingénieux — trop ingénieux : tout, évidemment, reposait sur un point — la corroboration de Walsingham. Or Walsingham était mort.

Par une curieuse ironie du sort, le fait même qui détermina les Cecil à abandonner Lopez a pourvu la postérité du moyen de le réhabiliter. Des papiers ont été découverts dans les archives espagnoles, qui montrent que son récit, dans l'ensemble, était véridique. C'est en effet sous prétexte d'y faire des ouvertures de paix qu'Andrada s'était rendu à Madrid. Il ne fut pas admis à voir la personne du Roi, et l'histoire de l'accolade royale était pure invention ; mais la bague de diamants et de rubis fut réellement remise à l'espion par le Secrétaire d'Etat espagnol. D'autres questions, il est vrai, furent débattues, outre celle de la paix ; il fut convenu que le Docteur Lopez s'efforcerait d'obtenir, soit l'emprisonnement de Don Antonio, soit son exil ; on murmura qu'il pouvait être utilement empoisonné, mais aucune suggestion ne fut faite qui pût tendre au meurtre d'Elisabeth. La vérité pourtant — et qui demeura inconnue de Lopez — est que les Espagnols n'étaient pas tombés dans le piège. Ils avaient vu clair dans le stratagème de Walsingham, et décidé de le faire sauter à son propre pétard. Persuadé par l'or espagnol, Andrada devint un double espion. Il consentit à rentrer en Angleterre et à poursuivre, officiellement, les négociations pour la paix, mais en réalité, à utiliser sa position pour procurer à Madrid des renseignements, puisés à la source, sur l'état des affaires en Angleterre. La mort de Walsingham avait déjoué ce plan. Andrada fut incapable d'expliquer sa conduite, et Burghley convaincu qu'il était vendu à l'Espagne. Il l'était en effet ; mais la culpabilité de Lopez ne se déduisait point de cette prémisse, ce que Walsingham, s'il était revenu au monde pour deux minutes, eût expliqué.

Les Cecil une fois acquis aux vues d'Essex, la condamnation du Docteur était signée. Il ne sut pas tenir tête à l'épreuve qui avait fondu sur lui au sein d'une vieillesse confortable et prospère. Enfermé à Essex House, humilié, tourmenté, terrifié, quand il vit qu'il faiblissait, il perdit tout à fait la tête. Tour à tour il affirmait frénétiquement son ignorance complète et révélait non sans fureur d'invraisemblables imbroglios. Sans aucun doute, il avait quelque faute sur la conscience. Son message secret à Ferreira en était l'indice. Il semble infiniment probable qu'il fût engagé dans une conspiration pour perdre Don Antonio ; il est possible qu'il fût prêt effectivement, en retour d'un salaire convenable, à l'empoisonner.

Quant à assassiner la Reine, non seulement les preuves qu'il aurait eu cette intention sont très insuffisantes, mais l'invraisemblance d'un tel dessein est, au contraire, manifeste. Que gagnait-il à faire mourir Elisabeth ? Un misérable pourboire de la part de Philippe. Et c'était tout sacrifier — sa position, son traitement, la faveur royale — pour ne rien dire du risque d'être découvert. C'eût été folie de s'arrêter à pareille pensée ; mais dans leur rage les persécuteurs qui l'entouraient ne pensaient à rien d'autre. Ils étaient résolus à couronner le procès qu'ils soutenaient contre lui en arrachant à ses lèvres un aveu. Un menu déplacement du chevalet eût produit cet effet aussitôt ; mais c'était là un procédé barbare. La virtuosité consistait à obtenir les mots nécessaires sans le secours du chevalet, même sans une menace exprimée, sans autre frais qu'un regard peut-être, un geste, un silence significatif. Bientôt ce fut chose faite. A la question constamment répétée, s'il avait promis aux Espagnols de tuer la Reine, le Docteur, épuisé enfin par des semaines d'angoisse, succomba soudain et acquiesça. D'un côté étaient Anthony Bacon, Francis Bacon, Lord Burghley, Sir Robert Cecil, et le Comte d'Essex, et de l'autre un vieux Juif portugais. On peut comprendre, à la rigueur, les intellectuels et les politiques. Mais Essex ! Généreux, puissant, au fort de sa maturité virile, se peut-il qu'il ne sentît pas que ce qu'il faisait, à dire le moins, était injuste ? Des années après, quand l'Espagne avait cessé de servir de loup-garou, son animosité contre le Docteur Lopez ne parut plus explicable que sur les bases d'une violente rancune personnelle. Mais en réalité cette explication n'était point indispensable. L'âme du Comte était au-dessus des questions de personne ; elle n'était pas au-dessus de l'échauffement d'une rivalité politique, des cruelles conventions de la justice humaine, et de la noblesse du patriotisme.

Un procès suivit pour la forme. Ferreira et Tinoco loin de sauver leur tête par les accusations qu'ils avaient lancées contre le Docteur, furent jugés à ses côtés comme complices de son crime. Tinoco, en vain, revendiqua la protection de son sauf-conduit ; les juges solennellement discutèrent ce point, et conclurent contre lui. Tous trois furent condamnés à la mort des traîtres. L'émotion populaire était intense. Comme Essex l'avait prévu, la haine de l'Espagne, qui languissait, se ranima, délirante, à travers le pays. Le Docteur Lopez devint le type du traître étranger ; sa scélératesse fut chansonnée dans des ballades, et son exécrable nom sifflé sur le théâtre. Qu'il fût Juif, n'était qu'un vice accidentel projetant une ombre plus noire sur l'abominable intrigue espagnole qui était au centre. Des critiques modernes ont reconnu en Lopez l'original de Shylock, qui parut sur la scène peu d'années après ; mais cette hypothèse n'est pas d'accord avec les faits. En réalité, si Shakespeare a pensé le moins du monde au Docteur Lopez dans ses rapports avec Shylock. ce dut être à cause de sa différence, et non de sa ressemblance, avec l'extraordinaire figure du « Marchand de Venise ». Les deux caractères sont en antithèse. Toute l'essence de Shylock réside en son colossal, son tragique hébraïsme ; mais le Docteur Lopez était européanisé et christianisé — maigre et pathétique créature, qui trouva sa perte, non à s'opposer aux gentils qui l'entouraient, mais parce qu'il s'était laissé funestement emmêler avec ses voisins. Toutefois, il n'est peut-être pas chimérique d'imaginer que Shakespeare, dans sa tragédie du réprouvé de Venise, jeta un regard, sous le couvert d'un morceau d'amoureux badinage, à cette autre tragédie du médecin de la Reine. « Certes », dit Portia à Bassanio,

> « mais je crains que vous ne parliez sur le chevalet ;
> Les hommes ainsi forcés disent tout ce qu'on veut. »

La sagesse et la pitié du divin poète se révèlent adorablement dans ces paroles légères.

La Reine hésita plus longtemps encore que de coutume avant de donner son consentement à l'exécution des sentences. Peut-être attendait-elle quelque confirmation ou quelque démenti des autorités en Espagne ou dans les Flandres ; peut-être, en dépit de toutes les preuves accumulées du crime du Docteur, était-elle incapable d'effacer de son esprit le sentiment instinctif qu'elle avait de son innocence. Quatre mois passèrent avant qu'elle permît à la loi de suivre son cours. Puis — on était en juin 1594 — les trois hommes, liés à des claies, furent traînés le long de Holborn, devant la maison du Docteur, jusqu'à Tyburn. Une foule immense s'était assemblée pour jouir du spectacle. Le Docteur, debout sur l'échafaud, tenta vainement de prononcer un suprême discours ; la populace était trop courroucée et trop ravie pour se tenir tranquille ; elle hurlait et riait à grands éclats, quand, dans le vacarme, on entendit le Juif qui déclarait mieux aimer sa maîtresse que Jésus-Christ ; on ne l'entendit pas davantage, et le vieillard fut jeté au pied du gibet. La corde fut nouée, et — telle était la routine légale — coupée avant que le supplicié eût cessé de vivre. Vint ensuite le reste du châtiment séculaire : castration, étripage, et écartèlement. Ferreira était le second à subir sa peine. Après quoi, ce fut le tour de Tinoco. Il avait vu d'avance son destin, deux fois répété, et d'assez près. Ses oreilles étaient pleines des cris et des gémissements de ses compagnons, et ses yeux de leur sang et des moindres détails de leurs contorsions. Telle fut la fin de ses aventures. Ou plutôt, pas tout à fait ; car Tinoco, trop tôt dépendu, retomba sur ses pieds. Il était vigoureux et désespéré ; il se précipita sur le bourreau. La foule, ivre et démente, applaudit le courageux étranger, et, bousculant les gardes, fit le cercle pour ne rien perdre du combat. Mais, sans retard, les instincts de l'ordre et de la loi se rétablirent. Deux robustes gaillards, voyant que le bourreau cédait du terrain, volèrent à son secours. Tinoco fut renversé d'un coup à la tête ; maintenu fermement sur l'échafaud ; et, comme les autres, châtré, étripé, et écartelé.

Elisabeth fut miséricordieuse à la veuve du Docteur. Elle lui permit de conserver les biens et meubles du défunt, confisqués en vertu de la condamnation — à une seule exception près. Elle se saisit de la bague du Roi Philippe, et la glissa — qui peut savoir avec quelle ironique commisération — à son doigt, où le bijou resta jusqu'à sa mort.

VII

La question espagnole se faisait chaque jour plus aiguë. Une guerre qui ne fût pas la guerre eût exactement convenu au caractère d'Elisabeth ; mais la chose semblait à Essex une infamie, et non moins dégoûtante à Henri IV de France, harcelé qu'il était par les Espagnols à ses frontières du Nord, et sur son propre territoire par les Catholiques de la Ligue. Le Roi de France et le Lord anglais en vinrent de concert à une combinaison curieuse. Leur commun objet était de lancer Elisabeth dans l'alliance des Français, laquelle impliquerait l'active participation de l'Angleterre à une attaque d'ensemble contre les Espagnols. De l'un à l'autre, en avant, en arrière, unissant et enflammant leurs courages, volait Antonio Perez, l'oiseau des tempêtes, de qui la haine furieuse du Roi Philippe animait le moindre souffle de vie.

Quelques années auparavant, Perez s'était enfui d'Espagne dans les circonstances les plus folles. Premier Secrétaire d'Etat de Philippe, il s'était querellé avec son maître au sujet d'un meurtre, réfugié dans sa ville natale de Saragosse, et là, à l'instigation du

Roi, l'Inquisition s'était saisie de lui. Son sort paraissait certain ; mais des secours inattendus lui furent donnés ; et Perez constitue dans l'histoire l'exemple du seul homme qui, étant une fois tombé sous les griffes du Saint-Office, en réchappa sans une égratignure. Les griefs qu'on avait contre lui étaient en vérité des plus sérieux. Exaspéré dans son cachot, le Secrétaire s'était égaré, au milieu de son délire, jusqu'à insulter non seulement le Roi, mais la Divinité. « Dieu sommeille ! Dieu sommeille ! » s'était-il écrié, et ses paroles avaient été entendues et notées. « Cette proposition, déclara le rapport officiel, est hérétique, comme si Dieu n'avait point de souci des personnes humaines, quand la Bible et l'Eglise affirment qu'il en a. » C'était assez impertinent, mais la suite fut pire. « Si c'est Dieu le Père, dit le mécréant, qui a permis au Roi de se comporter si déloyalement envers moi, je couperai le nez à Dieu le Père ! » « Cette proposition, dit le rapport officiel, est blasphématoire, scandaleuse, offensante pour de pieuses oreilles, et ayant un arrière-goût de l'hérésie des Vaudois, qui affirmaient que Dieu était corporel et avait membres humains. Ni ce n'est une excuse de dire que le Christ, ayant été fait homme, eut un nez, puisque les mots s'appliquaient à la Première Personne de la Trinité. » Le bûcher était la sanction naturelle d'une si grande noirceur, et les justes préparatifs étaient faits, quand le peuple de Saragosse prit soudain les armes. Les antiques franchises d'Aragon, ses droits de juridiction immémoriaux, avaient été transgressés, assuraient-ils, par le Roi et le Saint-Office. Ils envahirent la prison, assommèrent le gouverneur royal, et mirent Perez en liberté. Il s'enfuit en France ; mais Saragosse paya cher son salut. Car bientôt après l'armée du Roi entra en scène, et les antiques franchises d'Aragon furent définitivement abolies, en même temps que soixante-dix-neuf du parti populaire étaient brûlés vifs sur la place du Marché, la cérémonie ayant commencé à huit heures du matin, et ne devant finir qu'à neuf, dans la soirée, à la lueur des torches.

Le fiévreux héros de cette affaire menait désormais la vie d'un exilé et d'un conspirateur. C'était sans aucun doute un coquin, mais un coquin dont on pouvait tirer quelque service, pour l'instant du moins. Et sur ce pied-là, il avait fait son chemin dans les bonnes grâces d'Essex et d'Henri. Il était actif et dénué de scrupules ; il connaissait toutes sortes d'histoires qui étaient infiniment dommageables à la réputation du Roi d'Espagne, et savait user d'un style épistolaire, dans un latin assaisonné d'euphuisme, qui précisément flattait le goût des grands seigneurs de sa génération. Quelles délices de tramer des intrigues, influer sur la politique, et diriger le sort de l'Europe, par d'érudites antithèses et d'élégantes allusions classiques !

Quant le comité d'Essex House jugea que le moment était venu, le Comte manda une lettre à Perez, insinuant que si Henri désirait en effet l'alliance d'Elisabeth, le parti le plus sûr pour lui était de menacer de conclure la paix directement avec l'Espagne. Si Junon était la France et Philippe le Roi des Enfers, la conclusion ne s'imposait-elle point ? Qui était assez ignorant pour ne pas savoir que Junon, ayant appelé à l'aide plusieurs fois et en vain, enfin s'écria :

« *Flectere si nequeo superos, Acheronta movebo* »? « Mais
silence, ma plume ! Et silence, Antonio ! Car il me
semble que j'ai trop lu les poètes. [1] »

Perez aussitôt montra la lettre à Henri, qui ne fut
pas long à saisir l'allusion. Sur le conseil de son ami
anglais, il dépêcha un envoyé spécial à Elisabeth, avec
mission de lui donner avis qu'il avait reçu d'Espagne
des offres de paix favorables, et inclinait à les accepter.
Elisabeth en apparence ne fut point ébranlée par
cette intelligence ; elle écrivit à Henri une lettre de
reproches, mais était incapable, à l'en croire, de lui
continuer son appui ; elle était pourtant, en secret,
mal à l'aise, et bientôt après dépêcha, de son côté,
un envoyé spécial en France, chargé de découvrir
et de lui rapporter les véritables inclinations du
roi.

Cet envoyé était Sir Henry Unton, un de ces remar-
quables ambassadeurs qui partageaient leur fidélité
entre le Gouvernement et Essex House. Il vint en
France, portant les instructions, non seulement
d'Elisabeth, mais d'Anthony Bacon. Une lettre nous
est parvenue dans laquelle il est recommandé à Unton,
avec des détails minutieux, de faire savoir au Roi de
France qu'il doit tenir bon ; en outre il lui est prescrit de
s'arranger pour recevoir d'Henri, en public, l'accueil
le plus froid ; et de « nous faire tenir des lettres fulminantes par où il doit nous amener à des propositions
et des offres ». Unton exécuta son mandat, et les

---

1. « Juno autem, quom saepius frusta opem implorasset,
tandem eripuit : « Flectere si nequeo superos, Acheronta
movebo »... Sed tace, calame ; et tace, Antoni ; nimium enim
poetas legisse videor. »

lettres fulminantes arrivèrent à point nommé. En même temps, Perez avait reçu l'ordre d'écrire au Comte « une lettre qui puisse être montrée, où il dira que l'envoi d'Unton a rendu la situation pire que jamais ». Perez aussi fut toute obéissance ; il renvoya, dans un latin appliqué, un rapport des assurances d'Henri en faveur de la paix ; quant à lui, ajoutait-il, il ne pouvait comprendre la politique du gouvernement anglais ; mais peut-être y avait-il quelque mystère qui n'était pas encore révélé : « les desseins des Princes sont un abîme profond.[1] »

C'était parfaitement vrai. Toutes les lettres furent montrées à la Reine, qui les lut avec soin, goûtant particulièrement le latin de Perez. Mais l'effet de cette extraordinaire intrigue ne fut pas du tout celui qu'on avait attendu. Peut-être Elisabeth avait-elle flairé un piège. Quoi qu'il en soit, elle écrivit calmement à Henri qu'elle était toute prête à l'aider contre l'Espagne en fait d'hommes et d'argent, à une condition : qu'il lui donnât à garder la ville de Calais. Cette charmante proposition ne fut pas bien reçue. « J'aimerais autant me faire mordre par un chien que griffer par une chatte », s'écria dans sa colère le Béarnais. Mais quelques semaines plus tard il comprit qu'il n'avait pas cru si bien dire. Une armée espagnole progressa venant des Flandres, mit le siège devant Calais, et prit d'assaut les retranchements de la ville. Le grondement des canons assiégeants s'entendait nettement — nous dit Camden — au palais royal de Greenwich.

1. Fines principum abyssus multa.

Elisabeth n'aimait point cela. Non seulement le bruit blessait ses oreilles, mais la présence des Espagnols dans un port qui commandait le détroit était fâcheusement incommode. La nouvelle arriva bientôt que la ville de Calais était tombée, mais que la citadelle tenait toujours. Il était temps encore d'intervenir ; une rapide levée de troupes fut faite à Londres, et envoyée bride abattue, sous le commandement d'Essex, à Douvres. Avec de la chance, on pouvait délivrer les Français et sauver la situation. Mais il vint soudain à l'esprit d'Elisabeth qu'avec de la chance aussi les Français pouvaient se délivrer eux-mêmes, et qu'en tout cas l'entreprise coûterait trop cher. En conséquence, quand le détachement était déjà embarqué, un courrier lancé au galop vers la côte apporta une lettre d'Elisabeth décommandant l'expédition. Essex s'emporta et supplia avec sa coutumière énergie ; mais pendant que les messagers faisaient la navette entre Douvres et Londres, les Espagnols prirent la citadelle (14 avril 1596).

C'en était trop, même pour une âme hésitante. Elisabeth ne pouvait se dissimuler que dans le cas présent à tout le moins, elle avait échoué ; que la magnifique négation, qui était le grand objet de sa politique, l'avait trompée ; qu'en fait quelque chose s'était réellement produit. Elle fut très irritée, mais la nécessité d'une action quelconque de sa part s'empara d'elle par degrés ; et pour la première fois, elle commença à prêter l'oreille sérieusement aux exhortations du parti de la guerre.

Il y avait deux moyens de prendre l'offensive. Une armée vraiment efficace pouvait être transportée en

France, qui fût assez forte pour permettre à Henri d'en finir avec les Espagnols. Telle était la ligne de conduite que Perez, traversant sans retard la Manche en compagnie du Duc de Bouillon, fut chargé de défendre, avec toute la chaleur de son éloquence, auprès d'Elisabeth. Mais en arrivant les ambassadeurs s'aperçurent que le vent avait tourné en Angleterre. Un autre projet avait été mis sur pied. Depuis plusieurs mois la révolte couvait en Irlande, et il y avait lieu de croire que Philippe travaillait à équiper une expédition pour venir aux secours de ses amis catholiques. On proposa donc de prévenir son attaque en exécutant une démonstration navale en Espagne. Essex se convertit tout d'un coup à ce plan. Abandonnant Henri et Perez avec une joyeuse insouciance, il insista auprès de la Reine pour la constitution d'une flotte puissante qui serait envoyée non à Calais, mais à Cadix. Elisabeth consentit. Elle nomma Essex et le Lord Amiral Howard d'Effingham Commandants ensemble les forces anglaises ; et moins de quinze jours après la chute de Calais, le Comte était à Plymouth, rassemblant avec une fiévreuse énergie une armée de terre et de mer.

Elisabeth avait consenti ; mais, en l'absence d'Essex, les suggestions de Perez chantaient doucement à ses oreilles. Elle se prit à douter. Peut-être, après tout, serait-il plus sage d'aider le Roi de France ; à coup sûr il y aurait danger à lancer la flotte inconsidérément — la flotte, seule garantie contre une invasion espagnole. La nouvelle de ses hésitations parvint à Essex, et le troubla. Il ne connaissait que trop le caractère de sa maîtresse. « La Reine, écrivit-il, combat notre entreprise pour la simple raison qu'elle est en train. Si les troupes s'embarquaient pour la France, elle en craindrait tout aussi bien l'issue qu'elle redoute notre présent départ. Je sais que je ne la servirai jamais que contre son gré. » Il s'était tourmenté la cervelle, ajoutait-il, pour l'amener à avouer l'expédition, et si maintenant l'expédition n'avait pas lieu, il jurait de « se faire moine avant une heure ».

Il est certain que l'affaire ne tenait qu'à un fil. La nouvelle arriva ensuite qu'une alliance offensive et défensive avait été signée avec la France, et peu de jours après Elisabeth écrivit aux deux Lords Généraux à Plymouth une lettre qui semblait présager encore un autre changement de politique. Il leur était enjoint de remettre l'expédition au commandement de quelques officiers subalternes, et de se présenter devant leur Reine, « lui étant si chers et personnes de si grand renom qu'elle ne pouvait souffrir leur éloignement ». La Cour était en fermentation. Le terrible moment de la décision approchait, et l'esprit d'Elisabeth tourbillonnait comme un toton. Elle était pleine de rage et d'irritation. Elle tonnait contre Essex, qui, disait-elle, la forçait d'agir contre son gré. Les plus vieux courtisans étaient atterrés, et Burghley, avec de tremblants arguments et de vénérables aphorismes, cherchait en vain à l'apaiser. Les choses se compliquèrent du fait de la réapparition de Walter Raleigh. . Il était revenu de Guyane, exubérant et Matamore plus que jamais, nanti d'interminables contes de trésors et d'aventures, et avait été reçu par la Reine avec une manière de clémence. Etait-il possible que le rappel d'Essex et Howard impliquât la nomination de Raleigh au commandement suprême ? Mais l'expédition, même la Reine l'eût-elle sanctionnée, et quel que fût son chef, peut-être ne devait point partir ; car les difficultés qui s'opposaient aux préparatifs étaient très grandes ; on manquait d'hommes, d'argent, et de munitions, et l'équipement de l'armée ne s'achèverait, semblait-il, que lorsqu'il serait trop tard pour l'employer. La confusion régnait ; on pouvait s'attendre à tout ; puis, soudain, le brouillard se déchira, et découvrit une certitude. Elisabeth, selon sa coutume, après s'être fait, si longtemps et de si incroyable façon, balloter sur une mer de doutes, se trouva fermement ancrée à sec. L'expédition partirait — et sur-le-champ. Essex et Howard étaient rétablis en leur commandement, et Raleigh se voyait attribuer un grade important, mais subordonné. La nouvelle orientation de la politique anglaise se manifesta par un incident digne de remarque, la disgrâce d'Antonio Perez. Le pauvre homme fut désormais banni de la Cour ; il ne prit aucune part à la conclusion du traité avec la France ; les Cecil ne lui adressaient plus la parole ; désespéré, il chercha refuge auprès d'Anthony Bacon, et Anthony Bacon se montra à peine poli. Sa carrière d'intrigant, compliquée à donner le vertige, tout à coup fut ruinée. De retour en France, on le regarda avec froideur, avec une légère hostilité. Son étoile devint pâle, s'éteignit, et sombra ; et quand, plusieurs années après, consumé par l'âge et la pauvreté, il expira dans un grenier parisien, le Saint-Office a pu se dire que les souffrances de l'ennemi qui lui avait échappé, après tout, avaient été presque suffisantes.

Aux heures troubles de Plymouth, Essex avait

reçu une lettre de Francis Bacon. Le Garde des Sceaux Puckering était mort ; Egerton, Maître des Rôles, avait été désigné pour lui succéder ; et Bacon, cette fois, postulait la place d'Egerton. Il écrivait pour solliciter les bons offices du Comte, et sa requête fût aussitôt accordée. Pressé et harcelé de tous côtés par ses travaux d'organisation de l'armée, par ses doutes sur les intentions de la Reine, par ses craintes sur sa propre fortune, Essex trouva le temps et l'énergie d'écrire trois lettres aux maîtres du barreau, faisant valoir, avec une passion discrète, les droits de son ami. Francis lui témoigna, comme il le devait, sa reconnaissance. « Les faveurs, écrivit-il. que Notre Seigneur accumule sur moi n'ont d'autre effet que d'élever mon âme, qui aspire à se montrer digne d'elles, et à mériter de vous et vous servir pareillement. Mais serai-je capable, ajoutait-il, d'accomplir ou non mes vœux, de cela je dois me remettre à Dieu, qui les tient *in deposito*. » Parmi tous les désordres qui entourèrent le départ de l'expédition, l'antagonisme des deux chefs ne fut pas la moindre cause de confusion. Essex et Lord Howard étaient à couteaux tirés. Ils ferraillaient à propos de tout, les droits rivaux de l'armée et de la marine, et leur propre place à la table des préséances. Howard était Lord Amiral, mais Essex était Comte. Qui l'emportait ? Quand on présentait à signer une lettre commune pour la Reine, Essex, s'emparant d'une plume, inscrivait son nom en haut, de sorte que Howard était obligé de faire suivre le sien au-dessous. Mais il guettait l'occasion — attendait que son rival eût le dos tourné ; alors, avec un canif, il découpait l'offensante signature ; et c'est ainsi accommodée que la missive arrivait à Elisabeth. Enfin tout fut prêt. Il était temps de prendre congé. La Reine, enfermée dans sa chambre, s'occupait d'une composition littéraire. Elle confia les résultats de son travail à Fulke Greville, qui fut d'une seule traite à Plymouth avec les dernières dépêches, et les remit à Essex. Il y avait, privément adressée au Général, une lettre qui ne manquait pas de majesté. « Je fais en cet écrit humble requête à Celui qui tout fait, que de Sa main bénigne Il vous protège en façon telle, que tous maux tombent à côté de vous, et tous biens viennent à votre lot ; que votre retour vous fasse plus grand, et moi plus contente. » Il y avait un amical billet de Robert Cecil, avec un dernier trait joyeux d'Elisabeth. « La Reine dit que puisque vous êtes pauvre elle vous envoie cinq shillings. » Il y avait, en outre, une prière royale, à lire à haute voix aux troupes rassemblées, pour le succès de l'expédition. « Tout-puissant conducteur de notre mortel chaos ; qui seul pénètres et sondes le fond de tous cœurs et de toutes pensées, et y connais le vrai principe de toutes actions proposées... Toi qui mis ce dessein dans notre esprit, nous te prions humblement, à genoux ployés, d'être propice à notre ouvrage, et par vents favorables conduire notre expédition, hâter notre victoire, et faire de notre retour l'avancement de ta gloire et la sécurité du royaume, avec la moindre perte de sang anglais. A ces dévotes suppliques, Seigneur, donne ton divin consentement. Amen. »

Ces mots prononcés par un potentat à l'intention d'un autre, avec un mélange si diplomatique de flatteuse dévotion et d'assurance voilée, obtinrent, selon

toute apparence, l'effet souhaité. En tout cas l'entreprise fut couronnée de succès. Le secret de la destination avait été bien gardé, et un jour de la fin du
mois de juin 1596, l'armée anglaise parut soudain
dans la baie de Cadix. Au premier moment, un ordre
peu judicieux faillit la mener à un désastre ; le commandement avait prescrit un dangereux assaut par
le continent ; et c'est à grand'peine que Raleigh
réussit à faire changer de tactique et attaquer par
mer. Après quoi, tout se passa sans un pli. « Entramos !
Entramos ! » s'écria Essex, et jeta son chapeau dans
la mer, comme son bateau entrait au port. En quatorze heures, tout fut fini ; la flotte espagnole détruite ;
et la ville, avec toutes ses forces et richesses, aux
mains des Anglais. Dans les rangs espagnols régnait
la plus grande désorganisation ; une folle panique
l'envahit. Par un hasard curieux le Duc de Medina
Sidonia était Gouverneur d'Andalousie. Comme si ce
n'était pas assez d'avoir conduit l'Armada à sa perte,
il lui était réservé de présider à la destruction de la
plus florissante cité d'Espagne. Il se précipita sur le
lieu de l'action, et se tordit les mains dans un désespoir gémissant. « Honte ! écrivit-il au roi Philippe,
j'ai dit à Votre Majesté combien il était nécessaire
qu'Elle m'envoyât des hommes et de l'argent, et je
n'ai jamais reçu même une réponse. A présent j'y perds
mon latin. » Effectivement. La flotte des Indes Occidentales, chargée des trésors de cinquante marchands,
à savoir huit millions de couronnes, avait fui dans
un port intérieur où elle était à l'ancre, dans un
désordre éperdu, attendant son destin. Essex avait
commandé qu'on s'en saisît, mais certains subordon

nés s'attardèrent, et l'infortuné Duc vit ce qui lui restait à faire. Il donna aussitôt des ordres ; on mit le feu à la flotte entière ; un faible sourire, le premier depuis sept ans, effleura le visage de Medina Sidonia ; enfin, dans cet amas déplorable de ruines fumantes, il avait triomphé de ses ennemis.

Tandis que les honneurs du combat naval revenaient à Raleigh, Essex était le héros sur le rivage. C'est lui qui avait mené l'assaut ; son élan et sa bravoure avaient tout emporté devant ses troupes, et la victoire une fois assurée, ses sentiments humains avaient mis une prompte fin aux excès qui, en de telles circonstances, étaient la règle. Les prêtres et les églises furent épargnés ; et 3.000 nonnes transportées sur la terre ferme avec une extrême politesse. Les Espagnols eux-mêmes étaient en extase, à voir la chevalerie de ce général hérétique : « Tan hidalgo », dit Philippe, « non ha visto entre herejas. » Il n'y eut pas jusqu'au Lord Amiral qui ne fût gagné par l'admiration. « Je vous assure, écrivait-il à Burghley, qu'il n'y a pas de plus brave homme dans le monde que le Comte ; et je le proclame, à mon pauvre jugement, un grand soldat, car ce qu'il fait est en bon ordre et discipline accompli. »

Les Anglais occupèrent Cadix pendant quinze jours. Essex était d'avis de fortifier la ville, et d'y attendre le bon plaisir de la Reine. Comme ses vues ne recevaient pas l'approbation du Conseil de Guerre, il proposa une incursion dans l'intérieur de l'Espagne ; et, cette motion ayant été également rejetée, il émit un troisième projet : la flotte prendrait la mer, pour mouiller ensuite jusqu'au retour des galions, et s'emparer de la cargaison fabuleuse que des Indes Occidentales ils ramenaient au pays. Une fois encore, il ne fut pas soutenu. Une forte rançon fut imposée aux habitants de Cadix ; la ville fut démantelée et détruite ; et les Anglais mirent à la voile. En côtoyant les rives du Portugal, ils ne purent résister à la tentation de piller la malheureuse ville de Faro. Le butin fut considérable, et il comprenait un article inattendu — l'inappréciable bibliothèque de l'Evêque Jérôme Osorio. Le spectacle de tant de merveilleux livres réjouit le cœur du Général ami des lettres ; et il se la réserva pour lui-même.

Il est permis toutefois de penser qu'il eut à peine un regard pour eux. Peut-être, au cours de son retour triomphal vers les côtes anglaises, son âme indocile sombra dans une humeur parfaitement incongrue. Etre loin de tout cela — et pour toujours ! Loin de la gloire et de la mêlée — être rentré chez soi, redevenir petit garçon à Chartley — fuir sans retour dans une innocence attardée, avec la solitude, l'irresponsabilité, et les songes ! En faisant un jeu de mots sur son nom — à demi souriant, à demi mélancolique — il écrivit quelques vers, dans lesquels le souvenir et le pressentiment s'unissent pour prêter à la simplicité des mots une nuance d'indéfinissable émotion.

Heureux qui jà pourrait achever son destin
Dans un désert infréquenté, où, obscur,
Loin de toute société, loin de l'amour et de la haine
Des gens du monde, il dormirait en paix ;
Puis s'éveillerait et louerait Dieu sans cesse ;
Content de becqueter mûres, merises, baies ;
Dans la contemplation vivant des jours tranquilles,
Et pour son plaisir roulant pieuses pensées ;

Qui, mourant, pour tombe aurait le buisson
Où l'innocent Robin [1] repose avec la grive :
Heureux lors qui pourrait achever son destin !

1. Le jeu de mots est sur Robin, nom poétique du rouge-gorge, et qu'on rapprochait du prénom d'Essex, Robert.

VIII

Le même jour que la flotte d'Essex quitta Cadix,
eut lieu en Angleterre un événement de la plus haute
importance : Elisabeth choisit Robert Cecil pour son
Secrétaire, de nom et de fait. Qu'il en exerçât depuis
plusieurs années les fonctions, n'entraînait pas nécessairement un droit durable à cet office. La Reine avait
laissé paraître quelque incertitude : l'attribution,
disait-elle, était temporaire ; il y avait d'autres can-
didats en présence. Parmi lesquels on remarquait
Thomas Bodley, dont Essex avait mis en avant les
mérites avec sa coutumière véhémence — véhémence
qui, une fois de plus, manqua son objet. Car Cecil
était maintenant définitivement établi à cette place
éminente ; tout ce qui y était attaché de prestige
au dehors et d'influence au dedans, serait désormais
pour lui.

Assis à sa table, il écrivait ; son attitude était
amène et grave. Il y avait en ses traits une urbanité,
une sorte de bénignité conciliante qui, lorsqu'il parlait,
recevait de son exquise élocution vie et portée. Il était
tout entier raisonnable douceur — du moins en apparence, jusqu'à ce qu'il se levât de sa chaise, se tînt

debout, et découvrît, inattendu, le désavantage d'une taille difforme et rabougrie. Alors une autre impression — le malaise que produit une énigme — s'emparait de vous : que pouvait annoncer véritablement cette physionomie noble et ouverte, combinée avec un maintien honteux et contourné ? Il revenait à sa table et reprenait sa plume : tout n'était plus que claire sérénité, et devoir. Devoir — en chaque point — dans la continuité sans hâte de son écriture, l'ordre parfait de ses papiers et rangements, les longues heures calmes de son labeur diligent. Grand travailleur, administrateur né, homme de pensée et de plume, il restait assis et silencieux au milieu de la tapageuse ardeur de ses voisins — le brio d'un Essex ou d'un Raleigh, l'agitation précipitée des moindres courtisans, les loquaces fureurs d'Elisabeth. Au plus fort de sa besogne, au fond de son esprit, il attendait et veillait. Un œil pénétrant aurait pu discerner sur son visage patient une mélancolie résignée. Le spectacle de l'ineptie et de la brutalité du monde lui inspirait, non du cynisme — il n'était pas assez détaché — mais de la tristesse — n'était-il pas aussi créature de ce monde ? Il pouvait si peu, si peu faire pour amender les choses ; avec toute sa puissance et toute sa sagesse, il ne pouvait que travailler, veiller, et attendre. Qu'y avait-il après cela qui fût possible, qui fût réalisable, qui fût, en effet, autre chose que folie ? Il examinait avec une inquiétude profonde la carrière d'Essex. Mais peut-être, d'une façon toute différente, quelque chose, quelquefois — très rarement — presque jamais — était permis. Dans un moment de crise, un léger, un presque imperceptible mouvement. Il ne s'agissait que

de toucher, sans se trahir même par un clin d'œil,
étant assis à une table, toucher non de la main, qui
continuerait à écrire, mais du pied. On s'en apercevait
à peine soi-même, et pourtant, n'est-ce pas, après tout,
par ces impulsions menues, imperceptibles, que le
monde est gouverné pour son bien, et que les grands
hommes entrent en possession du leur ?

Tel pourrait être approximativement notre fil
d'Ariane ; mais l'explication détaillée de l'énigme nous
reste, de par sa nature même, presque entièrement
interdite. Nous ne pouvons voir que ce que montrent
à nos yeux une limpidité si courtoise — une carrière
consacrée à l'intérêt public, enfin couronnée, et si justement, par une dernière victoire — une grande œuvre
— et le Comte de Salisbury tout puissant en Angleterre.
Jusque là tout est lumineux. Mais nous ne voyons rien
de plus, et personne n'a jamais rien vu. Le tranquille
minimum d'action qui conduisit à de si vastes conséquences nous est dérobé. Nous pouvons, par bonne
fortune, l'entrevoir de temps en temps ; mais, en
général, seulement conjecturer vaguement ce qui se
passait sous la table.

Essex revint, triomphant et glorieux. C'était le
héros du jour. Un coup redoutable avait jeté par
terre l'ennemi détesté, et dans l'opinion populaire, c'est
au jeune Comte, si audacieux, si chevaleresque, sans
nul doute issu d'un roman, que la victoire était due.
Le vieux Lord Amiral n'avait joué dans l'affaire qu'un
rôle effacé, et le fait que toute l'expédition eût échoué,
si l'avis de Raleigh n'avait pas été suivi au moment
critique, demeurait inconnu. On aurait dit vraiment
qu'il n'y avait qu'une personne en Angleterre pour

envisager le retour du conquérant sans enthousiasme : et cette personne était la Reine. Jamais on n'eut de meilleur exemple de l'impossibilité de prédire ce qu'Elisabeth allait faire. Au lieu d'accueillir son favori victorieux avec joie et ravissement, elle le reçut dans une extrême irritation. Quelque chose était arrivé qui l'avait mise en fureur, qui l'avait, en vérité, touchée en un point très sensible : c'était une question d'argent. Elle avait avancé 50.000 livres pour les dépenses de l'expédition, et qu'est-ce qu'elle allait trouver en retour ? Apparemment de nouvelles demandes d'argent pour payer la solde des marins. C'était, déclara-t-elle, juste ce qu'elle attendait ; elle avait tout prévu ; elle avait su, dès l'origine, que chacun ferait fortune, en cette affaire, sauf elle. Avec une répugnance infinie, elle se laissa saigner de 2.000 livres encore, pour sauver les marins de la famine. Mais elle rentrerait dans tous ses frais, et Essex comprendrait la responsabilité qu'il assumait. Il y avait eu certainement d'énormes fuites. Les Espagnols eux-mêmes reconnaissaient là perte de plusieurs millions, et l'estimation officielle du butin rapporté en Angleterre était de moins de 13.000 livres. D'étranges rumeurs avaient cours : des colliers de perles, des chaînes d'or, des boutons et des bagues en or, des coffres de sucre, des tonneaux de vif argent, des étoffes de Damas et des vins Portugais, avaient fait soudain leur apparition à Londres. Il y eut d'affreuses querelles à la table du Conseil. Plusieurs riches otages avaient été ramenés de Cadix ; et la Reine annonça que tout le produit de leurs rançons passerait dans sa poche. Quand Essex protesta que les soldats y perdraient leur prime, elle ne voulut point entendre ; ce n'était, dit-elle, qu'en raison de leur propre incapacité que le butin n'avait pas été beaucoup plus grand ; que n'avaient-ils capturé, à son retour, la flotte des Indes Occidentales ? Les Cecil la soutinrent par des questions embarrassantes. Le nouveau Secrétaire fut particulièrement caustique. Essex, qui avait rêvé d'un accueil très différent, était tour à tour découragé et exaspéré : « Je vois, écrivait-il à Anthony Bacon, le fruit des missions de ce genre, et je vous assure que je ne suis pas moins dégoûté de la grandeur superbe des favoris que je le fus naguère du prétendu bonheur des courtisans ; et je me rappelle la sentence du plus sage homme qui a vécu, qui, parlant des œuvres humaines, s'écria : Vanité des Vanités, tout est vanité ! » Le déplaisir de la Reine était accru par une autre considération. Cette popularité qui flamboyait autour du Comte n'était pas de son goût. Il ne lui convenait pas que personne fût populaire en dehors d'elle-même. Quand on proposa que des offices d'actions de grâce eussent lieu dans tout le pays pour la victoire de Cadix, sa Majesté ordonna que les cérémonies fussent limitées à Londres. Elle apprenait avec ennui que dans un sermon prêché à Saint-Paul, Essex avait été comparé aux plus grands capitaines de l'antiquité, et sa « justice, sagesse, et noble comportement » magnifiquement célébrés ; et elle prit soin de lancer, sur sa valeur stratégique, quelques mordantes remarques au prochain conseil. « Mon étoile est revêche et ne me donne point de repos, écrivait Essex, et l'aigre nourriture que je suis contraint d'avaler peut bien produire d'aigres humeurs. » Etrange pressentiment ;

mais il écartait ces pensées. Malgré tout il lutterait pour rester maître de soi, et, disait-il, « me garder avec autant de prudence de me corrompre moi-même, que je cherche à me défendre des atteintes d'autrui. »

Sa patience et sa modération furent bientôt récompensées. La nouvelle arriva que la flotte des Indes Occidentales, chargée de trente millions de ducats, était entrée dans le Tage deux jours seulement après le départ des Anglais. On dut reconnaître que si le plan proposé par Essex avait été adopté, que si l'armée avait attendu au large des côtes portugaises, ainsi qu'il l'avait conseillé, l'immense trésor eût été tout entier capturé. Elisabeth, soudain, changea de sentiments. Se pouvait-il qu'elle eût montré une âme injuste ? Un cœur mesquin ? Il fallait qu'on l'eût mal renseignée. Essex rebondit au comble de la faveur, et le courroux dont il était menacé faisant un tour complet, éclata sur les ennemis du Comte ; Sir William Knollys, son oncle, fut élevé à la dignité de Membre du Conseil Privé et Contrôleur de la Maison Royale. Les Cecil prirent l'alarme, et Burghley, tendant ses voiles au vent nouveau, crut raisonnable, à la séance suivante, de soutenir le parti d'Essex sur le sujet des rançons espagnoles. Mais cette évolution n'obtint aucun succès. Elisabeth se tourna vers lui dans une extrême fureur : « Milord Trésorier, rugit-elle, soit par crainte ou faveur, vous avez plus d'égard pour Milord Essex que pour moi. Vous êtes un mécréant ! Vous êtes un lâche ! » Le pauvre vieil homme s'en fut chancelant, ébranlé dans sa santé ; il écrivit au Comte une humble supplique : « Ma main

est faible, et mon âme troublée », commença-t-il.
Son sort était pire que s'il se fût trouvé entre
Charybde et Scylla, « car mon malheur est d'être
dans les deux ensemble... Sa Majesté m'accuse et me
condamne, sous prétexte que je vous favorise à ses
dépens. Votre Seigneurie, au contraire, m'a pris en
aversion comme faisant plaisir à Sa Majesté pour vous
faire injure. » Il pensait que le moment était venu pour
lui de se retirer. « Je ne vois aucun moyen honorable
d'échapper à ces deux dangers : qu'obtenir congé de
vivre en anachorète, ou telle autre vie à laquelle je
sois propre, en raison de mon âge, de mes infirmités, et
de mon état de journalier déclin ; et je n'aurai point à
m'arrêter, devant le déplaisir d'aucun de vous deux,
de suivre mon chemin vers le ciel. » Essex répondit,
comme il convenait, avec sympathie et dignité. Mais
les commentaires d'Anthony Bacon rendirent un son
différent ; il ne cachait pas qu'il se réjouissait dans son
inimitié. « Notre Comte, Dieu merci ! » écrivit-il à un
correspondant d'Italie, « par les rayons brillants de
sa valeur et vertu, a chassé les nuages et éclairci les
brumes que la malice des envieux avait rassemblés contre ses incomparables mérites ; en suite
de quoi notre vieux Renard se roule à ses pieds, et
glapit. »

Burghley était en effet bouleversé. Il considéra la
situation avec soin, et finit par conclure que peut-être,
après tout, il s'était trompé en traitant les Bacon
comme il avait fait. Ce jeune seigneur eût-il jamais
atteint une si dangereuse élévation sans l'appui de
ses neveux ? Ils le munissaient justement de ce sup-
port intellectuel, cet arrière-plan de bon sens et de

fermeté dont manquait son caractère inquiet. Peut-être n'était-il pas trop tard pour les désunir. Il ne tenait qu'à lui, en tout cas, d'essayer. Anthony était évidemment le plus actif, le plus menaçant des deux, et si l'on pouvait se l'attacher... Il envoya Lady Russell, sœur de sa femme et de Lady Bacon, en ambassade auprès de son neveu, avec des messages de réconciliation, des offres d'emploi, et des promesses de récompense. La conversation fut longue, mais sans résultat. Anthony ne céda pas d'un pouce. Il s'était irrévocablement engagé avec le Comte, qu'il aimait avec la sombre passion d'un malade ; il ne pardonnerait ni n'oublierait jamais le peu de cas que son oncle avait fait de lui d'abord ; et quant à son cousin Robert, sa haine n'avait d'égal que son mépris. Il expliqua en détail ses sentiments à sa tante, qui ne sut que répondre. Le Secrétaire, affirma-t-il, lui avait « déclaré une guerre sans merci. » « Ah ! le méchant morveux ! » dit Lady Russell ; « est-il possible ? » Anthony répliqua par un éclat de rire et un proverbe gascon : « Brane d'âne ne monte pas al ciel ». « Parbleu, dit Lady Russell, il n'est point âne ». « Disons donc un mulet, Madame, répartit l'autre, la plus malfaisante bête qui soit. » Quand sa tante l'eût quitté, Anthony Bacon écrivit une minutieuse relation de l'entrevue, et l'envoya à son patron ; il terminait en protestant à son « bon Seigneur » de « l'entier dévouement de son cœur, en même temps que du vœu immuable de parfaite obédience qu'il a depuis longtemps non moins résolument que librement juré à Votre Seigneurie, et de la confiance que j'ai dans l'amour très noble et sincère de Votre Seigneurie. » Pourquoi, en vérité, eût-il changé ? Quelle futilité dans cet avis ! Surtout maintenant que tant d'années de service avaient fait germer l'affection, maintenant que tant d'années d'efforts ouvraient les fleurs du succès !

Car, en effet, les rêves d'Anthony semblaient être à la veille de s'accomplir ; il était difficile d'imaginer ce qui empêcherait Essex de devenir, avant peu de temps, le vrai maître de l'Angleterre. Son ascendant sur Elisabeth paraissait absolu. L'attachement qu'elle montrait à sa personne n'avait pas diminué avec le temps ; au contraire, on eût dit qu'il était maintenant plus fort depuis qu'elle reconnaissait davantage ses qualités de soldat et d'homme d'Etat. Les Cecil s'inclinaient sur son passage ; Raleigh n'était pas admis en présence de la Reine ; aucun autre rival n'avait surgi. Sa haute taille dominait la table du Conseil ; ses épaules soutenaient les devoirs et responsabilités d'une charge éminente avec assurance et force. Le travail s'accumulait sur lui ; il avait, disait-il, « à pourvoir au salut de l'Irlande, au contentement de la France, à la soumission des Pays-Bas à des clauses qu'ils semblaieht encore loin d'accepter » ; il devait « inventer et prévenir des pratiques et des desseins, qui sont plus, et plus grands que jamais. » Au milieu de tant d'affaires et de tant de succès, il n'oubliait pas ses amis. Sa conscience le cuisait sur le compte de Thomas Bodley. Quelle réparation pouvait-il lui faire pour la perte du Secrétariat qu'il avait vainement promis à son fidèle client ? Il lui souvint de la bibliothèque de l'Evêque Jérôme Osorio, si inopinément confisquée à Faro, un jour d'été. Elle serait à Bodley — c'est là ce qu'il lui fallait. Et elle fut à Bodley ; et telle est la curieuse origine de la grande Bibliothèque qui porte son nom [1].

Le succès, le pouvoir, la jeunesse, la faveur royale, la gloire populaire — que manquait-il à la merveilleuse fortune d'Essex ? Une seule chose peut-être, et qui bientôt lui devait être donnée aussi : l'impérissable consécration de l'Art. Un poète divin [2], mêlant à des mots enchantés le charme d'une heure et l'immensité de la destinée humaine, gratifia d'une immortalité magnifique

le ncble Lord,

Grande gloire de l'Angleterre et vaste merveille du monde,
Dont le nom redoutable à travers l'Espagne tonna,
Et se dressant près des deux Piliers d'Hercule
Les fit chanceler et craindre.
Plaisant rameau d'Honneur, fleur de Chevalerie,
Qui remplis l'Angleterre du bruit de ton triomphe,
Aie joie de ta noble victoire !

La prouesse et la personne d'Essex, dans une lumière éblouissante, occupaient la vue de tous.

Pourtant, il y avait deux yeux, deux yeux seulement, qui soutenaient sans cligner l'éclat du spectacle. Le froid regard de vipère de Francis Bacon, indifférent au faste extérieur, pénétrait jusqu'à son intime essence l'état de son patron, et ne voyait là que doute et danger. Avec un courage extraordinaire et une profonde sagesse, c'est ce moment qu'il choisit —

1. « The Bodleian » — la bibliothèque de l'Université d'Oxford.

2. Edmund Spenser.

l'apogée, semblait-il, de la carrière d'Essex — pour
élever la voix, l'avertir, et l'exhorter. Dans une longue
lettre, composée avec une sollicitude minutieuse, et
faisant paraître à la fois un discernement subtil des
circonstances, une expérience achevée des conditions
de la vie pratique, et une prescience qui était presque
surhumaine, il expliqua au Comte les difficultés de sa
position, les périls que l'avenir lui réservait, et la ligne
de conduite par où ces périls pouvaient être évités.
Tout, évidemment, dépendait de la Reine ; mais
Bacon comprenait qu'en ce point résidait pour Essex,
non la force, mais la faiblesse de sa situation. Il n'avait
aucun doute sur ce que devait penser, plus ou moins
consciemment, Elisabeth : « Un homme dont la nature
ne souffre point de joug ; qui jouit de l'avantage de
mon affection, et le sait ; d'une condition non pro-
portionnée à son mérite ; ayant réputation dans le
peuple, et prestige dans l'armée. » Quelles conclusions
ne fallait-il point tirer de ces prémisses ? « Je me
demande, écrivait-il, si l'on peut représenter une plus
dangereuse image à l'esprit d'un monarque vivant,
plus encore d'une dame, et aussi appréhensive que
Sa Majesté. » Il était capital qu'Essex soumît désormais ses actions à un effort pour chasser les soupçons
de l'âme d'Elisabeth ; qu'il prît une peine extrême
à lui montrer qu'il n'était « opiniâtre ni turbulent » ;
qu'il saisît la moindre occasion, en présence de la
Reine, de parler contre la popularité et les mouvements populaires avec véhémence, et d'accuser chacun
à ce sujet ; surtout de fuir toute apparence de prestige
militaire. « Ici, continuait Bacon, je me puis assez
admirer les étranges façons de Votre Seigneurie —

car Sa Majesté aime la paix. Ensuite, elle n'aime pas la dépense. Tertio, cette sorte de prestige enfante une grandeur suspecte. » Mais il y avait plus. Bacon sentait nettement qu'Essex n'était pas taillé pour faire un général ; certes, l'affaire de Cadix avait bien fini ; mais il se méfiait des aventures militaires et pressa le Comte de ne s'y plus laisser entraîner. Le bruit courait qu'il désirât d'être nommé Maître de l'Artillerie : rêves très imprudents. Qu'il voulût bien concentrer ses pensées autour du Conseil ; là il lui serait permis de régler les affaires militaires sans y mettre la main ; et s'il désirait une nouvelle charge, qu'il en choisît une qui fût vacante, et d'un caractère purement civil ; qu'il priât la Reine de le faire Lord du Sceau Privé.

Aucun conseil ne pouvait être plus brillant ni plus juste. Si Essex l'avait suivi, combien différente son histoire ! Mais — telles sont les curieuses imperfections de l'entendement humain — si l'intelligence de Bacon était sans défaut en plusieurs directions, en d'autres elle le trahissait non moins complètement. Aux plus sagaces et perçantes recommandations, il mêlait d'autres avis, exactement calculés pour combattre la fin qu'il se proposait. Profond en toutes choses, sauf en psychologie, les démarches auxquelles, pour garder la faveur de la Reine, il incitait le Comte, étaient les moins propres au caractère de celui-ci. Bacon souhaitait que son patron mît en pratique le machiavélisme calculateur qui était naturel à son propre esprit. Essex se rangerait à une politique subtile de flatterie, de réserve, et de dissimulation. Il ne s'agissait pas d'imiter la dépendance de Leicester ou de Hatton — non certes ! — mais il saisirait toute occasion d'assurer Elisabeth qu'il suivait l'exemple de ces gentilshommes, « car je ne sache pas un moyen plus expédient de persuader Sa Majesté que vous êtes dans le droit chemin. » Il devait être très attentif à ses jeux de physionomie. Si, après une discussion, il accordait que la Reine avait raison, « qu'on ne puisse lire sur son visage aucune affectation respectueuse ». Et « quatrièmement, Votre Seigneurie ne devra jamais se montrer sans quelque intérêt en tête, que vous semblerez poursuivre avec ardeur et conviction, quitte à le laisser choir, si vous apprenez que Sa Majesté s'y oppose où n'y trouve point de plaisir. » Il n'avait, par exemple, « qu'à feindre d'aller inspecter ses terres et domaines du pays de Galles », puis, à la demande de la Reine, abandonner son projet. Il n'était pas jusqu'à « la plus légère sorte d'intérêts » qui ne dût être en aucun cas négligée — « mise, costume, vêtements, attitudes. Et le reste. » Quant à l'effet de la popularité sur l'esprit d'Elisabeth, c'était « une bonne chose en soi », et en outre, « bien conduite, l'un des plus beaux fleurons de votre grandeur présente et à venir ». Il fallait la manier doucement. « Le seul moyen est de calmer cette crainte *verbis* et non *rebus*. » Les plus violents discours contre la popularité devaient être des discours, et rien de plus. En réalité, que le Comte ne se fît point un devoir de renoncer à sa position de favori du peuple. « Continuez comme avant à servir honorablement la république. »

Ces exhortations étaient ou futiles, ou dangereuses. Comment Essex eût-il jamais pu plier sa franche impétuosité à ces voies retorses ? Chacun savait —

chacun, évidemment, excepté Bacon — que le Comte était incapable de dissimulation. « Il ne peut rien celer, disait Henry Cuffe ; il porte au front ses amours et ses haines. » Aux caractères ainsi faits, il est malaisé de dire ce qui répugne le plus — la pratique constante d'un stratagème profondément calculé, ou la brève supercherie d'une astuce assez vile. « Costumes, vête-ments, attitudes », quelle apparence qu'Essex prît jamais souci de ces fastidieux détails. Essex, toujours précipité ou distrait ; Essex, qui était à table et ne remarquait rien de ce qu'il mangeait ou buvait, avalant à plein gosier, ou s'arrêtant brusquement pour sombrer en quelque profonde rêverie ; Essex, qui pour ne pas perdre de temps se faisait habiller au milieu d'une foule d'amis et de clients, livrant « sans y prendre garde », comme dit Henry Wotton, « ses jambes, bras et poitrine à ses serviteurs ordi-naires pour être boutonnés et vêtus, sa tête et sa joue à son barbier, ses yeux à ses lettres, et ses oreilles aux solliciteurs » ; après quoi, mis il ne savait com-ment, un manteau hâtivement jeté sur l'épaule, de son pas bizarre et long, tête penchée en avant, il se rendait chez la Reine.

Et quand il était devant elle, supposons que se souvenant par miracle des conseils de Bacon, il eût essayé de mettre en pratique l'une ou l'autre de ces manœuvres que son ami avait recommandées, qu'arri-vait-il ? Il est clair que sa nature se fût affirmée en dépit de tous ses efforts ; que ce qui habitait en réalité son esprit eût paru sous ses feintes maladroites, et son inexpérience éclaté aux yeux d'Elisabeth qui avait bonne vue. En sorte que son dernier état eût été pire que le premier ; son honnêteté même accusait son mensonge ; et par cette tentative pour calmer des soupçons qui étaient sans fondement, il ne réussissait qu'à leur donner consistance,

Essex, sans nul doute, lut et relut la lettre de Bacon avec admiration et gratitude — mais peut-être aussi non sans quelques soupirs involontaires. Il allait bientôt recevoir, d'un autre membre de la famille, un avertissement très différent. La vieille Lady Bacon, de sa maison de Gorhambury, avait, à sa coutume, fait bonne garde sur les événements de la Cour. Peu de temps après son retour de Cadix, elle eut l'étonnement de recevoir d'excellentes nouvelles de la conduite du Comte. « Il avait répudié, écrivait Anthony, ses habitudes de dissipation et embrassé les mœurs d'un chrétien zélé, ne manquant à la Cour ni prêches ni prières, et montrant, sans distraction, une bonté vraiment noble envers sa vertueuse épouse. » Tant mieux. Mais il parut que l'amendement n'était pas très durable. Avant un mois ou deux, le bruit courut d'une intrigue entre le Comte et une dame mariée de condition élevée. Lady Bacon fut profondément choquée. Toutefois, elle n'était pas surprise : on ne pouvait s'attendre qu'à de tels agissements dans une société païenne comme était celle de Londres. L'occasion d'une lettre — une lettre sévère et pieuse — se présentait. Quant à la dame en question, aucun mot ne pouvait être trop dur pour une pareille créature. Elle était « sans chasteté ni pudeur, avec, pour ainsi dire, un front qui ne connaît point la honte. » Elle était « le spectacle des impudiques et la risée du vulgaire ». « Puisse Notre Seigneur, priait Lady Bacon,

rapidement, de par sa grâce, l'amender, ou bien —
ce qui serait le plus simple — la retrancher, avant
que ne fonde une calamité, du nombre des humains. »
Pour Essex, ces mesures extrêmes n'étaient pas encore
nécessaires. Naturellement, il était moins coupable,
et quelque espoir demeurait de son retour au bien.
Qu'il lût seulement I, Thess., IV, 3, et il verrait que
« ceci est la volonté de Dieu, que vous soyez saint, et
vous absteniez de la fornication. » Bien plus ; il trouverait « une pesante menace que tous les fornicateurs
et adultères subissent le jugement de Dieu, et qu'ils
fussent exclus : pour telles actions, dit l'Apôtre, la
colère de Dieu vient communément sur nous ». Qu'il
prît garde à « ne point offenser le Saint-Esprit de
Dieu ». « En ma très profonde affection, conclut Lady
Bacon, tel est l'ingrat message que j'ai osé griffonner,
je le confesse, étant malade et affaiblie de bien des
manières. »

Essex répondit aussitôt, dans ce style d'une beauté
pathétique et noble qui lui était familier. « Je le prends,
écrivit-il, comme une preuve certaine de la faveur
de Dieu, qu'il m'envoie un si bon ange pour m'avertir,
et d'un intérêt assez grand pour mon salut de la part
de Votre Seigneurie. » Il nia toute l'histoire. « Je
proteste devant la majesté de Dieu que ce grief qui
est présentement déposé contre moi est faux et injuste,
et que depuis mon départ d'Angleterre pour l'Espagne,
je ne me suis exposé à aucune imputation d'inconti-
nence avec quelque femme que ce fût. » Toute cette
fable, déclarait-il, n'était qu'une invention de ses
ennemis. « Je vis dans un état où l'on conspire inces-
samment contre moi, où l'on me tend des pièges.

Ce qu'on ne peut démontrer au monde, on se le persuade à soi ; et ce qu'on ne peut faire agréer de la Reine, on le donne à croire au monde... Digne dame, tenez-moi pour un homme faible, plein d'imperfections ; mais assurez-vous que je fais effort pour me bien conduire ; et que j'aime mieux corriger mes fautes que les pallier ». La douairière ne sut de quel air prendre ces protestations ; peut-être venaient-elles du cœur ; elle l'espérait. Il lui avait demandé, dans un post-scriptum, de brûler sa lettre ; elle préféra ne point le faire. Elle la plia soigneusement, de ses doigts recroquevillés, et la mit de côté pour l'avenir.

Quelle qu'ait pu être la vérité de l'histoire qui était venue à ses oreilles, il est clair qu'elle ne comprenait pas plus la nature de son correspondant qu'elle faisait celle de son fils cadet. Cette austérité dévote avait trop peu en commun avec le généreux abandon du Comte, qui, sans doute, se croyait autorisé à l'écarter poliment par quelques magnifiques assurances. Son esprit, mélancolique, fantasque, et somptueux, appartenait à la Renaissance — la Renaissance anglaise, qui mêla de façon si subtile les courants opposés de l'ambition, de la science, de la religion, et de la sensualité. Il vivait et marchait dans une incertitude superbe. Il ne savait qui il était, ni où il allait. Il ne pouvait résister au mystérieux empire de ses désirs — violents, entiers, en complet désaccord les uns avec les autres. Il quittait soudain le fiévreux tourbillon des affaires, pour s'enivrer, seul, dans une chambre retirée, des riches harmonies de Spenser. Il badinait dangereusement avec les beautés de la Cour, puis allait méditer pendant des heures sur les attributs de la Divinité dans la froide église de Saint-Paul. Son sort paraissait le conduire irrévocablement sur les sentiers de l'action et du pouvoir ; et pourtant il ne pouvait décider si tel était en effet le véritable sens de sa destinée ; il rêvait aux retraites de Lanfey, aux sereines solitudes de Chartley Chase. La Reine le faisait appeler. Il venait en sa présence, et une nouvelle série d'émotions contradictoires s'emparait de lui. L'affection — l'admiration — l'exaspération — la moquerie — il sentait tout cela tour à tour et quelquefois, semblait-il, simultanément. Il était difficile d'échapper au prestige de l'âge, de la royauté, et du succès ; impossible d'échapper à cette intelligencè rare et fascinante, avec ses séduisants replis, et toutes les surprises de sa joyeuse vitalité. Le Comte, entraîné par la Reine, parcourait en dansant de ravissantes avenues. Quels détours charmants ! quelles nouvelles perspectives s'ouvrent délicieusement ! Et tout à coup — que s'est-il passé ? Les mêmes détours étaient devenus abrupts, incompréhensibles, ridicules. La tête lui tournait. Ils voyaient la route devant eux, simple et claire ; mais elle insistait pour visiter d'innombrables recoins, et malgré ses efforts il ne pouvait la maintenir dans la ligne droite. C'était une vieille femme absurde et obstinée, flottant quand il s'agissait d'être ferme, et réservant sa force pour la perversité. Quant à lui, qui, après tout, était homme, avec un mâle pouvoir de clairvoyance et de décision, qui saurait la conduire si elle voulait bien suivre... le sort avait renversé les rôles, et le maître naturel était le serviteur. De temps en temps peut-être, il lui était donné d'imposer sa volonté — mais après quelle dépense d'énergie, quelle longue affirmation de ses droits virils ! Une femme et un homme ! Oui, en effet, chose sûre, évidente ! Pourquoi était-il à cette place ? Pourquoi avait-il jamais exercé quelque influence ? Vérité non seulement évidente, mais grotesque, mais dégoûtante ; il satisfaisait les singuliers désirs d'une vierge de soixante-trois ans. A quoi fallait-il s'attendre à la fin ? Son cœur se serra, et, comme il était sur le point de la quitter, il surprit quelque chose d'inexplicable dans ces yeux extraordinaires. Il rentra chez lui en hâte — près de sa femme, de ses amis, de ses sœurs, et là, dans la vaste demeure au bord du Fleuve, l'une de ces défaillances physiques qui depuis l'enfance ne l'avaient jamais longtemps abandonné, l'accablait ; incapable de pensée ou d'action, grelottant dans les affres de la fièvre, il gisait des jours entiers sur son lit, sombre et mélancolique.

Mais, après tout, il ne pouvait résister à la pression des circonstances, à la nature de son temps, à sa vocation agissante et dominatrice. Ses forces vives lui faisaient retour, avec les anciennes exaltations du coureur d'aventures et les jalousies de l'ambitieux. L'Espagne enténébrait toujours l'horizon ; Cadix ne l'avait pas écrasée ; le serpent n'était pas moins dangereux ; il lui fallait une autre taillade. On parla d'une nouvelle expédition. Francis Bacon avait beau dire. S'il y en avait une, quelle apparence que le « Noble Lord » du « Prothalamium » se tînt à l'écart ? Laissât l'émotion et le triomphe à Walter Raleigh ? Restât derrière en compagnie du Secrétaire bossu, écrivant à une table ? En tête à tête avec la Reine, il la pressa chaleureusement ; et elle parut plus traitable que de coutume ; elle admit le principe d'une attaque à main armée, mais conserva quelque hésitation sur sa forme exacte. Les nouvelles commencèrent à filtrer ; Francis Bacon se sentit mal à l'aise. L'événement, il le voyait bien, montrerait si l'on suivait ses avis ; la croisée des chemins était en vue.

Dans le même temps, comme l'avenir demeurait en balance, ce versatile esprit était engagé dans une direction différente. En janvier 1597, un mince volume fit son apparition — l'un des plus insignes qui jamais soient sortis des presses. De ses soixante pages, les ving-cinq premières contenaient dix brefs « Essais » — mot nouveau en Angleterre — où les réflexions d'un observateur sans égal s'exprimaient dans une forme impérissable. C'étaient des réflexions sur les voies et usages de ce monde, et particulièrement de la Cour. Plus tard, Bacon enrichit sa collection, élargissant le cercle de ses sujets, ornant son style et le colorant ; mais cette fois, tout était pur encore, nu, et positif. Dans une suite de sentences gnomiques, desquelles toute beauté qui n'était pas beauté de force ou de pénétration avait été strictement bannie, il publiait ses pensées sur des thèmes comme : « Des solliciteurs », « Cérémonies et Révérences », « Amis et Clients », « De la Dépense », « Sur l'Art de négocier ». « On voit des livres, écrivait-il, qui sont pour être goûtés, d'autres pour être avalés, et quelques-uns pour être mâchés et digérés. » Il y a peu de doute sur la catégorie à laquelle appartiennent les siens. Plus on mâche, et plus on s'instruit, non seulement des méthodes de la conduite politique, mais de la nature

de l'auteur, et de ce curieux mélange de hardiesse
et de circonspection qui lui était essentiel. « Les gens
du commun doivent s'enrôler, dit-il dans son « Essai
sur les Factions », mais les grands hommes qui sont
déjà par eux-mêmes puissants, feraient mieux de se
garder indifférents et neutres ; pourtant, ajoute-t-il,
qu'un débutant s'enrôle avec assez de modération
pour être l'homme d'un parti qui soit le mieux reçu
de l'autre, est généralement ce qui porte le plus loin. »
Le livre était dédié à « Mr. Anthony Bacon, son cher
frère » ; mais que dut penser Anthony, avec son penchant à se dévouer sans réserve, d'un tel apo-
phtegme ?

Quoi que pensât Anthony, Francis n'y pouvait
rien ; en dernier ressort ce n'était pas son frère mais
sa conception des choses qui devait le gouverner. Il
était clair que l'une de ces crises chroniques, qui
semblaient ponctuer, avec une violence toujours
croissante, les relations de la Reine et du Comte,
approchait à grands pas. On apprit qu'une attaque
navale contre l'Espagne avait été effectivement
décidée ; mais qui la commanderait ? Au commencement de février, Essex prit le lit. La Reine vint
le voir ; il parut se rétablir après un acte de faveur si
remarquable. La nature de son indisposition restait
dans l'ombre. Etait-ce humeur maussade ? ou bien
maladie véritable ? Peut-être les deux. Pendant
quinze jours, il fut invisible, et la Reine s'agitait ;
rumeur sur rumeur volait en tournoyant au-dessus de
la Cour. Les signes d'un débat — d'une querelle —
étaient évidents. Il fut annoncé de bonne source que
la Reine lui avait fait savoir qu'il partagerait le com-

mandement de l'expédition avec Raleigh et Thomas Howard ; et que là-dessus le Comte avait juré qu'il ne s'en mêlerait pas. A la fin, le dépit d'Elisabeth avait éclaté : « Je briserai sa volonté, s'écria-t-elle, j'abaisserai son grand cœur ! » Elle se demandait d'où il tirait cette obstination. — Mais naturellement, de sa mère ! — De Lettice Knollys, sa propre cousine, cette femme détestée — la veuve de Leicester. Puis la nouvelle se répandit que le Comte allait mieux, et si bien qu'il s'était levé, et qu'il était sur le point de quitter la Cour sans délai, pour se rendre en ses terres du Pays de Galles.

Bacon n'avait plus aucun doute sur le succès de ces démarches. Il prit ses résolutions. Il était « débutant » : il lui fallait donc « s'enrôler avec assez de modération pour être l'homme d'un parti qui soit le mieux reçu de l'autre ». Il écrivit à Burghley. Il écrivit avec réflexion et un soin appliqué. « J'ai pensé, dit-il, que ce que je désire exprimer paraîtrait dans un plus grand jour, si j'écrivais par la considération mûrie de mon devoir, plutôt que par l'aiguillon d'une circonstance particulière ». Il combinait la flatterie et la reconnaissance, eu égard à « la sagesse excellente de Votre Seigneurie », et ajoutait : « Mon bon et unique Seigneur, *ex abundantia cordis,* je dois reconnaître combien grandement et diversement Votre Seigneurie a daigné m'attacher à elle par de si nombreux bienfaits. » Sur un ton d'humilité et de respect profonds, il pressait son oncle d'accepter ses services. « Cette pensée m'amène à très humblement prier Votre Seigneurie de croire que Votre Seigneurie est à juste titre principal maître et propriétaire de ce que je ne

puis appeler talent, mais denier, que Dieu m'a donné ;
et qui sera toujours à votre service. » Il allait jusqu'à
demander pardon, il allait jusqu'à désavouer — avec
une parenthèse atténuante — son frère Anthony.
« C'est avec une semblable humilité que je prie Votre
Seigneurie de pardonner mes erreurs, et de ne point
m'imputer les erreurs d'autrui (erreurs que je sais
qu'eux aussi ont répudiées) mais de me connaître pour
un homme qui chaque jour progresse dans la voie de
son devoir. » Et il termina sur une protestation finale,
moulée en sentence d'un rythme magnifique, avec une
chute noble et touchante. « Et derechef, sollicitant le
pardon de Votre Honneur pour une si longue lettre,
portant l'offre si vaine d'un si impuissant service, mais
pourtant le témoignage véridique et sans feinte de mon
honnêteté et dévouement, je cesse ; commettant
Votre Seigneurie à la garde de la Majesté Divine. »

La réponse de Burghley n'est pas connue de nous ;
mais nous pouvons être sûrs qu'il ne rejeta pas ces
avances, ni ne manqua de saisir ce qu'elles impli-
quaient. Les événements désormais allaient un train
rapide. La mort du vieux Lord Cobham, qui laissait
vacante la Surintendance des Cinque Ports, précipita
la crise. Son fils, le nouveau Lord, espérait succéder
à cet office ; mais Essex le détestait et soutenait la
candidature de Sir Robert Sidney. Pendant une
semaine, le conflit fit rage, puis la Reine se déclara.
La Surintendance irait à Lord Cobham. Là-dessus,
Essex proclama une fois de plus qu'il se retirerait de
la Cour, qu'il avait des affaires urgentes dans le pays
de Galles. Toutes les dispositions furent prises ;
hommes et chevaux étaient prêts, et le Comte n'atten-

dait plus que de prendre congé de Burghley, quand la Reine le fit appeler. Il y eut une entrevue privée, qui finit par une réconciliation complète, et Essex ressortit Maître de l'Artillerie.

Tel était donc l'effet des conseils de Bacon ! Il avait dit au Comté de feindre un voyage dans le dessein d'être en mesure de le céder gracieusement à la demande de la Reine ; et l'insensé avait fait tout le contraire — s'en était servi comme d'une menace pour forcer cette royale main. Et à quelle fin ? De poursuivre ce qui devait le plus être évité — mettre en relief ce « prestige militaire », qui était à la fois si futile et si dangereux — enfin, s'emparer précisément de cette charge, la Maîtrise de l'Artillerie, qu'il lui avait particulièrement recommandé de fuir.

Certes, la lettre à Burghley se justifiait clairement ; ç'avait été un impérieux devoir pour le « débutant » de se ménager une autre aide dans sa poursuite des biens terrestres, que celle que lui offrait l'incertaine fortune d'Essex. Pourtant, il y aurait eu folie à rompre tout à fait ces vieux liens ; ils pouvaient encore être utiles, de mille façons. Par exemple, Sir William Hatton était mort ; il avait laissé une riche veuve — jeune, excellent parti ; l'épouser ferait un remède inespéré au mal dont Bacon souffrait toujours — fièvre consomptive de la bourse. Des négociations furent entamées, et il sembla que tout finirait heureusement, pourvu que le père de la dame, Sir Thomas Cecil, donnât son consentement. Bacon pria Essex d'user de son influence ; et Essex fit ce qu'il voulut. Il écrivit à Sir Thomas, s'étendit sur les mérites de son « cher et digne ami », qui, s'il en croyait la rumeur,

« recherche Milady Hatton, **votre fille** ». « Afin d'auto-
riser la liberté que je prends de vous intéresser favorablement pour sa requête, je n'ajouterai qu'un point,
que s'il s'agissait ou de ma sœur, ou de ma fille, j'atteste
que je me résoudrais avec la même confiance à la
soutenir que maintenant je plaide auprès de vous.
Et quoique mon affection pour lui soit extrême,
néanmoins mon jugement n'est point partial ; car qui
le connaît aussi bien que moi ne peut qu'être pareillement disposé. » Pourtant, une fois de plus, l'influence
du Comte fut inutile ; pour une cause inconnue, Bacon
fut à nouveau déçu, et Lady Hatton, comme la charge
de Procureur Général, fut pour Edward Coke.

Essex n'avait pas seulement été nommé Maître de
l'Artillerie, mais aussi reçu le commandement de
l'expédition contre l'Espagne. Depuis des mois, on
savait que les Espagnols étaient à pied-d'œuvre et se
préparaient avec soin pour une guerre navale, dans
leur ports contigus de La Corogne et du Ferrol. La
destination de la nouvelle Armada restait ignorée —
peut-être l'Afrique, ou la Bretagne, ou l'Irlande ; mais
le bruit courait avec insistance qu'ils attaqueraient
l'île de Wight. On décida de prévenir le péril. Essex,
avec Raleigh et Lord Thomas Howard sous ses ordres,
conduirait la flotte et une puissante armée au Ferrol,
pour détruire tout ce qu'il y trouverait. En un mot,
on recommencerait l'aventure de Cadix ; pourquoi
pas ? La Reine elle-même le croyait possible — à bon
marché, en peu de temps, et avec des résultats décisifs.
Même les Cecil approuvèrent. Le vent était à la réconciliation. Burghley jouait le rôle de médiateur et réunit
son fils et le Comte. Essex donna chez lui un petit

dîner, auquel furent priés, non seulement Sir Robert, mais Walter Raleigh aussi bien. L'antique rivalité fut mise de côté, et dans un entretien privé qui dura deux heures, les trois grands personnages lièrent amitié. Preuve décisive de bonne volonté, il fut convenu qu'ils persuaderaient Elisabeth de rendre une fois de plus sa faveur à Raleigh. Elle céda, assez promptement, à la double prière : il fut mandé en sa présence, gracieusement reçu, et informé qu'il pourrait reprendre ses fonctions de Capitaine des Gardes. Raleigh célébra ce jour en se faisant faire une armure d'argent ; et une fois de plus, à Whitehall, étincelant et superbe, le dangereux homme se dressa dans l'antichambre royale.

C'était maintenant l'été, et la grande flotte était presque prête à partir. Essex, sur le rivage, veillait aux derniers préparatifs. Il avait pris congé de la Reine, mais pour deux semaines encore il resta en Angleterre, et les adieux se poursuivirent jusqu'au moment suprême dans une correspondance passionnée. Certes, difficultés, dangers, et griefs troublaient cette liaison ambiguë ; mais voici que l'absence semblait tout éclaircir. Elisabeth montrait son front le plus bénin. Elle dépêcha un torrent de présents et de messages, envoya son portrait, écrivait constamment de sa propre main. Essex était heureux — actif, important, plein de feu ; la grande Reine, avec toute sa majesté et tout son amour, apparaissait à son imagination comme une fée radieuse. Elle était « sa plus chère et sa plus admirée Souveraine ». Il ne pouvait exprimer ses sentiments, mais « puisque les mots ne sont pas capables de me traduire, j'en appelle à votre royal et cher cœur, qui, à défaut de mots, peut complètement et justement entendre ma pensée. Le ciel et la terre m'en soient témoins : je ferai effort pour me rendre digne d'une si haute grâce et d'un si rare bonheur ». Il lui demeurait attaché par « plus de liens que fut jamais un sujet à son prince ». Son être « débordait des plus ardents, plus fidèles, et plus tendres vœux ». Il la remerciait de ses « douces lettres, dictées par l'esprit entre les esprits ». Ayant ouï rapporter que son navire prenait l'eau, elle fut alarmée et lui écrivit pour l'enjoindre de prendre toutes précautions contre le danger. Il était à Plymouth, la veille du départ, quand sa lettre lui parvint. « L'amour infini, écrivit-il, que je porte à Votre Majesté, me fait maintenant m'aimer moi-même à cause de votre faveur ; et donc assurez-vous, chère Dame, que je serai aussi diligent à me ramener à vous que vous pourriez le souhaiter. » Il lui affirma qu'il n'y avait aucun danger ; les nuits étaient favorables ; on était prêt, et sur le point d'appareiller. « Je baise humblement vos belles et royales mains, conclut-il, et répands mon âme en vœux passionnément jaloux pour toutes les joies qui puissent toucher le cher cœur de Votre Majesté, qui me doit connaître pour le plus humble et dévoué vassal de Votre Majesté, Essex. » La flotte prit la mer.

IX

Le Roi Philippe travaillait, assis en son cabinet de
l'Escurial — le gigantesque palais qu'il s'était fait
construire, tout de pierre, au loin, très haut, dans les
solitudes de la rocheuse Guadarrama. Il travaillait
sans répit, comme aucun monarque n'avait jamais
travaillé avant lui, gouvernant derrière son bureau
un immense empire — l'Espagne et le Portugal, la
moitié de l'Italie, les Pays-Bas, les Indes Occidentales.
Il avait vieilli et blanchi à la tâche, mais travaillait
toujours. Les maladies avaient fondu sur lui ; la
goutte le torturait ; sa peau était rongée de chancres ;
il était la proie d'une mystérieuse et terrible paralysie ;
mais sa main courait sur le papier du matin jusqu'au
soir. Il ne se montrait plus au dehors. Retiré dans une
chambre au plus profond de son palais — étroite
chambre, tendue de tapisseries vert sombre — c'est
là qu'il régnait, secret, silencieux, infatigable, moribond. Il avait une distraction, une seule : de temps
en temps il se traînait, chancelant, vers une porte
basse, puis dans son oratoire, et, s'agenouillant, regardait, par une fenêtre intérieure, comme d'une loge

d'opéra, dans les vastes espaces d'une église. C'était le centre de ce grand édifice, moitié palais et moitié monastère, et là, personnages d'opéra eux aussi avec leur costume, leurs gestes, et leurs chants étranges, le chœur des prêtres évoluait devant l'autel, juste au-dessous de lui, attentifs à leur œuvre sacrée. Sacrée ! mais son œuvre aussi l'était ; comme eux, il travaillait à la gloire de Dieu. N'était-il pas l'instrument choisi de Dieu ? L'héritage divin coulait avec son sang. Son père, Charles-Quint, avait été accueilli dans le ciel, à sa mort, par la Trinité ; on ne pouvait s'y tromper ; Titien avait peint la scène. Lui aussi, il serait reçu de la même façon glorieuse ; mais pas tout de suite encore. Il fallait qu'auparavant il achevât ses devoirs terrestres. Qu'il fît la paix avec la France, établît sa fille, conquît les Pays-Bas, instituât partout la suprématie de l'Église catholique. C'était à la vérité une lourde besogne qui restait encore, et très peu de temps pour l'accomplir — il revenait en hâte à sa table — et qui devait être faite par lui, de ses propre mains.

Ses pensées tourbillonnaient, en grande presse et confusion. Il n'en était plus, maintenant, d'aimable. Il avait oublié les fontaines d'Aranjuez et les yeux de la Princesse d'Eboli. D'obscurs aiguillons obsédaient et tourmentaient son cerveau — la religion, l'orgueil, la déception, le désir de repos, le désir de vengeance. Sa sœur d'Angleterre surgissait devant lui — affolante vision ! Elle et lui avaient vieilli ensemble, et toujours elle s'était jouée de lui, jouée de son amour et de sa haine. Mais il était temps encore : il travaillerait plus implacablement que jamais, et, avant que de

rendre l'âme, il lui montrerait, à cettc femme abominable, avec son rire hérétique, à ne plus rire.

Cela du moins serait une convenable offrande pour
se présenter devant la Trinité. Depuis des années, il
peinait, redoublant d'efforts, à cette fin. La grande
Armada n'avait pas réussi dans sa mission, c'était
vrai ; mais le dommage n'était pas sans remède. La
destruction de Cadix n'avait pas été moins regret-
table, ni plus fatale. Une autre Armada serait cons-
truite, et, avec la grâce de Dieu, achèverait la volonté
de son Roi. On avait déjà fait beaucoup. C'est ainsi
que peu de mois après la chute de Cadix, on avait
envoyé une flotte puissante en Irlande, avec une
nombreuse armée, pour y secourir les rebelles. Il était
malheureusement incontestable que la flotte n'était
jamais arrivée en Irlande, à cause d'un coup de vent
du Nord, que plus de vingt navires avaient sombré,
et que les restes de cette seconde Armada étaient
revenus en déconfiture. Mais ces sortes d'accidents
arrivent, et pourquoi désespérer tant que la Trinité
était à ses côtés ? Avec une incroyable diligence, il
s'était mis à l'ouvrage pour que sa flotte fût radoubée
dans le port du Ferrol. Il avait placé à sa tête Martin
de Padilla, Gouverneur (Adelantado) de Castille, et
Martin était un homme pieux, plus pieux encore que
Medina Sidonia. A la fin de 1597, il sembla que la
troisième Armada fût prête à partir. Il y eut encore
pourtant d'inexplicables retards. Le Conseil siégea
en assemblée solennelle, mais il parut que ses labo-
rieuses discussions, pour une raison ou pour une
autre, n'avançaient point les choses. Il y eut aussi des
querelles au sein du commandement et parmi les

officiers ; tous étaient à couteaux tirés, sans la moindre intelligence de la grande tâche à laquelle ils étaient attachés. Le roi Philippe seul comprenait. Ses desseins étaient son secret ; il ne les révélerait à personne ; même l'Adelantado aurait beau s'enquérir ; il ne saurait pas la destination de la flotte. Mais il fallait que ces atermoiements prissent fin ; que l'Armada mît à la voile aussitôt.

A ce moment, vinrent d'alarmantes nouvelles. La flotte anglaise s'équipait ; se rassemblait à Plymouth ; bientôt gagnerait la haute mer. Et il n'y avait aucun doute sur son objectif : elle voguerait droit sur Le Ferrol, et, une fois là, qui l'arrêterait ? L'histoire de Cadix allait recommencer. L'Adelantado déclara qu'on n'y pouvait rien, qu'il était impossible de quitter le port, que les préparatifs étaient absolument insuffisants, qu'en fait il manquait de tout, et ne pouvait tenir tête à l'ennemi. Chose exaspérante — le pieux Martin semblait avoir pris le ton de Medina Sidonia. Mais le moyen de l'empêcher ? Il fallait payer d'audace, et se confier à la Trinité.

La nouvelle arriva que la flotte avait quitté Plymouth, et alors — se produisit un miracle. Après un suspens plein d'horreur, on apprit qu'un vent du sud-ouest avait presque anéanti les Anglais, dont les navires, au bout de dix jours, étaient rentrés au port avec une extrême difficulté. L'Armada du Roi Philippe était sauvée.

La tempête, en effet, avait été effroyable. La Reine, dans son palais, quand elle entendit l'ouragan, frissonna. Le Comte lui-même avait plus d'une fois remis son âme à Dieu. Son salut fut moins heureux qu'il ne pensa : un plus terrible désastre devait l'accabler, et le naufrage n'était que le prologue, chargé de présages, de la tragédie. Quand la brise, à l'heure fatale, commença de fraîchir, la chance le quitta. Dès lors l'infortune s'épaissit constamment sur sa route. Par une curieuse coïncidence, la tempête qui déchaîna de si affreuses conséquences a reçu une immortalité particulière. Parmi les jeunes gentilshommes qui s'étaient embarqués avec Essex en quête d'aventures et de richesses, était John Donne. Il souffrit horriblement, mais résolut de convertir ses désagréables sensations en un métal tout à fait inattendu. De la violence et du fracas d'une tempête sur mer il fit un poème — un poème écrit dans un nouveau style et dans un nouveau mouvement, sans attraits sensuels ni classique jeu d'images, mais rude, moderne, humoristique, plein d'étonnantes métaphores réalistes, et de subtilités.

Comme les âmes, avec leur fardeau de péchés, de leur
                    [tombe se hisseront
Au dernier jour, les uns hors de leur cabine passent la tête,
Et, tremblants, demandent les nouvelles, et de la sorte
                    [apprennent,
Comme les maris jaloux, ce qu'ils ne voudraient point
                    [savoir.
D'autres, assis sur les écoutilles, semblent là,
D'un regard hideux et fixe, terrifier la terreur.
Puis ils voient les maladies du navire, le mât
Secoué de cette fièvre, et la cale et l'entrepont
Encombrés d'une hydropisie salée, et tous nos gréements
Qui claquent, comme deux cordes qu'on tend trop aiguës ;
Et nos voiles déchirées laissent pendre des haillons,
Tel, avec ses chaînes, un pendu de l'année dernière.

Les vers, qui circulèrent partout en manuscrit, furent grandement appréciés. Ce fut le commencement de cette extraordinaire carrière de passion et de poésie, qui devait finir, dans la maturité des temps, au doyenné de Saint-Paul.

Tandis que Donne s'occupait à tourner ses couplets acrobatiques, Essex faisait de son mieux à Falmouth et à Plymouth pour réparer le dommage qui leur avait donné naissance. La Cour lui témoigna quelque pitié ; les Cecil écrivirent des lettres polies ; Elisabeth, contre toute attente, était d'une humeur fort douce. « La Reine, disait Robert au Comte, est maintenant si disposée à nous voir tous vous aimer, qu'elle et moi, chaque soir, parlons de vous avec une bonté angélique. » Un incident qui venait de se produire l'avait ravie au point qu'elle considérait le désastre naval avec une exceptionnelle égalité d'âme. Un député était arrivé de Pologne — magnifique personnage, revêtu d'une longue robe de velours noir avec des boutons incrustés de pierres précieuses, qu'elle reçut en grande pompe. Assise sur son trône, avec ses dames d'honneur, ses conseillers et ses gentilshommes autour d'elle, elle daigna prêter l'oreille à la harangue, artistement travaillée, de l'ambassadeur. Il parlait en latin ; extrêmement bien, semblait-il ; mais, comme elle écoutait, elle fut stupéfaite. Ce n'était pas du tout là ce qu'elle attendait. A peine un compliment — au contraire, des protestations, des remontrances, des critiques — était-il possible ? — des menaces ! Elle était chapitrée pour sa présomption, réprimandée pour avoir détruit le commerce de Pologne, et expressément avertie que sa Majesté Polonaise ne supporterait pas ces procédés plus longtemps. La stupéfaction fit place à la fureur. Quand l'homme enfin se tut, aussitôt elle sauta sur ses pieds : « Expectavi orationem », s'écriat-elle, « mihi vero querelam adduxisti » ; et se mit incontinent à déverser un flot grondant de latin comminatoire, où le blâme, l'indignation, et les plaisanteries sarcastiques se succédaient avec une surprenante volubilité. Ses yeux étincelaient, sa voix grinçait et tonnait. Son entourage demeurait bouche bée ; on savait ses talents, mais c'était là quelque chose de tout à fait inouï — ce prodigieux don d'éloquence *ex tempore* en langue savante. L'infortuné ambassadeur était accablé. Enfin, ayant bouclé sa dernière période, elle s'arrêta un moment, puis se tourna vers ses courtisans. « Morbleu, Messieurs, dit-elle avec un sourire de satisfaction, on m'a forcée aujourd'hui de nettoyer mon vieux latin que depuis si longtemps je laissais rouiller. » Après quoi, elle fit chercher Robert Cecil et lui confia qu'elle regrettait qu'Essex n'eût point été présent pour entendre son latin. Cecil, avec tact, promit qu'il enverrait au Comte un rapport complet de ce qui s'était passé ; il s'exécuta, et les détails de cette curieuse scène ont atteint la postérité en même temps, dans sa lettre.

Non sans répugnance, Elisabeth permit à la flotte d'attaquer de nouveau l'Espagne. Mais elle était trop faible maintenant pour effectuer un débarquement au Ferrol ; tout ce qu'elle pouvait faire était d'introduire des brûlots dans le port afin d'incendier les vaisseaux qui s'y trouvaient à l'ancre ; dans la suite, on essaierait d'intercepter la flotte des Indes Occidentales et ses trésors. Essex, avec son escadre décimée, se lança en avant ; une fois de plus les vents se déclarèrent contre lui. Quand, au prix de grands efforts, il toucha la côte d'Espagne, le vent d'est l'écarta du Ferrol. Il écrivit à Londres pour expliquer sa mésaventure et annoncer qu'ayant eu connaissance d'une sortie de la flotte espagnole pour aller chercher, au large des Açores, le précieux convoi, il avait l'intention de l'y suivre aussitôt. Elisabeth écrivit sa réponse de sa plume la plus royale et la plus énigmatique. « Quand je vois, disait-elle, l'admirable ouvrage du vent oriental se prolongeant au delà des coutumes de Nature, je vois, comme dans un cristal, la juste image de ma folie, qui s'aventurait à de surnaturels accidents au point d'être accusée de frénésie. » En d'autres termes, elle comprenait qu'elle se laissait aller à courir des risques que n'approuvait pas son jugement. Elle ressemblait à « ces lunatiques, à qui reste quelque empreinte des caprices de leur délire, aidés en cela par l'influence de *Sol in Leone* » — (on était au mois d'août). Essex ne devait pas trop compter sur une déraisonnable complaisance. Elle insérait un « caveat, que cette bonté lunatique ne vous rende point si téméraire... que d'amonceler d'autres erreurs devant notre merci ; vous m'offensez par trop en ayant si peu d'égards à ce que je fuis ou commande ». Il fallait qu'il prît garde. « Il vous reste, après votre périlleuse première tentative, à ne pas aggraver ce danger par un autre sous un climat éloigné, qui coûterait mainte blessure ; que l'honneur vous soit assez, et vivez content dans la prospérité, ce qui n'a pas toujours été votre fort. » D'une ou deux touches légères, administrées de haut en bas, elle mettait le doigt sur ses faiblesses.

« Suffit là-dessus. Mais de tous mes modes, je n'oublie pas les temps, dans lequels je ne me vois concédé que l'optatif : qu'il soit pourvu avec une ardeur extrême aux besoins de cette armée, et inclusivement que vous nous reveniez sain et sauf, et que vous acquériez la sagesse de discerner *verisimile* de *potest fieri.* » Et elle concluait par un aveu d'amitié, où la plénitude du sentiment semble s'exprimer par le contournement même du style. « N'oubliez pas de saluer favorablement de ma part le bon Thomas et le fidèle Mountjoy. Je ressemble trop à ceux du vulgaire, qui oublient de rendre grâces de ce qu'ils ont reçu ; mais comme j'ai pris à contre-cœur, j'ai presque oublié les remerciements ; mais recevez-en maintenant un million, et c'est encore le reste qui est le plus cher. »

Ces paroles le rejoignirent au-delà des mers, et quand elles lui furent rendues, il aurait mieux fait d'y prêter plus d'attention. Aux Açores, il n'y avait pas trace de la flotte espagnole ; mais les galions étaient attendus à l'horizon d'un moment à l'autre. Terceira, principale citadelle des Iles, était trop forte pour subir un assaut, et puisque, si le convoi pouvait une fois atteindre ce port, il serait en sûreté, l'évidente politique des Anglais consistait à le guetter à l'ouest, sur sa route, venant d'Amérique. On décida de débarquer dans l'île de Fayal, qui formerait un excellent centre d'observation. La flotte entière mit le cap sur Fayal, mais les navires ne réussirent pas à garder contact entre eux, et quand l'escadre de Raleigh fut au lieu de ralliement, il n'y avait pas trace d'Essex ni des autres. Raleigh attendit quatre jours ; puis, ayant besoin d'eau, mit ses hommes à terre, attaqua

la ville de Fayal, et la prit. C'était un heureux début ;
Raleigh avait habilement commandé, et un important butin était tombé entre ses mains. Tout de suite
après le reste de la flotte parut. Quand Essex apprit
ce qui était arrivé, il entra dans une violente colère :
Raleigh, déclara-t-il, l'avait délibérément devancé
par amour du pillage et de la gloire, et avait désobéi
à ses ordres en attaquant l'île avant l'arrivée du
commandant en chef. L'ancienne querelle lança ses
flammes vers le ciel... Quelques-uns des plus déter-
minés partisans d'Essex insinuèrent qu'il ne fallait
pas laisser échapper une si belle occasion — que
Raleigh devait passer en cour martiale et être exécuté.
Tout irrité qu'il était, Essex n'en demandait pas tant.
« Je le ferais, s'il était mon ami. » Telle est la réponse
qui lui est attribuée. Enfin, on se mit d'accord. Il fut
convenu que Raleigh exprimerait des excuses et
qu'aucune mention de son succès ne serait faite dans
le rapport officiel ; que sa conduite ne lui valût aucun
surcroît de crédit, à cette condition, on oublierait son
incartade. Il y eut une réconciliation, mais Essex
demeurait amer. Jusqu'ici, il n'avait rien fait qui
fût digne de sa réputation — il ne remportait ni butin,
ni prisonnier. Mais il apprit qu'il y avait une autre
île qu'on pouvait facilement capturer ; si Raleigh
avait pris Fayal, il prendrait San-Miguel. Et sur San-
Miguel il appareilla aussitôt. *Verisimile* et *Potest
fieri !* Que n'avait-il remarqué ces deux mots ?
L'attaque de San-Miguel était pure folie. Car cette
île s'élevait à l'est de Terceira, et s'y rendre était
laisser libre la route à la flotte des trésors.

Ce qu'on aurait pu prévoir arriva. A l'instant où

les Anglais approchaient de San-Miguel, le vaste
tribut des Indes entrait sans encombre au port de
Terceira. San-Miguel, d'ailleurs, se trouva de nature si
rocheuse, qu'y débarquer était impossible. Terceira
était imprenable. Tout était fini ! Il n'y avait plus
qu'à s'en retourner.

Soit ! Mais pendant tout ce temps, où était la
flotte espagnole ? Elle n'avait jamais quitté Le Ferrol
où des préparatifs, qui avaient duré des années, s'ache-
vaient enfin avec une rapidité fébrile. Tandis que le
Roi Philippe les pressait par un afflux continu de
dépêches, la nouvelle lui arriva que la flotte Anglaise
s'était dirigée vers les Açores. Il vit que son heure
était venue. L'île détestable s'offrait, ouverte et sans
défense... A coup sûr, son ennemie était maintenant
entre ses mains. Il donna l'ordre que l'Armada partît
sur le champ. En vain, l'Adelantado sollicita encore
un léger délai, s'étendit sur les scandaleuses imperfections qui rendaient l'armée inapte au service, en
définitive supplia d'être relevé de cette intolérable
responsabilité. En vain — le pieux Martin, toujours
ignorant de sa destination, dut conduire la flotte
dans la baie de Biscaye. Alors seulement il fut autorisé à lire ses instructions. Il allait partir droit en
Angleterre, attaquer Falmouth, l'occuper, et, ayant
battu les navires ennemis, marcher sur Londres.
L'Armada prit la haute mer, mais au moment où les
Sorlingues étaient en vue, une rafale fondit sur elle.
La flotte chancela, vacilla ; chaque capitaine sentit
son cœur défaillir. Les préparatifs du Roi Philippe
avaient été, en effet, insuffisants ; tout, comme avait
dit l'Adelantado, tout manquait — même une con-

naissance élémentaire des choses maritimes, même le désir de rencontrer l'adversaire. L'araignée de l'Escurial avait filé sa toile avec des rêves. Les navires commencèrent à se disperser et couler ; le vent fraîchit ; une tornade s'éleva ; il y eut un conseil de guerre au désespoir ; l'Adelantado donna le signal ; et l'Armada traîna ses ailes jusqu'au Ferrol.

Le Roi Philippe avait presque perdu le sens, d'anxiété et de maladie. Il priait sans relâche, à genoux, angoissé, regardant de sa loge d'opéra sur le maître-autel. Soudain, il fut accablé par une attaque de paralysie. Il respirait avec peine, ne pouvait avaler aucune nourriture ; sa fille, penchée sur lui, insufflant dans son gosier avec un tube des aliments liquides, lui sauva la vie. Déjà la nouvelle était arrivée du retour de l'Adelantado ; mais le Roi semblait hors d'atteinte aux messages des hommes. Soudain, un changement se fit ; ses yeux s'ouvrirent ; il reprit conscience : « Martin ne partira-t-il jamais ? » furent ses premiers mots. Les courtisans se trouvèrent en présence d'un pénible devoir. Il leur fallut expliquer au Roi Philippe que le pieux Martin était non seulement parti, mais revenu.

X

Essex, lui aussi, était revenu, et se préparait à affronter une maîtresse qui n'était rien moins que mourante. Une poignée de marchands espagnols, ramassés par hasard sur le chemin du retour, c'est tout ce qu'il pouvait montrer en justification d'un exploit qui non seulement avait coûté très cher, mais encore laissait l'Angleterre sous la menace d'une invasion. Elisabeth n'avait qu'à contre-cœur autorisé, après la tempête, le départ de la flotte ; on avait forcé son consentement ; on en voyait les conséquences. Sa fureur était inévitable. Des fautes de commandement — grossières et sans excuse ; une perte sévère, à la fois pour le trésor et pour sa réputation ; un péril imminent aux portes du royaume : tel était, à son compte, le plus clair de l'affaire. Son seul bénéfice était que cette erreur lui servirait de leçon. Il apparaissait décidément que toute cette politique, dont toujours elle s'était profondément méfiée, de téméraires et ruineuses expéditions, était déraisonnable ; elle y mettrait bonne fin. Jamais plus, déclara-t-elle à Burghley, elle n'enverrait sa flotte hors de la Manche ; et pour une fois, elle tint parole.

Reçu par les marques d'une désapprobation glacée, Essex plaida sa cause avec acharnement, comprit que tout était inutile, et, mortifié, irrité, déserta la Cour pour la retraite de sa maison des champs, à Wanstead, dans les faubourgs à l'Est de Londres. De là, il adressa à la Reine une lettre pathétique. Elle avait fait de lui, disait-il, « un étranger, et j'aimerais mieux retirer mon corps malade et mon âme troublée dans quelque lieu de repos que, vivant en votre présence, n'être plus désormais que l'un de ceux qui vous regardent de loin. » Néanmoins, il concluait en l'assurant de sa fidélité. « Je porte en vérité le même cœur que naguère, quoique maintenant je sois vaincu par les mauvais traitements, comme auparavant je fus conquis par la beauté. En mon lit, où je pense que je resterai cloué pendant quelques jours, ce dimanche soir. De votre Majesté, le serviteur maltraité, meurtri, mais non changé, R. Essex. »

« Conquis par la beauté. » Elisabeth sourit, mais ne fut point apaisée. Ce qui l'ennuyait particulièrement était de voir que le Comte ne subissait aucune atteinte dans sa réputation de grand capitaine. L'opinion publique imputait l'échec du voyage aux Iles à la malchance, aux circonstances atmosphériques, à Raleigh — à tout sauf à la véritable cause — l'incompétence du commandant en chef. Pure sottise : elle savait de quoi la vérité était faite. Toutefois, elle en avait du regret. Un jour que dans les jardins de Whitehall elle dissertait sur ce thème, Sir Francis Vere osa élever la voix en faveur de l'absent. Elle écouta de bonne grâce, discuta qelques instants, puis changea de ton, et, menant Sir Francis au bout d'une allée, le fit asseoir à côté d'elle et lui parla longuement, avec douceur et affection, d'Essex — de ses manières, ses vues, son caractère curieux, son naturel exquis. Peu de temps après, elle lui écrivit pour s'informer de sa santé. Elle écrivit une seconde lettre plus pressante encore. Elle souhaitait sincèrement qu'il revînt : sans lui la vie était pesante ; elle oublierait le passé. Elle écrivit une troisième fois, découvrant à demi son désir de pardon. « Très chère Dame, répondit Essex, vos messages bienveillants et renouvelés sont de nature à sauver un malade, ou plutôt à ressusciter un homme qui était mort plus qu'à moitié. Depuis que j'ai eu l'heur de connaître ce qu'Amour signifiait, je ne fus jamais un seul jour, ni une seule heure, libre d'Espoir et de Jalousie ; et si longtemps que vous serez ma bienfaitrice, ils seront compagnons inséparables de ma vie. Si, dans la tendresse de son cœur, Votre Majesté nourrit l'un, et selon la juste loi d'Amour, me délivre de l'autre, vous me verrez toujours heureux... Sur quoi, désirant que soit à vous ce que votre Majesté désire le plus, je baise humblement vos belles mains. »

Elle fut ravie. Ces sortes de protestations — d'autant plus ensorcelantes à cause de l'ambiguïté même du style — faisaient fondre les derniers restes de son ressentiment. Il fallait qu'il revînt tout de suite, et elle se prépara à une scène de réconciliation pathétique et pleinement satisfaisante.

Mais ce bonheur devait se faire longtemps attendre. Quand Essex comprit sans aucun doute qu'elle souhaitait son retour, il devint de son côté distrait et chagrin. Entouré de conseillers moins prudents que

Francis Bacon — sa mère et ses sœurs, et l'aventureuse
coterie militaire qui composait sa clientèle — il prêta
l'oreille à leurs suggestions et se mit à jouer un jeu
équivoque. Le fait qu'il avait échoué inexcusablement
dans son voyage aux Iles ne servait qu'à le rendre
plus soucieux d'affirmer ses titres. Ses lettres, écrites
avec un mélange de regret sincère et d'habile coquette-
rie, avaient produit l'effet voulu. La Reine désirait
son retour : soit, elle serait obéie — mais en payant
bon prix. Il considérait que, pour sa part, il avait à
faire valoir un grief sérieux. Non seulement Robert
Cecil avait été nommé, durant son absence, Chancelier
du Duché de Lancastre, mais, une semaine avant son
retour, Lord Howard d'Effingham avait reçu le titre
de Comte de Nottingham. C'en était trop. Les lettres
patentes mentionnaient expressément, parmi les raisons de cette élévation, la prise de Cadix ; et tout
le monde savait que la prise de Cadix n'était due qu'au
seul Essex. Il est vrai que les lettres mentionnaient
également — comme il était assez naturel — la défaite
de l'Armada espagnole, que Howard avait plus de
soixante ans, et qu'un Comté semblait la digne récompense d'une longue et brillante carrière dévouée au
bien public. N'importe ; il y avait une autre question,
plus sérieuse, en litige : on voyait en fait aussi clair que
le jour — du moins les têtes chaudes à Wanstead Park
l'assuraient — que toute l'affaire avait été d'avance
machinée en vue d'un affront délibéré. Howard avait
déjà, avant l'expédition de Cadix, essayé, comme Lord
Amiral, de prendre le pas sur Essex, lequel, comme
Comte, avait fermement résisté à ses prétentions.
Mais maintenant il ne pouvait plus y avoir de doute :

le Lord Amiral, s'il était Comte, prenait de droit le pas sur tous les autres Comtes — à l'exception du Grand Chambellan, du Lord Sénéchal, et du Comte Maréchal ; et de la sorte, Essex aurait à céder la place à Nottingham — un parvenu. Qui pouvait donc s'étonner si, dans ces circonstances, il ne consentait point à rentrer à la Cour ? Il refusait de se laisser insulter. Si la Reine souhaitait véritablement de le voir, qu'elle prît ses mesures pour empêcher pareil accident. Qu'elle montrât au monde, par une insigne marque de sa faveur, que la situation d'Essex — loin de se trouver diminuée par le voyage aux Iles — était plus fermement établie que jamais.

On annonça que le Comte était encore loin d'aller bien — qu'il n'était pas question qu'il quittât aucunement Wanstead. Le front de la Reine s'assombrit. L'anniversaire de son couronnement approchait, il manquerait quelque chose aux coutumières solennités — on ne pouvait se le dissimuler — si l'on n'y voyait pas... mais elle se refusait à y penser. Elle se fit nerveuse, et un orage parut suspendu au-dessus de la Cour. Le retour d'Essex devenait pour tous de la plus haute importance. Lord Hunsdon adressa au Comte de discrètes remontrances ; en vain. Burghley écrivit — et non sans humour : « J'ai ouï dire que Votre Seigneurie était fort malade, quoique, j'ose le croire, se maintenant à la diète et au chaud, elle puisse être sauvée. » Mais le jour du couronnement arriva et passa, qu'Essex était toujours absent. Burghley écrivit à nouveau ; Nottingham même envoya une jolie lettre élisabéthaine, protestant de son amitié. Il soupçonnait « que certaine vile trame avait été ourdie qui me fît mésestimer de Votre Seigneurie, mais, Milord, si je ne me suis pas comporté en toutes choses vous concernant comme j'aurais fait si j'avais été en votre place, que je n'aille jamais en Paradis. » Sous la fusillade, Essex faiblit, et fit savoir qu'il reviendrait — si Sa Majesté en témoignait expressément le désir. Là-dessus, Elisabeth monta sur ses grands chevaux. Elle avait assez parlé de cette matière, elle avait d'autres soucis, elle avait à donner son attention entière aux négociations en cours avec l'Ambassadeur de France.

Ces négociations demandaient en vérité beaucoup d'adresse. Une nouvelle situation diplomatique se présentait, si pleine d'incertitude qu'Elisabeth se trouvait plus embarrassée que jamais pour décider de la conduite à tenir. Après le retour de sa flotte au Ferrol, le Roi Philippe, contre toute attente, avait guéri. Il avait mandé l'Adelantado ; les courtisans se persuadèrent qu'il ne quitterait le Roi que pour monter sur l'échafaud. Point du tout : l'entrevue fut intégralement consacrée à discuter les chances de la prochaine invasion en Angleterre ; elle aurait lieu au printemps. Une quatrième Armada serait sur pied. Il n'était que de faire un effort considérable, que de corriger les défauts du passé ; et cette fois, plus de doute sur le résultat. Un mémoire officiel fut rédigé, qui déterminait les mesures à prendre pour assurer le succès de l'expédition. « La première, prononçait ce remarquable document, est de recommander l'entreprise à Dieu et de travailler à amender nos âmes. Mais, puisque Sa Majesté a déjà publié une ordonnance générale à cet effet, et désigné un officier qui insiste généralement sur ce point, il n'est besoin que de veiller à ce que l'ordonnance soit observée, et à la promulguer derechef. » En second lieu, il fallait lever une grosse somme d'argent, «avec une rapidité extraordinaire, et par tous les moyens licites qui pourront être inventés. Afin d'examiner quels moyens sont licites, un comité de théologiens sera réuni auquels une si grande mission puisse être confiée, et leur opinion sera adoptée ». Assurément, tant de sagesse à la tête des affaires ne pouvait plus laisser aucun doute sur le succès du plan.

Mais, tandis que mûrissait l'attaque sur l'Angleterre, le Roi Philippe se montrait de plus en plus soucieux de faire la paix avec la France. Henri IV affermissait peu à peu sa position ; quand il eut repris Amiens, le moment d'ouvrir les négociations arriva. Le Roi de France, de son côté, désirait la paix ; il voyait qu'il pouvait l'obtenir ; mais avant de la conclure, il lui était nécessaire de consulter ses deux alliés — les Anglais et les Hollandais. Il espérait les gagner à l'idée d'une pacification générale, et dans ce dessein, dépêcha un envoyé spécial, de Maisse, à Londres.

Si de Maisse espérait tirer d'Elisabeth prompte réponse à ses offres, il se préparait une déception. Il fut reçu à la Cour d'Angleterre avec respect et cordialité, mais, à mesure que ses questions se précisaient, les réponses se faisaient plus vagues. Il eut plusieurs entrevues avec Elisabeth, et l'oracle en vérité ne fut point muet ; au contraire, extrêmement bavard — sur tout sujet, sauf le seul opportun. L'ambassadeur était confondu, stupéfait, et charmé, à voir la Reine voleter de propos en propos, de la

musique à la religion, de la danse à Essex, de l'état
de la Chrétienté à ses propres mérites. Elle toucha
un mot du Roi Philippe, qui, disait-elle, avait entrepris quinze fois de la faire assassiner. « Comme cet
homme doit m'aimer ! » ajouta-t-elle, riant et soupirant
à la fois. Elle regrettait ces fatales différences de
religion, qui, à son avis, tournaient la plupart du
temps sur des bagatelles. Elle cita Horace : « Quid-
quid delirant reges, plectuntur Achivi. » Certes, il
n'était que trop vrai ; son peuple souffrait, et elle
aimait son peuple, et son peuple l'aimait ; plutôt
mourir que de diminuer d'un iota cette mutuelle
affection, qui pourtant n'avait plus longtemps à
durer : elle était au bord de la tombe. Puis, avant que
de Maisse eût pu se récrier : « Non, non, s'exclama-
t-elle, je ne pense pas que je meure si vite ! Je ne suis
pas si vieille, Monsieur l'Ambassadeur, que vous
supposez ! »

Les costumes de la Reine étaient une source de
perpétuel étonnement pour de Maisse, et il les notait
assidûment dans son Journal. Il apprit qu'elle ne
s'était jamais séparée d'un vêtement au cours de sa
vie, et qu'environ trois mille pendaient dans ses
garde-robes. Une fois, il éprouva quelque chose de
plus que de l'étonnement. Convoqué à une audience,
il trouva Elisabeth debout près d'une fenêtre, dans
un appareil extraordinaire. Sa robe de taffetas noir
était coupée à la mode italienne et décorée de larges
galons d'or ; les manches étaient ouvertes et doublées
d'incarnat. Sous ce vêtement, qui était complètement
ouvert sur le devant, elle en portait un autre de damas
blanc, ouvert aussi jusqu'à la taille ; et sous celui-ci

encore, une chemise blanche, également ouverte. L'ambassadeur stupéfait ne savait où porter les yeux. Chaque fois qu'il regardait la Reine, il avait l'impression de voir beaucoup trop loin, et son embarras était encore accru par le geste délibéré avec lequel, de temps en temps, rejetant la tête en arrière en causant, elle saisissait les bords de sa robe, et les tenait écartés, en sorte que, selon sa description, « lui voyait-on l'estomac jusques au nombril ». Le costume se complétait d'une perruque rouge, qui retombait sur les épaules et qui était couverte de perles magnifiques, en même temps que des colliers de perles s'enroulaient autour de ses bras, et que ses poignets étaient couverts de bracelets de diamants. Elle s'assit à sa venue, et pendant plusieurs heures, discourut avec une extrême affabilité. Le Français se persuada qu'elle essayait de le séduire ; peut-être eut-il raison ; ou peut-être cette femme inexplicable n'avait fait que se sentir l'âme un peu vague et fantasque, ce matin-là, en s'habillant.

L'absence d'Essex dominait la situation domestique, et de Maisse ne fut pas long à s'apercevoir que l'atmosphère était tendue. Le noble Comte, à piétiner dans les faubourgs de Londres, exilé volontaire aux desseins mystérieux, remplissait chaque esprit de craintes, d'espoirs, et de calculs. Les allusions que faisait la Reine à ce sujet, bien qu'en apparence proférées sans réserve, n'avaient rien de révélateur. Elle assura l'ambassadeur que si Essex avait réellement manqué à son devoir durant le voyage aux Iles, elle l'aurait fait décapiter, mais qu'après un examen complet de la question, elle en était venue à la conclu-

sion qu'il était sans reproche. Elle paraissait calme :
ce qu'elle disait de l'exécution du Comte semblait une
sorte de bravade à demi plaisante ; et elle passait
aussitôt à d'autres matières. Les courtisans s'agitèrent
plus encore. D'étranges rumeurs étaient dans l'air.
On murmurait que le Comte avait annoncé son prochain départ pour l'Ouest, et déclaré que tant de
gentilshommes l'entouraient qui avaient été mal
payés de leurs services qu'il serait dangereux de rester
plus longtemps près de Londres. Téméraire parole,
qui fut partout répétée par les ennemis d'Essex. Mais
elle n'eut pas de suite : il resta à Wanstead.

Pendant tout le mois de décembre, comme de
Maisse se débattait pour obtenir d'Elisabeth qu'elle
se prononçât de façon catégorique, cette sourde
tempête continua. Un jour Essex proposa que son
différend avec Nottingham se réglât en combat singulier, et la proposition, chose curieuse, ne fut pas
acceptée. Nottingham lui-même devint irritable, prit
le lit, et parla de se retirer à la campagne. Enfin,
tout à fait à l'improviste, Essex se montra à la Cour.
On connut aussitôt qu'il avait triomphé. Le 28, la
Reine le nomma Comte Maréchal d'Angleterre.
L'emploi restait vacant depuis de longues années, et
sa résurrection et son attribution en un pareil moment
constituaient véritablement une insigne marque de
la faveur royale ; car la désignation rétablissait auto-
matiquement la préséance d'Essex sur Nottingham.
Dès lors que les emplois de Lord Amiral et Comte
Maréchal étaient selon la loi de rang égal, et que tous
deux étaient tenus par des Comtes, il s'ensuivait que la
première place appartenait au plus ancien dans le titre.

Quelques jours plus tard, de Maisse se prépara à partir, n'ayant réussi sur aucun article de sa mission. Il fit une visite d'adieu à Essex, qui le reçut avec une courtoisie ténébreuse. Un nuage énorme, dit le Comte, avait été suspendu sur sa tête, quoique maintenant sur le point de se dissiper. Il ne croyait pas que la paix fût possible entre l'Angleterre et l'Espagne ; mais il lui déplaisait de prendre part à ces négociations ; à quoi bon, — le Père et le Fils étaient seuls écoutés. Il y eut une pause, puis il ajouta d'un air sombre : « La Cour est en proie à deux maux — l'inconstance et l'atermoiement ; la cause en est le sexe de la souveraine. » De Maisse, notant à part soi ce curieux mélange de découragement, de colère, et d'ambition, se retira respectueusement.

Si le Comte restait morose, Elisabeth s'abandonnait à la plus vive gaieté. La cruelle indécision des deux derniers mois — la plus longue et la plus poignante de ces lamentables séparations — avait pris fin : Essex était de retour ; une nouvelle et délicieuse saveur envahissait tout à coup le monde. La France pouvait attendre. Elle chargerait Robert Cecil d'aller conférer avec Henri. En attendant — elle chercha plaisamment alentour quelque objet sur quoi décharger son énergie — et trouva Jacques d'Ecosse. Ce jeune ridicule avait recommencé à lui jouer des tours ; mais elle lui donnerait une leçon. Le bruit était venu à ses oreilles qu'il était en train d'envoyer des députés aux diverses Cours du Continent pour attester ses droits de succession au trône d'Angleterre. Ses droits de succession ! c'était une véritable manie. Il avait l'air de croire qu'elle était déjà morte ; il

connaîtrait son erreur. S'abandonnant à une crise de
rage et d'hilarité, elle prit une plume et écrivit à son
frère d'Ecosse une lettre bien calculée pour le faire
trembler dans ses chausses. « Quand le premier éclat,
commença-t-elle, de cette inouïe et inusitée fanfare
eut percé mes oreilles, je supposai que le vol de Renom-
mée, qui de ses pennes rapides souvent entraîne le
pire, avait rapporté quelque mensonge. Il n'en était
rien. » « J'ai regret, continuait-elle, que vous vous
soyez si délibérément laissé choir du haut de votre
excellente demeure pour vous jeter sans retour dans
le gouffre d'un insondable discrédit. Quelle si grande
presse de courir à si grand opprobre ?... Je vois bien
que nous sommes tous deux de nature très différente... Fallait-il envoyer une ambassade aux princes
étrangers, chargée de vos instructions inconsidérées ?
Je vous assure que le travail de vos mots fripés passera
les fontières de nombreux pays, vous imputant autant
de légèreté que quand le vrai soleil de mes sincères
procédés et soins incessants dans l'intérêt de votre
sûreté et honneur chassera les obscurs et sombres
nuages des perfides invectives... Et persuadez-vous
que vous avez affaire avec un roi qui ne souffre point
de tort et n'endure point d'infamie. On a vu récemment d'inoubliables traits de ce prince plus puissant
et plus fort que toute l'Europe n'en peut montrer.
Prenez donc garde que sans de larges amendes je ne
puis ni ne veux encaisser de telles indignités... Sur
quoi, je vous souhaite un esprit plus avisé et des
conclusions mieux déduites. »

Ayant ainsi balayé le Roi Jacques, elle se sentit de
taille à reprendre la lutte avec le Roi Henri. Elle

annonça à Robert Cecil qu'il irait en France en qualité
d'ambassadeur extraordinaire, et le Secrétaire fut tout
assentiment et gratitude. En lui-même, toutefois, il
était mal à l'aise ; il répugnait à l'idée d'une longue
absence à l'étranger pendant que le Comte resterait
chez soi maître du champ de bataille ; et, gravement
assis devant ses dépêches, il se demandait quel parti
prendre. Il se détermina pour une parfaite franchise
— résolut d'aborder son rival par un sincère aveu
de ses inquiétudes. Cette méthode réussit ; et Essex,
en sa généreuse grandeur, se rappelant avec un sourire comme, en son absence, à la fois le Secrétariat
et le Duché de Lancastre étaient échus à Cecil, jura
qu'il ne prendrait aucune avance. Pourtant Cecil
restait tourmenté. Le hasard fit qu'à ce moment
une importante et précieuse cargaison de cochenille
arrivât des Indes pour la Reine. Il émit l'opinion
qu'Essex entrât en possession du tout pour 50.000 livres, au taux de 18 shillings le pound, quand le prix
marchand était de 30 à 40 shillings ; en outre, il insista
pour qu'Essex reçût la valeur de 7.000 livres de cette
rare matière en don bénévole. Elisabeth y consentit
sans peine, et le Comte se trouva lié au Secrétaire par
quelque chose de plus qu'un vain élan de chevalerie,
par des nœuds de gratitude pour un très solide bénéfice.

Cecil s'était embarqué pour la France, quand une
nouvelle des plus alarmantes se répandit à Londres.
Une flotte espagnole de trente-huit flibots, portant
cinq mille soldats, remontait la Manche. La première
pensée d'Elisabeth fut pour son Secrétaire. Elle envoya
un message pressant pour lui interdire de quitter
l'Angleterre ; mais il avait déjà mis à la voile, dépassé

la flotte espagnole, et abordé Dieppe sain et sauf. De
là, il dépêcha aussitôt à son père un compte-rendu
exact des forces ennemies, inscrivant sur la couverture :
« Sur votre vie », avec un dessin représentant une
potence, allusion pour le messager à ce qui arriverait
s'il s'attardait en chemin. Il n'y eut pas un instant
d'hésitation à Londres. Les délibérations du gouvernement furent brèves et efficaces ; des ordres furent
envoyés en toute direction, et personne ne demanda
l'avis des théologiens. Lord Cumberland, avec tous
les vaisseaux qu'il pourrait réunir, fut chargé de poursuivre l'ennemi ; Lord Nottingham courut à Gravesend,
et Lord Cobham à Douvres ; Raleigh fut commis au
soin de rassembler des vivres tout le long de la côte ;
Essex aurait à se tenir prêt à repousser une attaque
en quelque point qu'elle fût dirigée. Mais l'alerte
passa aussi vite qu'elle était venue. L'escadre de Cumberland rencontra les Espagnols au large de Calais et
coula dix-huit de ses flibots ; le reste s'entassa dans le
port, d'où ils n'osèrent plus jamais sortir.

Essex tint sa promesse. Durant l'absence du Secrétaire, il le remplaça auprès de la Reine, mais se garda
d'aucune tentative pour profiter malhonnêtement de
la situation. Pour lors, en effet, ses intérêts semblaient ailleurs, et la politique cédait le pas aux amours.
Il passa les premiers mois de l'hiver 1598 à la Cour, se
laissant vivre, jouant les Tircis auprès des dames. Maint
bruit courait de ses exploits et soulevait maint scandale. Nul n'ignorait qu'il avait fait un enfant à Mistress
Elisabeth Southwell. Il était soupçonné d'une passion
pour Lady Howard, et d'une autre pour Mistress
Russell. On chuchotait à la Cour, comme chose sûre,

que « sa belle Brydges » avait une fois de plus captivé son cœur. Tandis qu'il passait son temps en jeux et festins, Lady Essex et la Reine étaient pleines d'un commun malaise. La gaieté d'Elisabeth s'était éteinte tout d'un coup ; ni l'état de l'Europe, ni celui de Whitehall ne lui donnait satisfaction ; elle devenait revêche, soupçonneuse, et violente. Pour la moindre négligence, elle injuriait ses Dames d'honneur jusqu'à les faire éclater en larmes. Elle croyait qu'elle avait surpris d'amoureux regards entre Essex et Lady Mary Howard, et savait à peine maîtriser sa colère. Elle s'y contraignait néanmoins pour le moment, secrètement décidée à prendre avant longtemps sa revanche. L'occasion se présenta un jour que Lady Mary parut dans une robe de velours particulièrement élégante, avec une bordure somptueuse, brochée d'or et de perles. Sa Majesté ne dit mot, mais le lendemain matin ordonna que le costume fût clandestinement soustrait à la garde-robe de Lady Mary et qu'on le lui apportât. Le soir, la Cour, pétrifiée, la vit entrer fièrement dans les atours de Lady Mary. L'effet fut grotesque. Elle était beaucoup plus grande que Lady Mary, et la robe n'était pas du tout assez longue. « Eh bien, Mesdames, dit-elle, que pensez-vous de l'habit qu'on vient de composer pour moi ? » Puis, au milieu d'un silence haletant, elle fonça sur Lady Mary : « Ah ! Madame, et vous, qu'en pensez-vous ? N'est-ce pas que cette robe est inconvenante et trop courte ? » La malheureuse fille balbutia une manière d'assentiment : « Eh bien, alors, s'écria Sa Majesté, du moment qu'elle ne me convient pas, étant trop courte, je suis d'avis qu'elle ne te conviendra jamais, étant trop belle ; ainsi elle ne sied ni à l'une, ni à l'autre ». Et majestueusement elle sortit.

Ces sortes de conjonctures étaient inquiétantes, mais Essex avait l'art de calmer la Reine agitée. Et tout redevenait rayonnant, et le printemps approchait à grands pas, et l'on oubliait les difficultés de la passion et de la politique, et l'on s'abandonnait à l'insouciance et à la gaieté. En un moment particulièrement détendu, le Comte avait persuadé à la Reine de lui accorder une grande faveur ; elle avait consenti à voir sa mère — l'odieuse Lettice Leicester, qu'elle avait, depuis des années, bannie de sa présence. Pourtant, quand vint l'échéance, Elisabeth recula. A plusieurs reprises, Lady Leicester fut conduite dans la Galerie Privée ; là, elle attendit le passage de Sa Majesté ; mais, pour une raison mystérieuse, Sa Majesté sortait toujours d'un autre côté. Enfin, il fut arrangé que Lady Chandos donnerait un grand dîner, auquel la Reine et Lady Leicester se rencontreraient. Tout était prêt ; le carrosse royal attendait ; Lady Leicester se tenait debout à l'entrée, un diamant magnifique à la main, d'une valeur de trois cents livres. Mais la Reine fit annoncer qu'elle était retenue. Essex, qui avait été malade tout le jour, sortit du lit quand il entendit la nouvelle, endossa une robe de chambre, et se fit porter chez la Reine par un chemin dérobé. Peine perdue ; la Reine fut inébranlable, et le dîner de Lady Chandos remis aux calendes. Mais tout d'un coup, Elisabeth céda. Lady Leicester fut autorisée à se présenter à la Cour ; elle parut devant la Reine, lui baisa la main, lui baisa le sein, l'embrassa, et fut embrassée à son tour. La réconciliation fut des plus galantes ; mais combien de temps ces beaux jours allaient-ils durer ?

Entre temps, Cecil avait échoué aussi complètement en France que de Maisse en Angleterre. Il revint, n'ayant rien obtenu, et dès les premiers jours de mai l'inévitable se produisit. Henri rompit avec ses alliés, et, par le traité de Vervins, conclut la paix avec l'Espagne. Les commentaires d'Elisabeth furent sans modération. Le Roi de France, disait-elle, est l'Antéchrist de l'Ingratitude ; elle l'avait aidé à gagner sa couronne, et voici qu'il l'abandonnait ! Ce n'était pas tout à fait inexact — mais le rusé Béarnais faisait comme tout le monde, et soignait ses intérêts. Burghley, toutefois, se persuada que la situation exigeait plus que d'injurieux déchaînements. Il souhaitait la paix, et croyait qu'il n'était pas trop tard pour suivre l'exemple d'Henri ; il pensait que Philippe était tout prêt à se rendre à des conditions raisonnables. Telles étaient les vues de Burghley ; Essex s'y opposa violemment. Il préconisa une politique exactement opposée — une offensive vigoureuse, un grand effort militaire, qui jetterait l'Espagne à genoux. Pour commencer, il proposa d'attaquer aussitôt les Indes ; sur quoi Burghley doucement fit allusion au voyages des Iles. Et c'est ainsi que s'engagea une fois de plus, entre le Comte et les Cecil, une âpre et longue querelle — querelle qui transforma la table du Conseil en champ de bataille, où les questions de Paix ou de Guerre, les destinées du Royaume, et les ambitions rivales des ministres se bousculaient et s'entrechoquaient, tandis que la Reine, présidant sur une chaise haute, écoutait, approuvait, élevait force objections, oscillait passionnément d'un côté et de l'autre, et ne se résolvait jamais.

Les semaines passèrent, et la lutte continua. Essex avait une carte maîtresse : la Hollande. Sommes-nous gens, demandait-il, à jouer le même tour aux Hollandais qu'Henri nous a joué ? A laisser nos alliés protestants à la tendre merci des Espagnols ? Burghley répondit que les Hollandais pourraient se joindre à la pacification générale, et il contra la Hollande avec l'Irlande. Il fit valoir que la seule chance qui restât d'arrêter efficacement cette plaie suppurante, la révolte irlandaise, qui consumait toutes les ressources de l'Angleterre, consistait à faire la paix avec l'Espagne, par où les rebelles seraient privés de l'argent et des renforts espagnols, tandis qu'en même temps l'Angleterre pourrait se consacrer entièrement à la conquête totale du pays. Les événements du jour donnaient poids à ses paroles. Le Lord Député Borough était décédé subitement ; la confusion régnait à Dublin ; et Tyrone, le chef des rebelles de l'Ulster, avait, après une paix fourrée, repris les hostilités. Au mois de juin, on apprit qu'il mettait le siège devant le fort de la rivière Blackwater, l'un des principaux points d'appui des Anglais au nord de l'Irlande, et que la garnison était dans l'embarras. On n'avait point encore nommé le nouveau Lord Député ; qui choisirait-on pour ce poste extrêmement difficile ? Elisabeth, profondément troublée, ne put se décider. On eût dit que la question irlandaise allait devenir aussi intolérable que l'espagnole. A mesure que la chaleur de l'été croissait, les discussions au Conseil s'échauffaient pareillement. Il y eut de part et d'autre des éclats assez véhéments. Un jour qu'Essex avait prononcé une fébrile harangue sur son thème favori — l'ignominie d'une paix avec l'Espagne — Burghley tira de sa poche un livre de prières, et, d'un doigt tremblant, indiqua un passage du Psaume 55 : « Les hommes altérés de sang, les hommes perfides, » lut Essex, « ne vivront point la moitié de leur âge. » D'un geste rageur, il chassa l'insinuation ; mais tout le monde était profondément impressionné ; et plus d'un se rappela dans la suite, avec terreur et admiration, le texte prophétique du vieux Lord Trésorier.

Essex sentit qu'il était mal compris, et composa un petit livre pour expliquer ses vues. C'était une œuvre élégamment écrite, mais elle ne convainquit personne qui ne fût déjà convaincu. Quant à la Reine, elle flottait toujours. Les Hollandais envoyèrent un ambasdeur, offrant de grosses sommes d'argent si elle continuait la guerre. La chose était d'importance ; Elisabeth parut céder en fin de compte à une politique antiespagnole ; mais c'était là pure apparence ; elle vira de bord une fois de plus, dans une extrême incertitude.

Les nerfs étaient à vif ; les caractères se faisaient dangereusement irritables. Tout évidemment tendait à l'une de ces crises bouleversantes auxquelles chacun à la Cour était accoutumé ; et tandis qu'on attendait dans l'angoisse, la crise se produisit. Mais cette fois, bien faite pour déconcerter l'imagination des courtisans. Quand l'incroyable nouvelle se répandit parmi eux, ce fut comme si la terre se fût ouverte à leurs pieds. La question de la nomination irlandaise était devenue urgente, et Elisabeth, comprenant qu'il fallait vraiment faire quelque chose, revenait inlassablement sur ce sujet à toute occasion possible, sans le moindre résultat. Enfin, elle pensa qu'elle avait conclu que Sir William Knollys, l'oncle d'Essex, était l'homme de la situation. Elle était à la Chambre du Conseil, avec Essex, le Lord Amiral, Robert Cecil, et Thomas Windebank, Clerc du Sceau, quand elle émit cette décision. Comme il arrivait souvent, tous étaient debout. Essex, qui ne se souciait pas de perdre l'assistance de son oncle à la Cour, proposa à la place un partisan des Cecil, Sir George Carew, dont le séjour en Irlande incommoderait, pensait-il, le Secrétaire. La Reine ne voulut rien entendre, mais Essex insista ; chacun était gêné ; ils défendirent leur candidat, élevèrent la voix, s'emportèrent ; à la fin la Reine déclara tout net qu'il aurait beau dire, Knollys partirait, Essex, éperdu de colère, méprisant de la mine et du geste, lui tourna le dos. Aussitôt, elle le souffleta. « Allez au diable ! » s'écria-t-elle, les yeux flambant de rage. Et c'est alors que l'impossible arriva. Le jeune fou perdit complètement la tête, et avec un sonore juron, porta la main à son épée. « C'est là un outrage, clama-t-il à la face de sa souveraine, que je ne souffrirai pas. Je ne l'aurais pas supporté des mains de votre père. » Nottingham l'interrompit et l'entraîna en arrière. Elisabeth ne bougea pas. Il y eut un silence effrayant ; puis il s'élança hors de la salle.

Quoique la conduite d'Essex fût sans précédent, pourtant une autre surprise était réservée à la Cour, car l'attitude de la Reine ne fut pas moins extraordinaire. Elle ne fit rien. La Tour — le billot — Dieu sait quel châtiment exemplaire — on pouvait tout attendre. Mais rien ne vint. Essex disparut à la cam-

pagne, et la Reine, enveloppée d'un mystère impénétrable, reprit sans y rien changer ses habitudes de travail et de divertissement. Que se passait-il en sa tête ?
L'horreur l'avait-elle paralysée ? Succombait-elle aux
mouvements de la passion offensée ? Prenait-elle son
temps pour quelque terrible vengeance ? Il était
impossible de le conjecturer. Elle allait, majestueuse,
quand soudain... elle s'arrêta. Le grand, l'inévitable
malheur était venu enfin. Burghley se mourait. Épuisé
par l'âge, la goutte, et les soucis de son haut emploi, il
glissait rapidement dans la tombe. Ç'avait été son
conseiller le plus écouté pendant plus de quarante ans
— depuis une date — combien invraisemblablement
lointaine ! — où elle n'était pas Reine d'Angleterre.
« Mon Esprit », c'est le nom qu'elle lui avait toujours
donné ; et maintenant « son Esprit » la quittait à jamais.
Elle ne pouvait faire attention à rien d'autre. Elle
espéra contre tout espoir, pria, lui rendit assidûment
visite, veillant, avec une affection magnifique — avec
la sollicitude de quelque étrange vieille fée qui eût été
sa fille — à son chevet. Sir Robert lui envoya du gibier,
mais il était trop faible pour porter les aliments à sa
bouche, et la Reine le faisait manger elle-même : « Je
vous prie, écrivit-il à son fils, de faire comprendre en
diligence à Sa Majesté comme sa singulière bienveillance surpasse mon pouvoir de m'en acquitter, qui,
bien qu'elle ne veuille point être mère, se montre pourtant, en me donnant à manger de sa princière main,
attentive nourrice ; et que si je puis être sevré
et moi-même prendre aliment, je n'en serai que
plus prompt à la servir sur terre ; sinon, j'espère
d'être au ciel son serviteur, et celui de l'Eglise de

Dieu. Sur quoi je vous remercie de vos perdrix. »

Quand tout fut terminé, Elisabeth pleura longuement et amèrement ; et ses larmes coulaient encore —
dix jours seulement s'étaient passés depuis la mort de
Burghley — lorsqu'une autre calamité fondit sur elle.
Il y avait eu, en Irlande, un désastre épouvantable.
Sir Henry Bagenal, marchant à la tête d'une puissante
armée au secours du fort de la Blackwater, avait été
attaqué par Tyrone ; son armée anéantie ; et lui-même
tué. Tout le Nord de l'Irlande jusqu'aux murs de
Dublin était ouvert aux rebelles. C'était le plus grave
revers qu'Elisabeth eût jamais subi au cours de son
règne.

La nouvelle en fut promptement portée à Whitehall ; elle fut aussi portée à l'Escurial. L'agonie du Roi
Philippe touchait à sa fin. Les ravages de ses horribles
maux l'avaient totalement accablé ; couvert de la
tête aux pieds de plaies gangrenées, il gisait, moribond,
en proie à des souffrances indescriptibles. Son lit avait
été dressé dans l'oratoire, en sorte que ses yeux mou-
rants pussent reposer, jusqu'au dernier soupir, sur
le maître-autel de la vaste nef. Il était entouré de
moines, de prêtres, de prières, de chants, et de
saintes reliques. Pendant cinquante jours et cinquante nuits, l'extraordinaire scène se poursuivit. Il
mourait comme il avait vécu — en parfaite piété. Sa
conscience était claire ; il avait toujours fait son
devoir ; il avait été infiniment laborieux ; il n'avait
respiré que pour la vertu et la gloire de Dieu. Une
seule pensée le troublait : n'avait-il point été négligent
à brûler les hérétiques ? Il en avait brûlé beaucoup,
sans doute, mais il aurait pu en brûler davantage.

Pour cette raison, peut-être, il n'avait pas obtenu tout à fait autant de succès qu'il eût souhaité. C'était certainement un mystère — il ne pouvait se l'expliquer — on eût dit qu'il y avait quelque chose qui n'allait pas dans son empire — jamais assez d'argent — les Hollandais — la Reine d'Angleterre... Tandis qu'il rêvait, un papier fut apporté. C'était une dépêche d'Irlande, annonçant la victoire de Tyrone. Il retomba sur ses oreillers, radieux ; enfin, ses prières et ses vertus avaient reçu leur récompense, et le vent avait tourné. Il dicta pour Tyrone une lettre de félicitations et d'encouragements. Il promettait des renforts immédiats, prédisait la destruction des hérétiques, et la ruine de la Reine hérétique. Une cinquième Armada... Il ne put en dicter plus long, et sombra dans une stupeur déchirée. Quand il se réveilla, il faisait nuit, et l'on entendait des chants à l'autel au-dessous de lui ; un cierge bénit fut allumé et placé dans sa main, et la flamme, comme il serrait toujours plus fort, jetait sur son visage des ombres blafardes ; alors, en son extase torturée, en sa grandeur absurde, heureux, misérable, horrible, et saint, le Roi Philippe s'en fut, pour se présenter devant la Trinité.

XI

Essex était parti pour Wanstead, où il resta, bouleversé, indécis, et malheureux. Les contrastes alternés de son humeur se firent plus extrêmes que jamais. A de certains moments, il sentait qu'il devait se jeter aux pieds de sa maîtresse, que, quoiqu'il arrivât, il lui fallait reconquérir son affection, son intimité, et toutes les douceurs d'une condition qui avait si longtemps été la sienne. Il ne pouvait — ni ne voulait — considérer qu'il s'était mis dans son tort ; elle l'avait traité avec une indignité qui était insupportable ; et c'est alors, comme il méditait sur ce qui s'était passé, que la colère éclatait dans son cœur. Il lui dirait ce qu'il pensait d'elle. N'avait-ce point toujours été sa manière, depuis le soir où, plus de dix ans auparavant, il l'avait si vivement semoncée, tandis que Raleigh montait la garde à sa porte ? Il la semoncerait de même aujourd'hui, non moins vivement, mais d'un ton plus profond et plus triste. « Madame, écrivit-il, quand je pense comme sur toutes choses j'ai préféré votre beauté, et n'ai reçu de plaisir en ma vie que par l'accroissement de votre faveur à mon égard, j'admire en moi-même quelle cause eût jamais pu m'éloigner de votre présence un seul jour. Mais quand il me souvient que Votre Majesté, par l'injure intolérable que vous nous avez faite à vous-même et à moi, a non seulement rompu tous les droits de l'affection, mais agi contre l'honneur de votre sexe, tout lieu me semble meilleur que celui-là où je suis, et tout danger louablement affronté, qui puisse m'arracher au souvenir de mes fausses, inconstantes, et trompeuses délices... Je ne fus jamais fier, que Votre Majesté n'eût cherché à me rendre trop vil. Et désormais, puisque telle est ma déplorable fortune, mon désespoir, à la ressemblance de mon amour, sera sans remords... Il me faut commettre ma foi au jugement de Celui qui juge tous les cœurs, puisque sur terre je ne vois point de justice. Souhaitant à Votre Majesté tous biens et toutes joies en ce monde, et pour suprême châtiment de connaître la foi de celui que vous avez perdu, et la bassesse de ceux que vous conserverez,

De votre Majesté le très-humble serviteur,

R. Essex. »

Quand il apprit la nouvelle du désastre de la Blackwater, il envoya une seconde lettre pour offrir ses services, et courut à Whitehall. Elisabeth refusa de le voir. « Il s'est assez longtemps joué de moi, l'ouït-on murmurer, c'est à moi de me jouer de lui quelque temps, et de chevaucher ma grandeur autant qu'il a fait sa superbe. » Il écrivit une longue lettre de protestations, avec citations d'Horace, et serments de fidélité. « Je ne demeure en ce lieu si ce n'est pour attendre vos ordres. » Elle lui fit transmettre, en réponse, un message oral : « Vous direz au Comte que je n'ai pas moins haute opinion de moi qu'il a de lui-même. » Il écrivit encore une fois : « J'avoue que je me suis montré plus sujet, en tant qu'homme, à votre beauté naturelle qu'en tant que sujet au pouvoir d'un roi. » Il obtint audience ; la Reine fut plutôt aimable ; les assistants pensèrent que le beau temps était revenu. Ils se trompaient, car Essex s'en retourna, plus courroucé que jamais, à Wanstead.

Il est clair qu'Elisabeth attendait des excuses. Du moment qu'elles ne venaient point, on se trouvait apparemment dans une impasse, et les esprits modérés, à la Cour, s'aperçurent qu'il était temps de faire un effort pour amener le Comte à bien voir le caractère de la situation. En conséquence, le Lord Garde des Sceaux Egerton composa une adresse très étudiée. Essex ne comprenait-il pas qu'il suivait présentement une voie pleine de dangers ? Ne s'apercevait-il pas qu'il encourageait ses ennemis ? Avait-il oublié ses amis ? Avait-il oublié sa patrie ? Il ne lui restait qu'un parti à prendre : celui de demander sa grâce à la Reine ; qu'il eût tort ou raison ne faisait aucune différence. « Avez-vous été cause d'une offense pour vous déclarer ensuite offensé ? Dès lors il n'y a point de réparation suffisante qui vous soit possible. Vous a-t-on offensé ? La politique, l'honneur, et la religion vous commandent de céder et de vous soumettre à votre souveraine, car il ne peut y avoir entre elle et vous aucune proportion de devoirs ». « Le difficile, mon bon Seigneur, conclut Egerton, est que vous soyez maître de vous-même, qui est le sommet de toute noblesse et force d'âme, où toutes vos éclatantes actions ont tendu. Soyez-le aujourd'hui, et Dieu se réjouira, Sa Majesté sera satisfaite, la patrie en tirera profit, et vos amis réconfort ; vous-même serez honoré, et vos ennemis, si vous en avez, détrompés de leur douce-amère espérance. »

La réponse d'Essex fut très intéressante. En un style non moins étudié que celui du Lord Garde des Sceaux, il réfuta tous ses arguments. Il nia qu'il fît tort à ses amis non plus qu'à soi-même ; la conduite de la Reine, à l'en croire, lui interdisait d'agir autrement. Comment servir sa patrie, dès lors qu'Elisabeth l'avait « réduit à la condition d'homme privé » — qu'elle l'avait « démis, destitué, désarmé » ? « L'imprescriptible devoir, continuait-il, que j'ai à Sa Majesté est seulement le devoir d'allégeance, à quoi jamais je ne voudrai, ni ne pourrai manquer. Le devoir d'assistance n'est pas un devoir imprescriptible. Je suis lié envers Sa Majesté par les devoirs d'un Comte et Lord Maréchal d'Angleterre. Je me suis plu à servir Sa Majesté comme un ministre, mais ne la servirai jamais comme un vilain ou un esclave. » A mesure qu'il écrivait, il s'échauffait : « Mais, dites-vous, je dois céder et me soumettre ; je ne puis céder, ni sur le fait de ma culpabilité, ni sur la justice de l'imputation dont je suis chargé... Ai-je été cause d'une offense, demandez-vous, et me suis-je trouvé offensé de mes propres fautes ? Non, je n'ai point fait d'offense... Je souffre patiemment et ressens avec force ce qui me fut infligé quand offense me fut faite. Bien plus » — et à ce moment il ne put se contenir plus longtemps — « quand je subis les dernières humiliations, est-ce que la religion m'ordonne d'implorer grâce ? » L'ardeur de son indignation projetait des flammes : « Est-ce que Dieu le demande ? Y a-t-il impiété à ne pas le faire ? Quoi, les princes ne peuvent-ils errer ? Les sujets recevoir dommage ? S'agit-il d'un pouvoir terrestre ou d'une autorité sans limites ? Pardonnez-moi, pardonnez-moi, mon bon Seigneur, je ne pourrai jamais souscrire à de tels principes. Que le fou du roi Salomon éclate de rire sous les coups ; que celui qui a dessein de s'enrichir au commerce des princes se montre insensible aux injures des princes ; qu'il reconnaisse sur terre un absolu infini, et n'avoue point dans le ciel un infini absolu. Pour moi, j'ai reçu offense, et le ressens. Ma cause est bonne, je le sais ; et quoi qu'il advienne, toutes les puissances du monde ne montreront jamais autant de force à m'opprimer que j'en ferai voir à souffrir tout ce qui me sera imposé. »

Magnifique langage, certes, mais dangereux, imprudent, et de mauvais augure. Quel bien pouvait sortir d'un pareil étalage de sentiments républicains au nez, au calme nez d'une Tudor ? Ce genre d'éloquence venait ou trop tôt, ou trop tard. Hampden y aurait applaudi ; mais à vrai dire, c'était le passé plutôt que l'avenir qui parlait par la plume rageuse de Robert Devereux. Le sang qui coulait dans ses veines était celui de cent Barons qui ne s'étaient guère souciés de l'Oint du Seigneur. Ah ! certes ! S'il était question de naissance, pourquoi l'héritier de l'antique aristocratie d'Angleterre s'inclinerait-il devant le descendant d'un sacristain du Pays de Galles ? Tel était l'emportement de son cœur — dernier rayon de l'extravagance médiévale au milieu des gentilshommes de la Renaissance. La réalité s'évanouissait, son imagination blessée aimait mieux s'en passer. Car après tout, qu'est-ce qui au juste était arrivé ? Simplement ceci, qu'il avait été impoli envers une vieille dame, qui était aussi une Reine, et qu'il avait reçu un soufflet. Aucun principe n'entrait en jeu ; point d'abus de pouvoir. Ce n'était qu'une affaire de mauvaise humeur et de pique personnelle.

Un observateur réaliste eût remarqué qu'à la vérité un homme qui se trouvait dans la situation d'Essex n'avait que deux alternatives — des excuses, faites de bonne grâce et suivies d'une réconciliation sincère avec la Reine, ou, au contraire, un abandon complet et définitif de la vie publique. Plus d'une fois, son esprit pencha — comme il avait fait si souvent déjà — vers la dernière solution. Mais ce n'était pas un réaliste, c'était un romanesque — passionné, inquiet, troublé, et qui fermait les yeux à ce qui était évident — à savoir que dans l'état présent des choses, s'il ne pouvait se contraindre à être l'un de « ceux qui s'enrichissent au commerce des princes », il fallait nécessairement qu'il optât pour une vie de livres et de chasses à Chartley. Réalistes, ceux qui l'entouraient ne l'étaient guère plus que lui-même. Francis Bacon depuis de longs mois évitait sa compagnie ; Anthony était un dévot enthousiaste ; Henry Cuffe téméraire et cynique ; ses sœurs trop ambitieuses ; sa mère, trop influencée par la querelle qu'elle avait soutenue toute sa vie avec Elisabeth, pour agir comme frein. Deux autres partisans complétaient ce cercle d'intimité domestique. Le mari de sa mère — car Lady Leicester s'était remariée une troisième fois — était Sir Christopher Blount. Soldat résolu, catholique romain, il avait, depuis de nombreuses années, fidèlement servi son beau-fils et, selon toute apparence, continuerait, quoi qu'il arrivât, jusqu'à la fin. Plus douteux, à tous les points de vue, était le cas de Charles Blount, Lord Mountjoy. Ce jeune homme grand, aux cheveux bruns, au teint parfait, qui avait conquis la faveur d'Elisabeth par ses prouesses dans les tournois, et s'était battu en duel avec Essex à cause de la pièce d'échecs en or que la Reine lui avait donnée, avait monté et prospéré avec les ans. La mort de son frère aîné lui avait apporté la pairie familiale ; il s'était distingué comme lieutenant d'Essex en toutes ses expéditions, et n'avait jamais perdu la faveur d'Elisabeth. Mais il était uni au Comte par quelque chose de plus qu'un compagnonnage d'armes — par des circonstances étrangement romanesques. La sœur préférée d'Essex, Lady Penelope, était la Stella que Sir Philipp Sidney avait aimée en vain. Elle avait épousé Lord Rich, tandis que Sidney épousait la fille de Walsingham, laquelle, à la mort de Philip, était devenue femme d'Essex. Penelope n'avait pas été heureuse. Lord Rich était un mari odieux, et elle s'était éprise de Lord Mountjoy. Une liaison naquit, qui dura toute leur vie — l'un de ces nœuds incontestables et pourtant mystérieux que la société ignore et reconnaît tout ensemble — entre l'ami d'Essex et la sœur d'Essex. C'est ainsi que Mountjoy, doublement lié au Comte, était devenu, ou du moins il semblait, le plus fidèle de ses zélateurs. Le petit groupe — Essex, Lady Essex, Mountjoy, et Penelope Rich — était maintenu cohérent par les plus profonds sentiments de désir et d'affection ; cependant que derrière et au-dessus planait l'ombre du saint chevalier, Sir Philip Sidney.

Il n'y avait donc aucune barrière qui pût retenir Essex en deçà de la folie et d'une ambition immodérée ; au contraire, les caractéristiques de son entourage — dévouement amical, orgueil familial, ardeur militaire — tout conspirait à le pousser en avant. Des influences plus lointaines travaillaient dans le même sens. Dans tout le pays. la popularité du Comte était une force croissante. Les raisons qui pouvaient l'expliquer étaient vagues, mais néanmoins réelles. Sa belle mine s'était emparée de l'imagination populaire ; il était généreux et courtois ; il était l'ennemi de Raleigh, partout détesté ; et maintenant il était en disgrâce, et l'on pensait que la Reine en avait mal usé avec lui. La puritaine Cité de Londres en particulier, avec sa tendance coutumière à s'opposer hostilement à la Cour, témoignait d'un dévouement incongru au Comte, pécheur impénitent. Le mot courait les rues pourtant qu'il était un des piliers du Protestantisme, et Essex, assez prompt à être tout ce que voulait tout le monde, n'était pas éloigné d'accepter ce rôle. Les signes d'une autre sorte d'estime apparurent lorsque, à la mort de Burghley, l'Université de Cambridge l'élut aussitôt pour remplir la place vacante, celle de Chancelier. Il fut enchanté de cet honneur, et pour marquer sa reconnaissance, offrit à l'Université une coupe d'argent d'une forme rare. Le curieux gobelet est toujours sur la table du Vice-Chancelier, pour rappeler aux générations successives d'Angleterre à la fois le tumulte du passé et la placide continuité de leur histoire.

Stimulé par la passion privée et la faveur publique, cet homme têtu s'abandonnait, à certains moments

de transport, à d'étranges explosions de colère et de
révolte. Sir Christopher Blount était présent à Wanstead
le jour où l'un de ces éclats se produisit, et, quoique
les paroles de son beau-fils fussent précipitées et
confuses, elles lui révélèrent avec une vivacité
effrayante un état d'esprit qui était plein, comme il
dit dans la suite, « de dangereux mécontentement ».
Mais les moments de transport passaient, suivis de
ténèbres et de doutes. Que faire ? Nulle part il ne
voyait de satisfaction : la retraite, la soumission, le
défi — solutions toutes plus désespérées les unes
que les autres, et la Reine restait toujours impénétrable.

En réalité, naturellement, Elisabeth n'hésitait pas
moins. Elle montrait un front audacieux, assurait
chacun, elle-même incluse, que cette fois elle serait
vraiment ferme ; mais elle savait assez combien de fois
déjà elle avait cédé dans des circonstances identiques,
et l'expérience indiquait que l'avenir ressemblerait
au passé. Comme d'habitude, la disparition de cette
présence rayonnante devenait intolérable. Elle pensait
à Wanstead — si près, si loin — et capitulait presque.
Mais non, elle ne ferait rien, elle continuerait d'attendre ; un peu de temps encore peut-être, et la capitu-
lation viendrait de l'autre côté. Alors on distingue,
obscurément, à la voir ainsi suspendue et divisée, un
nouvel et sinistre élément d'incertitude qui commence
à se joindre aux autres pour augmenter les fluctuations
de son esprit. Il n'était pas de minute où elle n'ouvrît,
attentivement, l'œil et l'oreille ; son sens des courants
de sentiments et d'opinions était extrêmement délié,
et il y avait autour d'elle beaucoup de personnes assez

disposées à raconter des histoires déplaisantes sur le favori absent, et à s'étendre sur la croissante, l'extraordinaire popularité dont il jouissait dans tout le pays. Un jour, une copie de la lettre à Egerton fut remise entre ses mains. Elle lut, et son cœur se serra ; elle dissimula scrupuleusement ses sentiments et dut s'avouer que la préoccupation qui venait de se combiner aux autres qui l'agitaient, avait quelques rapports avec la peur. Si tel était l'état d'esprit d'Essex — si telle était sa position dans le pays — elle n'aimait pas cela du tout. La traditionnelle héroïne au cœur de lion n'eût pas hésité en de telles circonstances — eût éclairci la situation d'un seul coup, hardi et décisif. Mais c'était assez loin de la manière d'Elisabeth. «Pusillanimité,» avaient noté les Ambassadeurs espagnols : diagnostic brutal ; ce qui l'animait vraiment en face du péril et de l'hostilité était une inclination naturelle à transiger. S'il y avait, en effet, un danger du côté de Wanstead, elle n'irait pas à sa rencontre, certainement non ! mais se livrerait à des exercices propitiatoires, le berçant jusqu'à ce qu'il s'endormît, gagnant du temps et encore du temps. C'était là son instinct ; et pourtant, parmi les ressorts d'un caractère si contradictoire, une autre tendance, complètement opposée, se devine, qui néanmoins — tel est l'étrange mécanisme de l'âme humaine — concourait au même résultat. Dans les profondeurs les plus secrètes de son être, un terrible courage la possédait. Elle doutait et balançait, et si, un beau jour, elle se voyait au-dessus de l'abîme, faisant des prodiges d'agilité sur la corde raide — tant mieux ! Elle se savait égale à toute situation. Tout irait bien.

Elle savourait chaque chose — la diminution du risque et le fait de le dominer ; et elle poursuivait, à sa façon extraordinaire, l'œuvre de sa vie qui consistait... à quoi ? Eteindre des flammes ? Ou jouer avec le feu ? Elle éclatait de rire : ce n'était pas à elle de décider.

C'est ainsi qu'il advint que lorsque l'inévitable réconciliation se fit, il y manqua je ne sais quoi. Les détails nous en demeurent cachés ; nous ne connaissons pas les conditions de la paix ; nous savons seulement que le prétexte fut une nouvelle mésaventure en Irlande. Sir Richard Bingham était parti prendre le commandement des opérations militaires lorsqu'au début d'octobre, à peine arrivé à Dublin, il mourut. Tout retomba dans l'ancienne confusion. Essex offrit de nouveau ses services, et, cette fois, ils furent acceptés. Bientôt la Reine et son favori se retrouvèrent ensemble autant qu'ils avaient jamais été. Il sembla que le passé fût effacé, et que le Comte, à son habitude, avait triomphalement reconquis sa position comme s'il n'y avait jamais eu de querelle. La réalité était différente ; la situation était nouvelle ; leur confiance réciproque les avait quittés. Pour la première fois, de chaque côté, on gardait par devers soi quelque chose. Essex, quels qu'aient pu être ses regards, et ses paroles, et même ses caprices, n'avait pas arraché de son esprit les sentiments d'amertume et de défi qui avaient dicté sa lettre à Egerton. Il était rentré à la Cour, le front aussi haut que jamais, et l'âme aussi irrésolue, aveuglément séduit par les charmes du pouvoir. Et Elisabeth, de son côté, n'avait aucunement oublié ce qui s'était passé ; la scène de la chambre du Conseil n'avait rien perdu de son venin ; elle sentait qu'il y avait quelque chose de faux dans ces protestations ; et, tout en devisant et badinant comme autrefois, elle ne cessait de veiller au grain.

Mais de ces subtils changements il était malaisé de s'assurer, le long de la danse rapide des jours, à Whitehall, à Greenwich, et à Nonesuch ; Francis Bacon lui-même n'aurait su dire au juste ce qui était arrivé. Il se pouvait qu'Essex fût encore à l'ascendant ; qu'après la mort de Burghley, l'astre de Cecil commençât de décliner ; s'avancer trop était de la pire imprudence. Pendant plus d'un an, à gagner insensiblement le côté des Cecil, il s'était tenu à l'écart du passage d'Essex. Par des lettres répétées, il avait fait sa Cour au Secrétaire, et ses efforts avaient enfin reçu leur récompense d'une manière extrêmement flatteuse. On avait découvert un nouveau complot d'assassinat — une nouvelle conspiration catholique ; on s'était saisi des suspects ; et Bacon avait reçu mission d'aider le gouvernement à débrouiller le mystère. Besogne qui lui convenait à merveille, car, en même temps qu'elle lui fournissait l'occasion de déployer son intelligence, elle l'amenait en contact avec de grands personnages, et plus étroitement qu'il ne lui avait été donné jusqu'ici. Et il se trouva qu'il avait particulièrement besoin de leur appui. Il n'avait pas réussi à mettre de l'ordre en ses finances. La Maîtrise des Rôles et Lady Hatton lui avaient échappé à la fois ; et il s'était vu dans la nécessité de se contenter de la succession au poste de Secrétaire de la Chambre Etoilée, avec la promesse, sinon la réalité, du traitement. Pourtant il sembla un moment que la promesse

était, contre tout espoir, proche de l'effet. Le Secrétaire en exercice fut accusé de malversation, et le
Garde des Sceaux Egerton chargé, entre autres,
d'enquêter sur son cas. Si le Secrétaire était destitué,
Bacon prendrait sa place ; il écrivit une lettre secrète
à Egerton ; promit, en l'occurrence, de résigner la
charge au fils d'Egerton, à condition que le Garde
des Sceaux de son côté fît son possible pour obtenir
en sa faveur une position correspondante. Le projet
échoua, le Secrétaire n'ayant pas été destitué, et
Bacon fut dix ans avant de recueillir cette succession.
En attendant, une pauvreté alarmante était là, qui
lui crevait les yeux. Il continua d'emprunter — à
son frère, à sa mère, à Mr. Trott ; la situation devint
de plus en plus sérieuse ; enfin, un jour qu'il revenait
de la Tour après un interrogatoire des prisonniers
impliqués dans le complot d'assassinat, il fut bel et
bien arrêté pour dettes. Robert Cecil et Egerton,
toutefois, qu'il appela aussitôt à son aide, réussirent
ensemble à le tirer de ce mauvais pas, et ses services
publics ne furent plus interrompus.

Mais, si le Secrétaire était utile, le Comte pouvait
l'être aussi. Maintenant qu'il était rentré en Cour, il
serait opportun de lui écrire. « Que Votre Seigneurie,
dit Bacon, soit *in statu quo primo*, personne n'en a
plus grand plaisir que moi, principalement parce que
je m'assure que de vos éclipses, comme elle a été la
plus longue, celle-ci sera la dernière. » Il espérait que
« là-dessus, l'expérience pourra fonder science plus
parfaite, et sur telle science plus véritable accord...
Et c'est pourquoi, puisque je rends à Votre Seigneurie,
après Sa Majesté, de toutes personnes publiques les

seconds honneurs, je ne pourrais que vous témoigner mes affectueuses félicitations ».

Jusque là, tout était bien ; mais voici qu'apparurent les nuages d'une nouvelle tempête qui se rassemblait à l'horizon, emplissant les cœurs de ceux qui veillaient à Whitehall de perplexité et de trouble. Il était absolument nécessaire que quelqu'un fût nommé Lord Député d'Irlande. Après l'effroyable scène de l'été, rien n'avait été fait ; la question était urgente ; à sa solution tant de conséquences étaient suspendues ! La Reine crut qu'elle avait trouvé l'homme qu'il fallait — Lord Mountjoy. Outre qu'elle admirait violemment ses qualités extérieures, elle avait la plus haute opinion de sa compétence. Il fut sollicité sur ce sujet, et l'on s'aperçut qu'il ne demandait pas mieux que de partir. Pendant un court moment il sembla que la question eût été réglée pour le mieux — que Mountjoy était le *deus ex machina* qui introduirait la paix non seulement en Irlande mais à Whitehall. Mais une fois de plus le sort tourna. Essex protesta comme toujours contre la désignation d'un de ses propres partisans ; Mountjoy, déclara-t-il, était mal fait pour cet emploi — savant plutôt que général. On eût dit que le fatal cercle de refus et de récriminations allait se remettre en marche. On demanda à Essex qui il proposait à la place. Une année environ auparavant, Bacon lui avait écrit une lettre de conseils, précisément sur cette affaire d'Irlande. « Je pense, disait l'habile homme, que si Votre Seigneurie prêtait sa réputation en cette affaire — c'est-à-dire *faisait semblant* de consentir à assumer cette mission — je crois que la chose vous aiderait à affermir Tyrone dans son désir de conciliation, et vous gagnerait beaucoup d'honneur *gratis*. » Il n'y avait qu'une seule objection, selon Bacon, à cette ligne de conduite. « Votre Seigneurie est trop prompte en de telles circonstances à passer de la dissimulation à la véracité. » Nous ne pouvons retracer tous les mouvements — compliqués, cachés, et fiévreux — qui se succédèrent à la table du Conseil ; mais il semble probable qu'Essex, quand on le pressa de nommer un substitut à Mountjoy, se rappela le conseil de Bacon. Il donna comme son opinion, nous dit Camden, qu' « en Irlande devait être envoyé un des principaux de la noblesse, qui fût considérable par le pouvoir, l'honneur, et les richesses, en crédit près des militaires, et qui eût auparavant commandé en chef une armée ; en sorte qu'il semblait du doigt se désigner lui-même. » Le Secrétaire, avec son air doux et consciencieux, était assis en silence. Quelles étaient ses pensées ? Si le Comte devait aller en Irlande — ce serait une décision aventureuse ; mais s'il le désirait lui-même — peut-être cela vaudrait-il mieux ainsi. Il scrutait l'avenir, pesant les possibilités avec un soin minutieux. On pouvait concevoir que le Comte, après tout, n'était pas sincère, qu'il comprenait le danger qu'il y aurait pour lui à quitter l'Angleterre, et jouait seulement la comédie. Mais Cecil savait, aussi bien que son cousin, les faiblesses de ce beau caractère — savait l'attrait magnétique qu'avaient pour lui les armes et l'action — savait son penchant à « passer de la dissimulation à la véracité ». Il crut deviner ce qui allait arriver. « Milord Mountjoy, écrivit-il à un confident, est nommé ; mais je vous le dis en secret, non comme le secrétaire mais comme l'ami — je crois que le Comte d'Essex partira avec la Lieutenance du Royaume. » Il était assis, écrivant ; nous ne savons rien de ses autres légers, imperceptibles mouvements. Toujours est-il qu'au Conseil, il y en eut plusieurs qui continuèrent à défendre la nomination de Mountjoy, que la désignation du Comte fut contrebattue et négligée, et qu'ensuite la candidature de Sir William Knollys fut soudain remise en lumière.

La contradiction aboutissait toujours, chez Essex, à lui faire perdre la tête. Il se mit en colère ; que Mountjoy fût proposé le blessait profondément ; que le nom de Knollys fût tiré de l'ombre faisait déborder la coupe. Il se déchaîna contre de telles fantaisies, et, ce faisant, glissa — après ce qu'il avait dit lui-même, le pas était facile à franchir et presque inévitable — à la revendication de ses droits personnels. Quelques Conseillers se rangèrent à ses côtés, assurant que tout irait bien si le Comte partait. La Reine se laissa émouvoir ; Essex s'était embarqué dans une lutte sans merci — il s'était déclaré contre Knollys et Mountjoy, et tenait à gagner. Francis Bacon ne l'avait que trop justement prophétisé ; le téméraire avait passé, en effet, « de la dissimulation à la véracité ». Il gagna. La Reine, mettant fin à la discussion, annonça son verdict ; du moment qu'Essex était convaincu qu'il pacifierait l'Irlande, et qu'il aspirait si ardemment à cet emploi, on le lui donnerait ; il serait Lord Député. A grands pas orgueilleux, l'œil étincelant, il sortit en triomphe ; et de même — avec une démarche traînante et des regards d'une urbanité débonnaire — Robert Cecil prit congé.

Il fallut quelque temps pour qu'Essex comprit tout à fait ce qui était arrivé. Le sentiment de la victoire, à la fois présente et par anticipation — à la fois à Londres et en Irlande — le soutenait et portait en avant. « J'ai battu Knollys et Mountjoy au Conseil », écrivait-il à un ami et partisan, John Harington, « et, avec l'aide de Dieu, je battrai Tyrone sur le champ de bataille ; car rien n'a encore été fait qui soit digne de Sa Majesté ».

Assez naturellement, la vieille histoire fut recommencée, et l'interminable et coutumier enchaînement de difficultés, de désillusions, et de délais pesamment s'ébranla. Elisabeth s'échauffait sur chaque détail, changeait d'un jour à l'autre la nature et la quantité des armements qu'elle préparait, et discutait âprement sur l'étendue du pouvoir dont le nouveau Lord Député devait être investi. A mesure que les semaines passaient dans cette rageuse escrime, Essex sombrait lentement de l'exaltation dans la mélancolie. Peut-être avait-il imprudemment agi ; des regrets l'assaillirent ; l'avenir était sombre et difficile ; qu'avait-il devant lui ? Il succombait à des impressions sinistres ; mais il était trop tard maintenant pour tourner bride ; il n'avait plus qu'à faire face, courageusement, à l'inévitable. « C'est en Irlande que je vais, dit-il au jeune Comte de Southampton, qui était devenu son dévoué disciple ; la Reine l'a décrété irrévocablement ; le Conseil me presse avec passion ; et je dois à ma propre gloire de répudier toute tergiversation ; et, comme je jugerais malséant de planter là mon manteau, le procédé serait aussi *minime tutum* ; car on y perdrait l'Irlande, et quoique le sort eût causé cette perte il n'y a que moi qui serais accusé, ayant vu le feu, ayant été mandé pour l'éteindre, et n'ayant point porté remède. » Il connaissait assez, disait-il, les inconvénients de l'absence — « les occasions dont s'emparent d'industrieux ennemis », et « les imaginations des Princes, sous qui *magna fama* est plus dangereuse que *mala* ». Il comprenait, en les énumérant, les difficultés d'une campagne irlandaise. « Tout cela, déclarait-il, que je suis destiné à voir, dès maintenant je le prévois ». Pourtant il n'était pas d'objection à laquelle il ne fît tous ses efforts pour inventer une réponse. « Un trop mauvais succès sera dangereux. — Qu'ils le craignent, ceux qui s'accordent des excuses, et se peuvent contenter de survivre à leur honneur. » « Un trop grand excitera l'envie. — Je ne trahirai jamais la vertu par crainte de l'ostracisme. » « La Cour est le centre du monde. — Mais il me semble que c'est un plus bel état de commander à des armées qu'à des caprices »... « Ce sont là des problèmes tout à fait privés, concluait-il, et de nocturnes ruminations qu'à Votre Seigneurie, que je tiens un autre moi-même, je ne puis cacher. »

Par moments les ténèbres se déchiraient, et l'espoir renaissait. La Reine était souriante ; leur désaccord évanoui. Quelque chose de l'ancienne et bienheureuse confiance était dans l'air. La Nuit des Rois 1599, il y eut une grande réception en l'honneur de l'Ambassadeur de Danemark, et la Reine et le Comte dansèrent, la main dans la main, devant la Cour assemblée. Le souvenir de cette autre Nuit des Rois cinq ans auparavant — apogée de leur bonheur — dut traverser mainte mémoire. Cinq ans seulement ! — d'alors à maintenant, quel abîme peuplé de fantômes ! Et pourtant, maintenant comme alors, ces deux formes dans leur passion et leur mystère étaient jointes, au son des violes qui jouaient leurs airs mélodieux, et les diamants étincelaient à la lueur des torches. Qu'y avait-il dans cet instant ? Peut-être la joie habitait-elle ce couple étrange ; la joie, comme jadis — et pour la dernière fois.

Elisabeth avait beaucoup de raisons d'être soucieuse — l'Irlande, Essex, et l'éternelle question de la Guerre et la Paix — mais elle écartait ces pensées, et consacrait de longues heures à traduire l'*Art Poétique* en prose anglaise. Quant à l'Irlande, elle s'y était habituée, et le nouveau Lord Député, quoique plein d'inquiétude, semblait surtout préoccupé de bien jouer son rôle — elle pouvait oublier les soupçons qui, quelques mois plus tôt, l'avaient incommodée. Restait la guerre d'Espagne ; mais cela encore semblait s'être résolu de façon très satisfaisante. Une guerre qui allait à la dérive, dans une équivoque parfaite, pendant que l'on parlait indéfiniment de la paix, sans combats et sans dépenses ; une guerre qui n'était pas la guerre en fait — justement ce qui était le plus de son goût.

Un jour, toutefois, elle eut une surprise. Un livre tomba entre ses mains — une Histoire d'Henri IV — elle regarda — il y avait une dédicace en latin à Essex. « Au très illustre et très honoré Robert Comte d'Essex et Ewe, Comte Maréchal d'Angleterre, Vicomte de Hereford et Bourchier, Baron Ferrars de Chartley, Lord Bourchier et Louen » — qu'était-ce là ? Elle feuilleta le volume, et trouva qu'il contenait un récit minutieux de la défaite et la déposition de Richard II

— sujet, pour ce qu'il impliquait la possibilité qu'un Roi d'Angleterre fût détrôné, qui lui était particulièrement désagréable. Il est vrai et sans aucun doute qu'on y voyait l'Evêque de Carlisle prononcer un de ses sermons les mieux écrits contre la déposition du Roi ; mais pourquoi du tout introduire cette matière devant le public ? Quelle pouvait être l'intention de ce funeste livre ? Elle examina de nouveau la dédicace, et aussitôt le sang lui monta à la tête. L'accent était d'une grossière flatterie ; bien plus, il y avait une phrase, à laquelle se pouvait attacher la plus fâcheuse interprétation : « Très-illustre Comte, si votre nom illuminait le front de notre Henri, Henri marcherait en public plus heureux et plus sûr »[1]. L'homme, sans doute, eût allégué que « notre Henri » se rapportait au livre ; mais une autre signification était très possible — à savoir que si Henri avait possédé le nom et les titres d'Essex, ses droits au trône auraient été mieux et plus généralement reconnus. C'était trahison ! Elle fit appeler Francis Bacon. « Se peut-il faire que cet homme — ce John Hayward — soit poursuivi pour trahison ? demanda-t-elle. » « Non pas, selon moi, pour trahison, Madame, fut la réponse, mais pour félonie. » « Comment cela ? » « Il a dérobé tant de lieux à Tacite ! » « Je soupçonne le pire. Je lui arracherai la vérité. La torture — » Bacon fit ce qu'il put pour la calmer ; mais elle ne se laissa que partiellement apaiser ; et l'infortuné Hayward, quoique le chevalet lui fût épargné, fut mis à la Tour, où il resta jusqu'à la fin du règne.

---

1. Illustrissime comes, cujus nomen si Henrici nostri fronti radiaret, ipse et laetior et tutior in vulgus prodiret.

Ses soupçons, qui s'étaient enflammés de cette manière inattendue, s'éteignirent, et après une courte scène avec Essex, elle signa finalement sa nomination de Lord Député. Il partit à la fin de mars, traversant les rues de Londres au milieu des acclamations des citoyens. Dans l'opinion populaire, tout irait bien en Irlande, dès lors que le Comte Protestant était allé mettre les choses en ordre. Mais, à la Cour, il y en avait de qui les vues sur l'avenir étaient différentes. De leur nombre était Bacon. Il avait suivi les fluctuations de la nomination irlandaise avec intérêt et étonnement. Etait-il réellement possible que, les yeux ouverts, cet homme inconsidéré eût été donner dans un piège aussi gros ? Quand il dut s'avouer que telle était la vérité, et qu'Essex partait en effet, il lui écrivit une lettre sereine et encourageante, où il taisait ses craintes et ses doutes. Il n'y avait rien d'autre à faire ; l'intensité même de ses convictions personnelles rendait l'avertissement inutile et impossible. « Je vis aussi clairement, écrivit-il ensuite, que sa ruine était enchaînée, pour ainsi dire, par le destin à cette expédition, qu'il est possible à l'homme de fonder un jugement sur des événements à venir. »

L'état des affaires en Irlande n'était pas tout à fait si mauvais qu'il aurait pu être. Après le désastre de la Blackwater, la rébellion s'était allumée de façon sporadique à travers l'île entière ; les régions de la périphérie étaient partout en révolte ouverte ; mais Tyrone n'avait pas su profiter de l'occasion et marcher sur Dublin, gaspillant en indécision et paresse les longs mois pendant lesquels les ennemis l'avaient laissé tranquille. Il était homme à tirer meilleur parti des pratiques dilatoires de la négociation — marchandage retors, manœuvres prolongées, promesses judicieusement faites et défaites — que du vigoureux exercice de la guerre. De naissance irlandaise et d'éducation anglaise, moitié sauvage et moitié gentleman, moitié catholique et moitié sceptique, aimant les projets, la flânerie, les aventures, et les chimères, il était parvenu, tant bien que mal, après plusieurs années d'astuce prodiguée, à devenir le chef d'une nation, et l'un des pivots sur lesquels tournait la politique européenne. Une existence paisible était l'objet de ses vœux — du moins le déclarait-il ; une existence paisible, à l'abri tout à la fois de l'intolérance du Protes-

tantisme et des horreurs de la guerre ; et c'est une existence paisible, chose curieuse, qui lui fut donnée à la
fin. Mais la fin était lointaine encore, et dans l'intervalle il ne connut qu'incertitude et désordre. Il n'avait
pas su assimiler son Comté anglais à la Capitainerie
des O'Neil. Les efforts hésitants qu'il avait faits pour
être un loyal vassal des Saxons avaient cédé aux
injonctions du patriotisme local ; il s'était fait le
client du Roi d'Espagne, Philippe. Plus d'une fois les
Anglais avaient tenu Tyrone à leur merci, accepté sa
soumission, et rétabli le vaincu dans ses honneurs et
domaines. Plus d'une fois, après avoir trafiqué de leur
politique alternativement sévère et modérée, il avait
traîtreusement tourné contre eux le pouvoir et le crédit
qu'il s'était acquis grâce à leur protection. Des dis-
sentiments privés s'étaient ajoutés aux haines publiques. Il avait séduit la sœur de Sir Henry Bagenal,
l'avait enlevée, et malgré le frère, épousée ; elle était
morte dans le désespoir, et Sir Henry, s'avançant avec
son armée à la rencontre du rebelle, avait été battu
et tué sur les rives de la Blackwater. Après une telle
catastrophe, il sembla que la seule solution possible
fût extrême. Cette fois le Gouvernement anglais
n'admettrait aucun compromis, et Tyrone serait
définitivement écrasé. Mais l'opinion personnelle de
Tyrone était différente ; il était contraire à toute
extrémité ; il s'attarda distraitement en Ulster ; le
vieux système — résistance, marchandage, compromis,
soumission, et réconciliation — qui lui avait si souvent
réussi, pourrait bien encore une fois servir à quelque
chose.

Mais un point était clair ; si le Gouvernement anglais

désirait le prompt anéantissement de Tyrone, il n'aurait pu choisir personne de mieux disposé à seconder ses vues que le nouveau Lord Député. Pour Essex, évidemment, remporter la victoire en Irlande était d'importance capitale. Y réussirait-il ? Francis Bacon n'était pas le seul observateur à la Cour qui fût pessimiste sur ce sujet. De sombres pressentiments étaient dans l'air. John Harington, à la veille de suivre son patron en Irlande avec un commandement dans la cavalerie, reçut de son parent, Robert Markham, qui détenait une charge à la Cour, une lettre lourde de conseils et d'instructions. Harington était invité à la plus grande prudence dans ses actions ; il y aurait des espions dans l'armée d'Irlande, tout prêt à rapporter n'importe quoi à des personnages haut placés et malintentionnés. « Obéissez en tout point au Lord Député, écrivait Markham, mais ne donnez pas votre opinion : elle peut être entendue en Angleterre. » La situation générale, aux yeux de Markham, était menaçante. « Observez, disait-il, l'homme qui commande, et tout de même est commandé ; il ne marche pas pour le service de la Reine, mais pour le contentement de sa propre vengeance. » « Si le Lord Député, continuait-il, accomplit sur le champ de bataille ce qu'il a promis dans le Conseil, tout ira bien ; mais, quoique la Reine lui ait accordé son pardon pour sa récente conduite en sa présence, nous ne savons qu'en penser. Elle a, selon tous les dehors, mis sa confiance dans l'homme qui naguère cherchait de sa main un autre traitement : ainsi nous pensons un jour, et le lendemain différemment ; ce qui attend le Lord Député est connu de Celui-là seul qui connaît tout ; mais quand un homme a tant

d'amis qui se montrent et tant d'ennemis qui ne se
montrent pas, qui peut savoir la fin ici-bas ?... Sir
William Knollys n'est pas satisfait ; la Reine n'est pas
satisfaite ; le Lord Député peut bien être satisfait à
présent, mais je crains grandement la suite. »

A ces mots d'avertissements, sans doute Harington — joyeux luron qui avait traduit l'Arioste en
vers anglais, et de plus écrit, à la manière de Rabelais,
un panégyrique des water-closets — accordait-il peu
d'attention ; mais en fait ils exprimaient, avec une
exactitude qui devait être prophétique, le fin mot
de la situation. L'expédition était une gageure. Si
Essex gagnait en Irlande, il gagnait en Angleterre du
même coup. Mais les dés étaient pipés contre lui, et
s'il perdait... Dès l'abord, les augures furent défavorables. Le gros de seize mille fantassins et quinze mille
cavaliers qui avait été rassemblé pour l'expédition,
était, pour une armée du temps d'Elisabeth, bien
équipé et puissant ; mais là s'arrêtaient les avantages
du Lord Député. Ses rapports avec le gouvernement
de la métropole étaient loin d'être parfaits. Elisabeth se défiait de lui, se défiait de sa compétence,
et même, peut-être, de ses intentions ; et le Secrétaire,
qui maintenant était le maître du Conseil, était son
rival, pour ne pas dire son ennemi. Ses désirs étaient
constamment traversés, et ses décisions contrecarrées.
Une grande querelle éclata avant qu'il ne quittât
l'Angleterre. Il avait nommé Sir Christopher Blount
Membre de son Conseil, et Lord Southampton Général
de sa Cavalerie ; les deux nominations furent annulées
par Elisabeth. Ses objections au sujet de Sir Christopher
sont inconnues : peut-être considérait-elle que son

catholicisme lui interdisait de remplir en Irlande une haute fonction ; mais Southampton, qui avait encouru son déplaisir en entretenant une intrigue avec une de ses dames d'honneur, Elisabeth Vernon, puis en osant l'épouser — Southampton que, dans sa fureur, elle avait jeté en prison avec sa femme — elle n'était pas loin de traiter d'impertinence délibérée le choix audacieux qu'Essex avait fait de ce jeune réprouvé. D'âpres lettres furent échangées ; elle tint bon ; les deux hommes suivirent Essex, mais sur le pied d'amis particuliers ; et le Lord Député arriva à Dublin — en avril 1599 — dans une humeur sombre et chagrine.

Il eut à faire face aussitôt à une question stratégique d'une extrême importance. Devait-il sans délai marcher sur l'Ulster et se débarrasser de Tyrone, ou d'abord éteindre les foyers de désaffection qui couvaient dans le reste de l'île ? Le Conseil de guerre à Dublin recommandait ce dernier parti, et Essex était du même avis. Il serait plus aisé, pensait-il, d'en finir avec les forces vives de la rébellion une fois que ses appuis auxiliaires auraient été détruits. Il se peut qu'il eût raison ; mais ce dessein impliquait une exécution prompte et résolue ; perdre trop de temps et trop d'efforts à des opérations accessoires serait funeste. La chose allait de soi, et la réduction d'une poignée de chefs récalcitrants par une armée anglaise considérable semblait une entreprise assez simple. Essex marcha sur le Leinster, sûr que rien ne lui résisterait — et rien ne lui résista. Mais il se heurta à un danger plus sérieux que n'eût été une résistance — à la douce, insidieuse, et déprimante atmosphère qui, un quart de siècle plus tôt, avait conduit son père au désespoir et à la mort.

Air étrange, qui le pénétra. Pays étrange — charmant, sauvage, mythique — qui le leurra d'indulgente facilité. Il allait, hardi conquérant, à travers un monde neuf et singulier, irréel, inconcevable. Qu'était-ce donc que ces gens, avec leurs manteaux et leur nudité, leurs longues mèches de cheveux pendant sur leur visage, leurs sauvages cris de guerre et leurs mornes lamentations, leurs « kerns » et leurs « gallowglas », leurs bouffons et leurs bardes ? Qui étaient leurs ancêtres ? Scythes, Espagnols, ou Gaulois ? Quel état social était-ce là, où les chefs coudoyaient les bohémiens, où des femmes en haillons gisaient tout le long du jour à rire dans les haies, où des hommes déguenillés jouaient entre eux jusqu'à leurs guenilles, leurs boucles de cheveux, leurs propres... les parties les plus précieuses d'eux-mêmes, où les sorciers chevauchaient les rafales, et par leurs rythmes faisaient tomber les rats en poudre ? Tout était vague, contradictoire, et incompréhensible ; et le Lord Député, s'avançant toujours plus loin dans les vertes solitudes, commença — comme tant d'autres avant et après lui — à prendre la contagion ambiante, à perdre le sentiment robuste des choses, et à se trouver l'âme confondue sur ce qui était imagination et ce qui était réalité.

Son armée triomphante fut partout bienvenue des colons anglais. Les villes ouvrirent leurs portes à son approche, et il fut harangué en latin par des municipalités rouges de plaisir. Il passa du Leinster au Munster — toujours victorieux. Mais le temps s'écoulait. Des jours et des jours furent perdus à s'emparer

d'insignifiants donjons. Essex n'avait jamais fait
preuve d'aucun génie, mais seulement de goût, pour
le métier des armes ; et cette fois il put contenter son
goût comme il n'avait jamais fait, s'offrant légers succès, romanesques escapades, nobles attitudes, et gloire
personnelle. Il le paya cher. Il avait laissé s'éva-
nouir son objet principal au milieu d'un réseau
d'incidents sans conséquence. Et tandis qu'il jouait
avec le temps, ses forces s'émoussaient. Sous l'influence
combinée des pertes, désertions, et maladies, et par
l'envoi de garnisons en des avant-postes lointains,
son armée fondait rapidement. Enfin, au mois de
juillet, il se retrouva à Dublin, ayant perdu près de
trois mois à ces opérations douteuses, loin des véritables résistances ennemies, et avec son effectif diminué de moitié.

Alors le voile de l'illusion se déchira, et il se vit
face à face avec la déplorable réalité. A cette heure
tardive, avec son armée affaiblie, était-il encore
possible de compter sur l'écrasement de Tyrone ?
En proie à une extrême agitation il supputait ses
chances, et ne savait de quel côté se tourner. Où qu'il
portât ses regards, un gouffre semblait ouvert à ses
pieds. S'il se laissait battre par Tyrone, c'était fini.
S'il ne faisait rien, dérision ! Incapable de s'obliger à
reconnaître qu'il avait gâté une belle occasion, il se
soulageait par une rage aveugle et de farouches accusations, des crises de désespoir, des larmes, et des
lettres passionnées à Elisabeth. Un détachement de
quelques centaines d'hommes s'était mal conduit sous
les armes : il cassa et emprisonna tous les officiers,
mit à mort un lieutenant, et décima la troupe. Il

tomba malade, et la mort sembla le menacer lui aussi : il l'eût accueillie avec joie. Il se leva de sa couche pour écrire une longue lettre à la Reine, lettre d'explications et de protestations. « Mais pourquoi parlé-je de victoire ou de succès ? N'est-il pas bien connu que d'Angleterre je ne reçois rien que chagrins et blessures d'âme ? Ne dit-on pas dans l'armée que la faveur de Votre Majesté s'est détournée de moi, et que déjà vous augurez mal d'elle et de moi ? N'est-ce pas un sujet de douleur pour les plus fidèles sujets de Votre Majesté, tout de même ici et là, qu'un Cobham ou un Raleigh — je n'ai point nommé les autres, eu égard à leur haute situation — soient auprès de Votre Majesté en si grand crédit et faveur, quand ils souhaitent que la plus importante entreprise de Votre Majesté ait mauvais succès ?... Permettez-moi de terminer, honnêtement et dévotieusement, une vie qui m'est à charge. Que d'autres vivent dans d'inconstantes et trompeuses délices. Permettez-moi de mourir au premier rang, avec gloire... Jusque-là, j'en atteste Dieu et les Anges, mon zèle est pur et sincère, privé que je suis de tout sauf de mon devoir et de mon office... Reconnaissez la main d'un homme qui a vécu le plus cher, et mourra de Votre Majesté le plus fidèle serviteur. »

Il y eut une soudaine insurrection dans le Connaught, qu'il fallut maîtriser ; les rebelles furent battus par Sir Christopher Blount ; mais maintenant Juillet était fini, et le Lord Député n'avait pas quitté Dublin. Cependant, à Londres, comme le temps passait, et qu'aucune nouvelle d'un engagement décisif n'arrivait d'Irlande, les esprits étaient partagés entre le doute et l'espérance. A la Cour, le ton était cynique. « L'on admire, disait le 1er août une mauvaise langue, qu'Essex ait si peu fait ; il séjourne encore à Dublin. » La décimation des soldats « ne fut pas généralement approuvée », et quand le bruit se répandit que le Lord Député, usant des pouvoirs qui lui avaient été spécialement conférés par la Reine, n'avait pas nommé moins de cinquante-neuf chevaliers, il se fit un grand éclat de rire et haussement d'épaules. Mais ailleurs l'opinion était différente. Le peuple de Londres plaçait toujours de grands espoirs dans son favori — espoirs qui reçurent expression dans une pièce que Shakespeare à cette époque donnait au Théâtre du Globe. Southampton était l'ami et le patron du dramaturge en vogue, qui saisit cette occasion de faire publiquement une allusion gracieuse au patron et à l'ami de Southampton lui-même.

Londres hors de ses murs répand ses citoyens.

Ainsi parlait le chœur dans *Henri V*, décrivant le triomphal retour du Roi en Angleterre.

Figurez-vous, par une moins haute mais charmante image,
Le Général de notre gracieuse Impératrice,
Revenant aujourd'hui, comme au jour dit il reviendra,
[d'Irlande,
Portant sur son glaive la rébellion transpercée.
Quelle foule abandonnerait la paisible cité
Pour lui faire accueil !

Nul doute que le passage ne fût applaudi, et pourtant il est possible de discerner même là, sous l'emphatique optimisme des vers, une faible trace de gêne. Elisabeth, qui attendait anxieusement une dépêche annonçant la défaite de Tyrone, et ne recevant à la place que lettre sur lettre de plaintes maussades et prières désespérées, commença à s'impatienter. Elle n'épargnait point ses commentaires à son entourage. Elle ne voyait rien avec plaisir, disait-elle, de ce qui était fait en Irlande. « Je donne au Lord Député mille livres par jour pour marcher de l'avant. » Elle lui écrivit une lettre, où elle se plaignait amèrement de ses retards, et lui ordonnait de marcher incontinent sur l'Ulster. La réponse arriva que l'armée était mortellement épuisée — que 4.000 hommes seulement restaient sur les 16.000 qui avaient quitté l'Angleterre. Elle envoya un renfort de 2.000 hommes, mais ce sacrifice la blessa au vif. Que signifiaient ces dépenses et ces atermoiements ? De sinistres pensées hantaient son cerveau. Pourquoi, par exemple, avait-il nommé tant de chevaliers ? Elle lui fit tenir un ordre péremptoire d'avoir à attaquer Tyrone, et de ne pas quitter l'Irlande qu'il ne l'eût exécuté. « Après que vous nous aurez fait savoir en quel état vous aurez laissé les affaires dans le Nord... vous recevrez promptement nos instructions, sans lesquelles nous vous donnons avis, pour autant que vous recherchez notre plaisir, de ne vous aventurer point à sortir de ce royaume en vertu de quelque licence que nous ayons pu vous donner précédemment. »

Son agitation s'accrut. Un jour, à Nonesuch, elle rencontra Francis Bacon, et le prit à part. Elle le connaissait pour un homme d'esprit, ami d'Essex, et se flattait de lui tirer quelque chose qui pût jeter une lueur sur la situation. Quelle était son opinion, lui demanda-t-elle, sur l'état des affaires en Irlande, et

—elle lui lança un regard perçant — les procédés du
Lord Député ? Ce fut pour Bacon une minute eni-
vrante. L'honneur était grand et inattendu — il se
sentit porté aux nues. Dépourvu de toute position
officielle, la Reine le consultait en extrême confidence.
Que répondre ? Il savait toutes les rumeurs, et avait
lieu de croire que, dans l'opinion de la Reine, Essex
agissait d'une façon qui non seulement était mala-
droite et inconsidérée, mais encore « outrecuidante
et non sans quelque fin privée en vue ». Sur ces données, il fit une réponse remarquable : « Madame,
dit-il, si vous aviez Milord Essex ici avec un bâton
blanc à la main, comme en portait Milord Leicester,
et l'entreteniez toujours près de vous pour votre
compagnie, et comme l'honneur et ornement de
votre suite et de votre cour aux yeux du peuple
et aux yeux des ambassadeurs étrangers, alors serait-il
dans son juste élément. Car l'affliger comme vous
faites, et ensuite mettre un pouvoir et des armes entre
ses mains, peut être une sorte de tentation qui l'induise
à se montrer encombrant et impatient de toute règle. Et
c'est pourquoi, si vous le faisiez revenir, et le conten-
tiez ici près de vous avec honneur, si vos affaires —
sur lesquelles je ne suis point renseigné — vous le
permettent, je pense que là serait le meilleur parti. »
Elle le remercia, et passa son chemin. Ainsi tel était
le fond des choses. « Un pouvoir et des armes... tentation... encombrant et impatient de toute règle. » Il avait
soufflé sur le foyer dormant de ses soupçons, et maintenant ils étaient chauffés au rouge.

A quelques jours de là Henry Cuffe arriva d'Irlande,
avec des lettres et des messages du Lord Député à

l'adresse de la Reine. Le récit qu'il avait à faire n'était rien moins que rassurant. L'armée, toujours plus affaiblie par les épidémies et les désertions, était dans des conditions très défavorables ; le mauvais temps rendait tout déplacement difficile ; et le conseil de Dublin s'était une fois de plus déclaré contre une attaque de l'Ulster. Elisabeth écrivit une lettre de blâme à son « très-fidèle et bien-aimé cousin », où, cessant de donner des ordres, elle se bornait à demander qu'il l'informât de ce qu'il se proposait de faire. Elle ne pouvait imaginer, disait-elle, quelle pouvait être l'explication de sa conduite. Pourquoi n'avait-il rien fait ? « Si la mauvaise santé de l'armée en est cause, pourquoi n'avoir pas entrepris d'agir quand l'armée était en meilleur point ? Si l'approche de l'hiver, pourquoi avoir laissé passer les mois d'été, Juillet et Août ? Si le printemps était trop vite venu, si l'été qui suivit fut perdu autrement, si la moisson qui vint ensuite fut si mal employée qu'on n'y fit rien, il faut assurément qu'aucun des quatre quartiers de l'année ne soit pour vous et votre Conseil la saison où vous conveniez de la poursuite de Tyrone, qui constitue toute votre mission. » Puis, au milieu de sa longue argumentation et ses amers reproches, elle décocha un trait qui était bien fait pour piquer au vif son correspondant : « Nous vous mandons de considérer si nous n'avons pas lieu de penser que vos intentions ne sont pas de terminer la guerre. » Elle était résolue à le bien persuader qu'elle le surveillait avec soin, et se tenait prête à toute éventualité.

Entre temps, à Dublin, l'heure de la décision finale approchait à grands pas. L'étau d'un redoutable dilemme se refermait sur l'infortuné Lord Député. Fallait-il obéir à la Reine, et tout risquer, contre son sentiment personnel et l'avis du Conseil ? Ou bien lui désobéir, et s'avouer incapable ? L'hiver était aux portes, et, s'il devait se battre, mieux valait se battre tout de suite. Son trouble et son énervement touchaient à l'extrême. Il hésitait encore, quand des lettres lui furent apportées d'Angleterre. Il apprit que Robert Cecil avait été désigné pour le lucratif emploi, qu'il avait lui-même espéré recevoir, de Maître des Tutelles. Alors tous autres sentiments furent submergés par la colère. Il courut chez Blount et Southampton. Il avait pris son parti, dit-il ; il n'irait point en Ulster ; il irait en Angleterre, à la tête de son armée ; il affirmerait son pouvoir, chasserait Cecil et ses gens, et s'assurerait que désormais la Reine agît selon son devoir et les vœux de son favori.

Les fatales paroles étaient prononcées, mais ce fut tout. La folle vision s'évanouit, et, devant que la consultation eût pris fin, de plus calmes avis avaient prévalu. Sir Christopher fit observer que ce que le Comte proposait — de conduire sa petite armée, avec un tel dessein, du pays de Galles à Londres — impliquait la guerre civile. Il serait plus sage, dit-il, de passer l'eau avec quelques centaines de partisans formant garde du corps, et de tenter un coup d'état à Nonesuch. Mais ce plan aussi fut écarté. Par un revirement soudain, Essex décida d'exécuter les instructions de la Reine, et d'attaquer Tyrone en Ulster.

Au préalable, il donna l'ordre à Sir Conyers Clifford, à la tête d'une troupe d'élite, de faire une diversion en marchant contre les rebelles du côté du Connaught.

Il se préparait lui-même à partir quand une nouvelle catastrophe se produisit : Clifford, découvert par l'ennemi au moment où il traversait, sur une chaussée, un marécage, fut attaqué, battu, et tué. Mais il était trop tard pour revenir en arrière, et à la fin d'Août, Essex quitta Dublin.

Dans le même temps il composa une courte lettre qu'il dépêcha à la Reine. Jamais il n'usa de mots plus magnifiques, ni de nombres plus touchantes ; jamais les thèmes de l'angoisse, du reproche, et de la dévotion ne furent plus romanesquement fondus.

« D'une âme trouvant plaisir à sa peine, d'un esprit consumé par le travail, les soins, et le chagrin, d'un cœur déchiré de passion, d'un homme qui se hait soi-même et toutes choses qui le tiennent en vie, quel service Votre Majesté peut-elle recueillir ? Dès lors que mes services passés ne méritent que bannissement et proscription dans la région du monde la plus maudite, pour quel espoir et pour quelle fin vivrais-je plus longtemps ? Non, non, l'orgueil du rebelle et ses succès me doivent donner moyen de me racheter moi-même, j'entends : mon âme, de cet odieux emprisonnement de mon corps. Et s'il en est ainsi, Votre Majesté peut bien croire qu'elle n'aura pas lieu de désapprouver la façon de ma mort, quoique le cours de ma vie puisse ne pas lui plaire. De Votre Majesté l'exilé serviteur, Essex. »

C'était très joli — ravissant, adorable ! Mais la suite le fut moins. Si dans son désespoir le beau chevalier s'était réellement offert à la mort parmi les flèches des barbares... Mais ce qui arriva fut tout différent. Au bout de quelques jours, il entra en contact avec

l'armée de Tyrone, qui, bien que supérieure en nombre
à la sienne, refusa de livrer bataille. Il y eut quelques
manœuvres, une escarmouche ; sur quoi, Tyrone,
envoyant un messager, demanda une entrevue. Essex
consentit. Les deux hommes se rencontrèrent, seuls,
à cheval, sur un gué au bord d'une rivière, tandis
que les deux armées regardaient du haut de chaque
rive. Tyrone, reprenant sa vieille tactique, proposa des conditions — mais orales seulement ; il
préférait, disait-il, ne pas les coucher par écrit. Il
s'agissait d'une trêve à conclure pour six semaines, à
renouveler par périodes de six semaines jusqu'au
1er Mai, et à ne point rompre sauf avertissement
quinze jours avant. Essex consentit encore. C'en était
fait. La campagne était terminée.

De toutes les solutions possibles, celle-ci était la
plus faible qu'on aurait pu imaginer. La grandiose
expédition, le noble général, efforts, espoirs, et jac-
tance, tout s'était amenuisé enfin jusqu'à cette
futile humiliation, cet armistice indéfini — l'équivoque et coutumier triomphe de Tyrone. Essex avait
à présent joué toutes ses cartes — il les avait jouées
aussi mal que possible, et plus rien ne lui restait entre
les mains. Inévitablement, à mesure que le néant de
son ouvrage lui apparaissait plus clairement, il était
repris par son humeur sombrement désespérée. En
quête de solutions extrêmes, il déclara qu'il n'y avait
plus qu'une chose qui pût sauver la situation — il
fallait qu'il vît la Reine. Mais — telle était la folle
indécision de son esprit — s'il se devait présenter
devant elle comme un suppliant ou comme un maître,
il n'aurait pu le dire ; il savait seulement qu'il ne souf-

frirait pas plus longtemps d'être en Irlande. L'idée d'un coup d'État, que Blount lui avait suggérée, habitait vaguement son esprit. Il rassembla les membres de sa maison, et en leur compagnie et celle d'un grand nombre d'officiers et de gentilshommes, s'embarqua à Dublin le 24 Septembre. De bonne heure, le matin du 28, Essex et son escorte, au galop, faisaient leur entrée dans Londres.

La Cour était encore à Nonesuch, dans le Surrey, à dix milles environ vers le Sud. La Tamise les séparait ; et pour attaquer, il faudrait que cette cavalcade s'engageât dans la Cité et franchît le fleuve au Pont de Londres. Mais à ce moment, la notion d'un acte de violence délibéré s'était perdue dans l'irréel — avait fait place au seul et tout puissant désir d'être le plus tôt possible avec la Reine. Le plus court était de prendre le bac de Westminster à Lambeth, et Essex, laissant le gros de ses partisans se disperser dans Londres, traversa la Tamise avec six de ses amis préférés. A Lambeth, harassés, ils s'emparèrent des chevaux qu'ils purent trouver et se remirent en selle. Ils furent bientôt dépassés par Lord Grey de Wilton, du parti des Cecil, qui, ce matin-là, sur une plus fraîche monture, se rendait lui-même à la Cour. Sir Thomas Gerard piqua des deux : « Milord, je vous demande de bien vouloir dire deux mots au Comte. » — « Non, répondit Lord Grey ; j'ai affaire à la Cour. » — « Je vous prie donc, dit Sir Thomas, de laisser Milord Essex prendre les devants, afin d'annoncer lui-même, en premier, la nouvelle de son retour. » — « Le désire-t-il ? dit Lord Grey ». — « Non, dit Sir Thomas, ni je ne pense qu'il désire quoi que ce soit en votre pouvoir. » — « Alors, j'ai affaire, » dit Lord Grey, et repartit en éperonnant son cheval. Quand Gerard raconta à ses amis ce qui était arrivé, Sir Christopher St-Laurence s'écria avec un juron qu'il allait courir sur les traces de Lord Grey et le tuer, et après lui le Secrétaire. La possibilité d'une conclusion rapide, dramatique, irréparable, flotta quelques instants dans l'air parmi le groupe de ces gentilshommes courroucés. Mais Essex s'y opposa ; ce serait un assassinat véritable ; il préférait courir sa chance.

Aussitôt que Lord Grey parvint à Nonesuch, il alla trouver Cecil, et lui rapporta l'étonnante nouvelle. Le Secrétaire garda son calme : il ne fit rien, n'envoya aucun message à la Reine, qui s'habillait dans sa chambre au-dessus — mais attendit tranquillement sur sa chaise. Un quart d'heure après — il était 10 heures — le Comte fut à la grille. Il se précipita sans une seconde d'hésitation, monta d'un bond les escaliers, et de là — oh ! il connaissait si bien le chemin — dans la Salle du Trône, et enfin dans la Salle Privée ; la chambre de la Reine y faisait suite. Après ce long voyage, il était crotté et dans un grand désordre, en habits rudes et bottes de cheval ; mais il n'avait conscience d'aucun de ces détails, quand il enfonça la porte, droit devant soi. Et là, tout près, se tenait Elisabeth au milieu de ses femmes, en robe de chambre, non fardée, sans perruque, ses cheveux gris retombant en mèches sur son visage, et les yeux lui sortant de la tête.

XIII

La surprise et le ravissement furent ses réactions
immédiates. Puis, très vite, un troisième sentiment
l'envahit — la peur. Que signifiait ce retour imprévu,
interdit même, et cette extraordinaire irruption ?
Quelle sorte de suite cet homme avait-il amenée
d'Irlande avec lui, et où était-elle ? Que s'était-il
passé ? Se pouvait-il faire qu'en ce moment même
elle fût en son pouvoir ? Dans la nuit profonde où
elle se trouvait, elle eut aussitôt recours à la dissimulation, qui était sa seconde nature. Le plaisir
instinctif qu'elle ressentait en sa présence, l'admiration sincère qu'elle éprouvait pour ses manières
et ses discours, servaient son dessein à merveille, et,
couverte de sourires, elle l'écoutait se répandre en
protestations et conter son histoire — l'écoutait avec
un accompagnement intérieur de calculs brefs comme
l'éclair, soupesant les variables possibilités, s'efforçant
de saisir les allusions les plus incertaines. Elle eut tôt
fait de deviner qu'elle n'était pas en danger immé-
diat. Elle lui donna l'ordre en riant d'aller changer
de vêtement, tandis qu'elle achèverait sa toilette ;
il obéit, revint, et la conversation continua pendant

une heure et demie. Il descendit dîner d'excellente
humeur, flirta avec les dames, et remercia son étoile
qu'après tant d'orages à l'étranger il eût trouvé dans
son pays un calme si doux. Mais le calme fut de courte
durée ; il revit la Reine après dîner, et s'aperçut que
le vent s'était élevé. Elle avait fait son enquête, et
ayant exactement jaugé la situation, avait décidé
de la conduite à tenir. Elle commença par lui poser,
sur un ton désagréable, de désagréables questions ;
quand il répondit, elle se mit en colère ; finalement,
elle déclara qu'il aurait à s'expliquer devant le Conseil.
Le Conseil se réunit, et quand Essex eut rendu compte
de ses actions, ajourna, en termes vagues et polis, la
discussion. Peut-être ne restait-il plus qu'à rendre
grâce aux dieux — il semblait presque. Mais la Reine,
apparemment, demeurait irritée et inabordable. A
onze heures du soir, le Comte reçut un message de
Sa Majesté ; il lui était enjoint de ne pas quitter la
chambre.

Tout le monde était mystifié, et les plus folles imaginations avaient cours. Dès qu'on vit rougir la Reine,
on supposa qu'Essex avait complètement triomphé
— que d'un seul coup d'audace il avait reconquis la
faveur et le pouvoir qui étaient sur le point de glisser
de ses mains. Bacon lui écrivit une lettre de félicitations : « Je suis plus à vous qu'à personne, et plus à
vous que personne, » disait-il. Un peu plus tard,
l'annonce du déplaisir de la Reine inspira des doutes ;
il semblait pourtant difficile à croire que rien de
vraiment sérieux arrivât au Comte, qui, après tout,
n'avait fait que s'embourber en Irlande, comme tant
d'autres avant lui. Mais entre temps la Reine pour-

suivait son plan. Après un jour d'attente, qui n'apporta aucune nouvelle de mouvement séditieux à Londres, elle sentit qu'elle pouvait faire un pas de plus. Elle confia Essex à la surveillance du Lord Garde des Sceaux Egerton, chez qui — à York House, sur le Strand — il fut sur-le-champ transporté. Tout persistant à rester calme, Elisabeth s'avoua contente : Essex était maintenant tout à fait à sa merci. Elle pouvait décider à loisir de ce qu'elle allait faire de lui.

Tandis qu'elle considérait, il tomba malade. Il avait été sérieusement souffrant avant de quitter l'Irlande, et la fatigue de sa course de trois jours à travers l'Angleterre, suivie de l'émotion et de la disgrâce qu'il avait subies à Nonesuch, avait trop durement ébranlé son tempérament inquiet et impressionnable. Pourtant, captif à York House et cloué dans son lit — quoique vociférant de temps à autre qu'il ne souhaitait plus qu'une rustique obscurité — il n'avait pas perdu tout espoir d'un retour de faveur, et même de son rétablissement dans la fonction de Lord Député. Il écrivit à la Reine des lettres soumises ; mais elle refusa de les recevoir, et demeura muette. John Harington, qui était l'un de ceux qu'il avait nommés chevaliers en Irlande, revint à ce moment, et Essex le pria de se faire le truchement d'une nouvelle missive, pleine de repentir et d'adoration. Mais le gai chevalier aima mieux ne point courir ce risque. Il avait été menacé d'arrestation à son arrivée à Londres, et il pensait que ses affaires personnelles suffisaient à son industrie. Charité bien ordonnée, disait-il, commence par soi-même ; et il n'avait aucun désir de « faire naufrage sur la côte d'Essex ». Il faut ajouter qu'il n'avait pas la conscience très nette. Il avait eu la curiosité de faire une visite à Tyrone après la conclusion de la paix, et s'était comporté d'une façon peut-être trop amicale et familière avec le perfide Comte. Il avait tiré un exemplaire de son Arioste, lu à haute voix quelques passages favoris, offert le livre à l'aîné des fils de Tyrone — « deux enfants d'un esprit assez bien doué, en habits anglais comme les fils d'un gentilhomme, avec pourpoint de velours et dentelle fine » — et finalement avait pris place à un joyeux dîner à côté des rebelles, devant « une table de fougère, dressée dessous les somptueux pavillons du ciel ». Il est possible que le bruit de ces fêtes eût atteint les oreilles d'Elisabeth, qui l'entendit sans plaisir. Néanmoins, il crut que tout s'arrangerait si seulement il pouvait obtenir une audience. Il savait qu'elle avait du goût pour lui ; il était son filleul — avait vécu dans sa familiarité dès l'enfance, et d'ailleurs entretenait des liens réels, d'une façon souterraine, avec la famille royale, sa belle-mère étant fille naturelle d'Henri VIII. Enfin, il fut avisé que la Reine consentait à le recevoir ; il se rendit à la Cour avec tremblement ; et dès qu'il fut introduit, se loua hautement d'avoir eu le bon esprit de refuser d'être le messager d'Essex.

Il n'oublia jamais l'épouvantable scène qui suivit. A peine s'était-il agenouillé devant Elisabeth qu'elle fonça sur lui, le saisit par la ceinture, et s'écria en le secouant : « Par la morbleu, ne suis-je plus la Reine ! Cet homme est au-dessus de moi ! Qui lui a donné l'ordre de revenir si vite ? C'est pour d'autres fins que je l'avais envoyé. » Comme le poète terrifié balbutiait une manière de réponse, elle lui tourna le dos comme une furie, « se mit à marcher à grands pas », et « fit paraître sur son front un trouble extrême ». « Par la morbleu, s'exclama-t-elle, vous n'êtes tous que plats coquins, et Essex encore pire! » Il tenta de l'apaiser, mais « sa bile rebutait toute raison »; elle ne voulait point entendre, et, dans le déchaînement de ses invectives, semblait oublier que son infortuné filleul n'était pas, après tout, le Lord Député. Enfin, elle se calma, posa des questions, daigna s'amuser aux petites malices, aux plaisants contes de Harington, et ne montra aucun ressentiment des toasts qu'il avait bus à la santé de Tyrone. Il lui fit le portrait du rebelle et de son étrange Cour — comment « sa garde était pour la plus grande part faite de garçons imberbes, sans chemise, qui à la gelée se mettaient à l'eau aussi facilement qu'épagneuls ». « Par quel charme, ajouta-t-il, pareil maître se fait-il aimer d'eux, je ne sais ; mais s'il leur dit de venir, ils viennent ; si d'aller, ils vont ; s'il dit : faites ceci, ils le font. » Elle sourit, puis, changeant soudain de visage, lui ordonna de se retirer chez lui. Il « ne se le fit pas dire deux fois », et courut à sa maison du Somersetshire, « comme si tous les rebelles d'Irlande eussent été à ses trousses ».

L'auteur de la *Métamorphose d'Ajax* n'était pas le digne confident d'une souveraine indécise et offensée. Elisabeth dut chercher ailleurs un conseil, à tout le moins une oreille complaisante, et elle trouva ce qu'elle souhaitait en la personne de Bacon. Se rappelant la conversation de l'été, elle profita de sa présence officielle à la Cour pour des travaux juridiques, et le ramena au sujet du Comte. Elle trouva ses réponses pertinentes ; reprit une autre fois au même point ; et c'est ainsi que s'engagea une série de curieux dialogues au cours desquels, pendant de longs mois, dans une intimité confidentielle, le sort d'Essex, avec tout son secret cortège de politique et de passion, devint le rendez-vous de ces deux esprits si singuliers. Elisabeth était, à sa coutume, dans le doute sur la conduite à adopter ; fallait-il pardonner ou punir ? et s'il fallait punir, par quelle sorte de châtiment ? Se découvrant peu, elle interrogeait beaucoup. Pour Bacon, il était dans son élément. Il comprenait qu'il saurait se frayer un chemin, avec un à-propos parfait, dans l'inextricable réseau qui l'entourait. Accommoder les droits d'une dette personnelle et de l'intérêt public, combiner les sentiments de l'homme d'État et de l'ami, tenir la balance exacte entre l'honneur et l'ambition — à d'autres ces problèmes pouvaient paraître difficiles, sinon insolubles ; il n'en était pas effrayé ; son intelligence était capable de plus que cela. En causant avec Elisabeth, il jouait sur ce thème compliqué avec la profonde satisfaction d'un virtuose. Il avait depuis longtemps décidé que selon toutes les probabilités humaines, Essex était perdu ; il devait quelque chose au Comte ; il lui devait beaucoup ; mais il y aurait sottise à perdre ses propres chances de fortune en s'attachant à une cause désespérée ; il était essentiel de gagner les bonnes grâces de Robert Cecil, et voici que lui tombait du ciel cette occasion — qu'on ne pouvait manquer sans folie — d'acquérir un bien plus important encore, la confiance de la Reine. En outre — il n'en pouvait douter plus longtemps — Essex était un personnage malfaisant, dont les faits et gestes constituaient un danger pour l'Etat. Tandis que c'était à Bacon une incontestable obligation que de lui prêter, dans le privé, toute l'aide possible, il n'était à coup sûr aucunement tenu de favoriser le retour au pouvoir d'un homme de cette sorte ; il y allait même de son devoir d'insinuer dans l'esprit de la Reine son propre sentiment de la gravité de la situation. Ainsi, avec une subtilité résolue, filait-il la toile de ses sagaces méditations. Il n'avait aucun doute sur lui-même — aucun ; et quelques années plus tard, quand sous l'influence du désaveu public il publia la relation de ses agissements, il lui semblait encore que le simple exposé de sa conduite était tout ce qu'on pouvait demander pour sa justification.

Elisabeth écoutait avec intérêt tout ce qu'il avait à dire — il était impossible de faire autrement. Il se répandait en protestations de sympathie et d'attachement envers le Comte ; mais il ne pouvait s'empêcher de reconnaître qu'il y avait des fonctions auxquelles il le jugeait impropre : le renvoyer en Irlande, par exemple — « Essex ! interrompit la Reine, si jamais je renvoie Essex en Irlande, je vous épouse. Rappelez-le moi. » Non, telle n'était pas sa pensée — loin de là, elle avait bien plutôt l'intention de le déférer en justice ; mais pour quelle sorte de procès ? Elle inclinait à le voir juger par la Chambre Etoilée. Mais Bacon hésitait. Ce serait, disait-il, agir imprudemment ; peut-être serait-il malaisé de produire en public la preuve décisive des délits du Comte ; et sa popularité était si grande, qu'un châtiment sévère, suivant une conviction insuffisante, pouvait amener les plus lourdes conséquences. Elle eut un regard courroucé, et le renvoya. L'idée lui était pénible ; mais les mots se gravèrent dans son esprit, et elle se détourna de l'hypothèse d'un procès public.

Et en effet, comme les jours passaient, tout semblait justifier les avertissements de Bacon. Il ne pouvait subsister aucun doute sur la popularité du Comte. Sa maladie ne fit que l'accroître, et quand le bruit se répandit que la mort allait bientôt toucher son lit de captivité, l'indignation publique éleva la voix. Des pamphlets, qui défendaient le Comte et attaquaient ses ennemis, furent en secret imprimés, et dispersés à la volée. Il n'y eut pas jusqu'aux murs blancs du palais qui ne se couvrissent d'injurieux griffonnages. Bacon était choisi entre tous, et personnellement dénoncé comme un traître qui empoisonnait l'esprit de la Reine contre son bienfaiteur ; on le menaçait — déclarait-il — d'assassinat. Fâcheux incidents, mais dont il saurait tirer parti ; il s'en servirait pour établir sans conteste sa fidélité au Secrétaire. Il écrivit à son cousin, pour lui parler de ces violentes menaces contre lesquelles, dit-il, « je remercie Dieu que me soit donnée la cuirasse d'une bonne conscience ». Il y voyait « une grande offense à votre honorable personne, sur qui, par moi, en raison du voisinage, ils pensent faire retomber quelques éclats ».

Cecil sourit doucement quand il lut cette lettre, et fit chercher son cousin. Il désirait mettre en pleine lumière sa propre position. Il avait entendu dire, en effet, que Francis avait rendu quelque mauvais office au Comte, mais... il ne l'avait pas cru. Et il ajouta : « Pour moi, je suis tout passif et n'ai point de part en cette action ; j'obéis à la Reine, et cela avec ennui, et ne la conduis pas. La Reine, en fait, est ma souveraine, et je suis sa créature ; je ne puis la léser ; et c'est le même parti que je vous invite à suivre. »

Ainsi expliquait-il sa propre conduite, et l'explication était parfaitement juste. Robert Cecil était en effet tout passif, et suivait seulement, avec la tristesse que son expérience du monde lui avait laissée, l'action de la Reine. Mais la passivité aussi peut être une forme d'activité — peut en réalité, à de certains moments, développer plus de conséquences que l'activité même. Il fallait être un homme silencieux et désenchanté pour le bien entendre ; cette vérité demeurait cachée aux prompts enfants de la force et de l'illusion. Elle était cachée, en particulier, à Walter Raleigh ; il ne pouvait comprendre ce que faisait le Secrétaire, sinon laisser glisser entre ses doigts une occasion incomparable ; il abandonnait la Reine à son propre mouvement : folie pure ! Le moment était venu de frapper. « Je ne suis pas assez sage, écrivit-il à Cecil, pour vous donner un conseil ; mais si vous considérez comme d'un bon jugement de vous relâcher en faveur de ce tyran, vous vous en repentirez quand il sera trop tard. Sa méchanceté est solide, et ne s'évaporera point par l'effet de votre clémence. Car il imputera le changement à la pusillanimité de Sa Majesté, non à votre bon naturel, sachant que votre action est conditionnée par le caractère de la Reine et ne part d'aucun amour que vous ayez pour lui. Plus vous l'abaisserez, et moins il sera capable de vous nuire, à vous et aux vôtres. Et si la faveur de Sa Majesté lui manque, il redescendra au rang du commun. Ne perdez point votre avantage ; sinon, je lis d'avance votre destinée. Vôtre jusqu'à la fin, W. R. » C'était vrai — il n'était pas « assez sage » pour donner un conseil à Cecil. Ne voyait-il pas que le plus léger mouvement, la plus discrète tentative pour influencer la Reine, était funeste ? Comme il s'entendait peu à ce pervers, à ce labyrinthique génie ! Non ! Si quelque chose était à faire, c'est elle, à son étrange façon, de par sa volonté étrange, qui le ferait. Et le Secrétaire restait immobile — attendant, surveillant, et retenant son souffle.

Elisabeth, assurément, avait besoin d'être surveillée attentivement. Pour lors, elle semblait occupée des soins les plus frivoles. Les fêtes anniversaires de son Couronnement l'absorbaient tout entière ; elle assistait, des heures durant, aux combats de la lice — aux lieux mêmes où si souvent Essex avait resplendi dans sa gloire — insouciante et l'air enjoué ; et quand, pour finir, on lui fit la surprise d'une entrée grotesque, quand Lord Compton parut, comme l'a décrit un témoin oculaire, « sous les traits d'un Pêcheur, avec six hommes peints de mille couleurs, tout caraçonnés d'un filet, ayant pris une Grenouille », la vieille créature dut se tenir les côtes d'un rire frénétique. Huit jours plus tard, elle s'arrêtait à une décision soudaine : elle obtiendrait justification devant le monde du traitement qu'elle infligeait au Comte, en faisant lire à haute voix par le Conseil, siégeant à la Chambre Etoilée, le rapport de ses crimes. Il ne pouvait être présent lui-même — étant par trop souffrant. Mais l'était-il vraiment ? Elle conservait des doutes ; on l'avait vu déjà auparavant transformer

un accès de mauvaise humeur en profitable maladie ;
elle en aurait le cœur net. Et c'est ainsi qu'à quatre
heures, le soir du 28 novembre, accompagnée de Lady
Warwick et de Lord Worcester, elle descendit dans
une barque et se fit conduire à York House. Nous ne
savons rien de plus. Essex était en effet très malade,
— apparemment moribond. Eut-il conscience de sa
venue ? Quels mots furent prononcés ? Ou bien
ne fit-elle qu'entrer, regarder et sortir, invisible ?
Questions insolubles ! La nuit de novembre est tombée,
l'enveloppant de ses ténèbres.

Le lendemain, la Chambre Etoilée se réunit ; on
lut à haute voix le rapport des méfaits du Comte ;
on déclara qu'il avait mal conduit les opérations
d'Irlande, signé un traité infamant avec Tyrone, et
repris le chemin de l'Angleterre contrairement aux
ordres exprès de la Reine. Le public était admis, mais
Francis Bacon ne vint pas. Elisabeth, en parcourant
la liste des présents, le remarqua. Elle lui fit porter
un message, pour lui demander des explications. Il
répondit qu'il avait trouvé plus sage de s'abstenir, eu
égard aux menaces dont sa personne avait été l'objet.
Mais elle ne se laissa pas toucher par cette excuse,
et de plusieurs semaines ne lui adressa pas la parole.

La déclaration de la Chambre Etoilée n'eut pas
de suite. Les semaines, les mois passèrent : Essex
demeurait prisonnier. La fatale soirée de Nonesuch
devait être le début d'une captivité qui dura près d'un
an. Captivité, au demeurant, sans douceur. Personne
des intimes du Comte n'eut l'autorisation de le voir.
Lady Essex elle-même, qui venait juste de lui donner
une fille, et hantait la Cour dans les habits de deuil

d'une suppliante, fut bannie de la présence de son mari pendant plusieurs mois. Le courroux d'Elisabeth avait revêtu un aspect plus farouche que jamais auparavant. Etait-ce encore là querelle d'amants ? Etrange en vérité. Car désormais le mépris, la crainte, et la haine avaient longuement instillé leur poison dans le mortel breuvage de la passion déçue. D'un ressentiment obstiné, au cours du lent écoulement des mois, elle nourrissait sa colère ; elle lui ferait payer cher son incapacité, son insolence, sa désobéissance ! Se figurait-il qu'il possédait des charmes irrésistibles? Elle en avait assez, et il s'apercevrait qu'il s'était trompé.

Avec la nouvelle année — qui fut la dernière du siècle — vinrent deux étapes nouvelles. Essex commença à se mieux porter, et à la fin de janvier il avait reconquis sa santé normale. Au même moment la Reine fit un nouvel effort pour régler les affaires d'Irlande. Tyrone de lui-même avait mis fin à la trêve de Septembre, et recommencé ses manœuvres contre les Anglais. Il fallait intervenir, et Elisabeth, retombant sur son choix primitif, nomma Mountjoy Lord Député. En vain il essaya d'échapper à l'odieux office : tout fut inutile ; Elisabeth était résolue ; il partirait. Auparavant, toutefois, il délibéra avec Southampton et Sir Charles Davers, un autre dévoué partisan d'Essex, sur les moyens de servir le plus utilement le Comte prisonnier. Une extraordinaire proposition fut introduite. Depuis quelques années, Essex avait été en relations avec Jacques d'Ecosse, et Mountjoy lui-même, pendant la campagne d'Irlande, avait écrit au Roi — avec ou sans l'aveu d'Essex, le point reste obscur — le priant de faire quelque démonstration en faveur d'Essex. La réponse de Jacques n'ayant pas donné satisfaction, on n'en parla plus ; mais cette fois la question était reprise d'une façon étonnante et beaucoup plus nette. Il était bien connu que le principal objet de la politique du Roi d'Ecosse était de s'assurer l'héritage d'Angleterre. Mountjoy conseilla d'envoyer à Jacques un message, lui faisant savoir que le parti des Cecil était opposé à le voir succéder, que son unique chance résidait dans le rétablissement d'Essex, que s'il se déclarait en faveur d'Essex, Mountjoy de son côté passerait d'Irlande en Angleterre avec une armée de quatre à cinq mille hommes, et qu'alors, avec leurs forces combinées, ils imposeraient au Gouvernement anglais leur volonté. Southampton et Davers approuvèrent le projet, et l'on peut difficilement douter qu'Essex y ait donné la main, car les conspirateurs avaient trouvé le moyen de communiquer avec le prisonnier d'York House. Le messager fut envoyé en Ecosse, et Mountjoy partit effectivement prendre possession du gouvernement de l'Irlande, avec ce projet de folle trahison dans l'esprit. Mais Jacques était précautionneux ; sa réponse fut vague et marquait le souci de gagner du temps ; Mountjoy fut mis au courant, et le plan abandonné.

Pour quelques mois seulement. Car au printemps, Southampton fit le voyage d'Irlande, et Essex saisit cette occasion pour envoyer une lettre à Mountjoy, le pressant de mettre à exécution ses premiers projets et de conduire l'armée en Angleterre, avec ou sans l'appui de Jacques. Cependant Mountjoy avait changé d'opinion. L'Irlande sur lui aussi avait eu son effet —

effet inattendu. Il n'était plus le vieux Charles Blount, content de suivre à la trace un éblouissant ami ; il avait tout à coup trouvé sa vocation. Il n'était plus à la suite de personne, mais un chef ; il se sentait capable de réaliser ce que nul n'avait réalisé avant lui : la pacification de l'Irlande, la défaite de Tyrone. Penelope elle-même ne le détournerait pas de sa destinée. Sa réponse fut courtoise, mais ferme. « Pour satisfaire l'ambition privée de Milord Essex, il n'entrerait point dans une entreprise de cette nature ».

Cependant Elisabeth, sans se douter de ces machinations, se demandait sombrement ce qu'elle allait faire. La Tour ? Tout bien pesé, elle pensait que non ; c'était une affaire grave — mais pas tout à fait si grave que cela. Néanmoins elle ferait sortir l'accusé d'York House. On ne pouvait éternellement transformer en geôle la maison du pauvre Lord Garde des Sceaux ; et Essex fut renvoyé chez lui, après qu'Anthony Bacon et tous ses autres amis en eurent été chassés, pour y subir une réclusion plus étroite encore. Puis l'esprit de la Reine se reportait du côté de la Chambre Etoilée. Elle convoqua Bacon, qui une fois de plus déconseilla, une fois de plus fut d'avis — non pas que les méfaits du Comte ne méritaient guère une si terrible forme de procès — mais que son pouvoir dans le peuple était tel qu'il la rendait dangereuse. A cette heure elle lui donna raison, et décida de créer un tribunal disciplinaire de son invention. Il y aurait un bel appareil ; et le mécréant serait sermonné, très rigoureusement sermonné, contraint de présenter des excuses, effrayé un peu, et puis — relâché. Tels étaient ses plans, et chacun tomba d'accord. Jamais les façons délibérément paternelles des Tudors ne s'étaient si curieusement déployées. Essex était un méchant petit garçon, qui s'était mal conduit, qu'on avait envoyé dans sa chambre, et mis au pain sec et à l'eau ; et maintenant il était autorisé à redescendre, et après une bonne semonce, averti qu'après tout on ne le fouetterait pas.

La cérémonie eut lieu, le 5 juin 1600, à York House, et dura onze heures sans une pause. Essex était à genoux au pied de la table, et, tout autour assemblés, les Lords du Conseil siégeaient avec une majesté grave. Au bout de quelque temps l'Archevêque de Cantorbéry proposa que le Comte fût autorisé à se tenir debout ; ce qui fut accordé ; plus tard il fut autorisé à s'appuyer, et enfin à s'asseoir. Les avocats de la Couronne se levaient l'un après l'autre pour dénoncer ses offenses, qui, à quelques additions près, étaient les mêmes qu'avait spécifiées la déclaration de la Chambre Etoilée. Au nombre des accusateurs était Bacon. Il avait écrit une ingénieuse lettre, demandant qu'on le dispensât de prendre part à la procédure, mais ajoutant que si Sa Majesté le désirait, il ne pourrait refuser. Assez naturellement Sa Majesté le désira, et Bacon fut invité à attirer l'attention des Lords sur l'inconvenance qu'il y avait eu, de la part du Comte, à accepter la dédicace de l'*Histoire d'Henri IV* par Hayward. Il savait très bien la futilité de cette accusation, mais il fit ce qu'on lui dit. Tout allait le mieux du monde, et Essex était prêt à s'excuser humblement, quand la dignité du spectacle fut troublée par la mauvaise humeur et le manque de sang-froid d'Edward Coke, Procureur Général. Essex se vit attaqué de telle manière qu'il ne put s'abstenir de répondre avec assez d'irritation ; Coke répliqua ; et le procès dégénérait en querelle, quand Cecil intervint par quelques discrètes remarques. Alors la Cour rendit son arrêt. La réclusion à la Tour et une énorme amende furent un moment suspendues au-dessus de la tête du Comte ; mais, ayant lu à haute voix un humiliant aveu de ses crimes, suivi d'une prière pour obtenir merci, il fut informé qu'il pouvait rentrer chez lui, et là, attendre le bon plaisir de la Reine.

Il attendit un mois sans que rien se produisît ; enfin ses gardiens se retirèrent, mais l'interdiction de sortir subsista. Ce n'est qu'à la fin du mois d'août que la liberté lui fut tout à fait rendue. Tout l'été, il s'entretint quotidiennement avec Bacon, qui avait assumé la fonction de médiateur entre la Reine et le Comte. Il avait fait tenir à celui-ci ses excuses pour le rôle qu'il avait joué à York House, et le magnanime Essex les avait acceptées. Il composa ensuite deux lettres très étudiées, qu'il adressa, au nom d'Essex, à la Reine pour demander son pardon. Il fit plus. Il inventa une lettre de son frère Anthony au Comte et la réponse d'Essex — piquants exercices, où le style de chacun était merveilleusement imité, et le dévouement du Comte à sa souveraine décrit en termes magnifiques ; puis il prit ces papiers et s'en fut montrer le tout à la Reine. Il se trouva que ces lettres contenaient beaucoup de traits à l'avantage de Francis Bacon. Mais leur effet fut mince. Peut-être Elisabeth était-elle trop familiarisée avec les stratagèmes des conspirateurs de théâtre, pour s'y laisser prendre quand la réalité les copiait.

Mais Essex ne voulut pas s'en remettre à l'intervention de Bacon ; il écrivit lui-même à la Reine, et à plusieurs reprises. Sur divers tons, il exprima sa peine, implora une grâce sans réserve, sollicita la faveur d'être, une fois encore, admis en cette chère présence. « Maintenant que Votre Majesté m'a fait entendre la voix de sa justice, je la supplie humblement de me faire entendre sa propre et naturelle voix, qui est de miséricorde ; sinon, que Votre Majesté, en sa merci, m'ouvre accès à un autre monde. » « Je ne reçois point de grâce, Votre Majesté ne montre point de merci ; mais si Votre Majesté daigne bien vouloir qu'une fois je me prosterne à ses pieds et contemple ses beaux yeux, et que nul ne le sache sauf celui que Votre Majesté chargera de me conduire en ce paradis — oui, qu'après cela Votre Majesté me punisse, m'emprisonne, ou prononce contre moi sentence de mort — Votre Majesté est très miséricordieuse, et je mourrai très heureux. » C'étaient là ses paroles expresses, mais il n'écrivait pas seulement à Elisabeth. Dans le même temps qu'il se répandait en protestations et regrets, sa pensée revenait avec insistance à l'Irlande. Un jour, il appela Sir Charles Davers et le chargea d'une nouvelle tentative sur la fidélité de Mountjoy. Davers savait bien ce qui se produirait ; mais il était absolument dévoué au Comte, qui, dit-il plus tard, « avait sauvé ma vie, et d'une façon insigne ; il avait souffert pour moi, et m'avait attaché à soi d'autant de manières qu'il est en pouvoir d'homme ; en sorte que la vie qu'il avait sauvée, et mes biens et fortune, étaient à sa disposition » ; et l'idolâtre vassal aussitôt monta en selle, pour accomplir la volonté de son Seigneur.

Une crise approchait qui, dans l'opinion d'Essex, révélerait clairement l'état d'esprit d'Elisabeth. Le monopole des vins doux, qu'elle lui avait concédé pour dix ans, devait s'achever à la Saint-Michel ; serait-il renouvelé ? Il lui rapportait de grosses rentes ; le lui retirer, c'était le réduire à la pauvreté. La faveur et l'espoir — la disgrâce et la ruine — telle était l'alternative qui semblait dépendre de sa décision en cette matière. Elle s'en rendait parfaitement compte. Elle en parlait à Bacon : « Milord Essex, lui dit-elle, m'a écrit des lettres pleines de bons sentiments et j'en ai été fort touchée ; mais — et elle eut un rire féroce — ce que j'ai pris pour le débordement de son cœur n'était, je le vois, que chasse donnée au fermage des vins doux. »

Une lettre, cependant, l'émut peut-être plus que le reste : « Hâte-toi, ma prose, vers cette présence heureuse, de qui seul, malheureux, je suis banni ; baise ces belles mains rigoureuses qui appliquent nouveaux emplâtres sur mes moindres maux, mais sur ma plus grande plaie ne posent rien. Dis que tu viens d'un qui soupire, languit, et désespère — Essex. » Ces lignes lui parurent-elles irrésistibles ? Il se peut. De quelques phrases d'une autre lettre, nous pouvons inférer qu'ils se virent en effet. Mais s'il est vrai, la rencontre fut un désastre. A ouïr ces déclarations passionnées, elle sentit sourdre en elle une effrayante rancœur ; elle le chassa de sa vue ; et de ses propres mains le jeta dehors. [1]

---

1. « Ceci n'est qu'une des nombreuses lettres que depuis que j'ai vu Votre Majesté j'ai écrites, mais non pas envoyées... Il me vient parfois la pensée de courir (c'est-à-dire dans un

Elle hésita pendant un mois, et là-dessus on publia que le revenu des vins doux serait désormais réservé à la Couronne. L'effet sur Essex fut épouvantable ; il devint comme un possédé. Davers avait déjà rapporté de la part de Mountjoy que sa décision était irrévocable. « Il désirait que Milord eût patience, reconquît, par des voies légitimes, la légitime faveur de la Reine, et, dût-il n'en jouir point au même degré qu'auparavant, se tînt satisfait. » Patience ! Satisfaction ! Le temps n'était plus de ces sortes de mots. Il délirait de rage, et soudain, battant en retraite, se maudissait, désespéré. « Il passe, écrivait Harington, qui lui fit à cette époque une courte et tremblante visite, du chagrin et du repentir à la fureur et à la révolte, et si vite qu'il paraît privé de bon sens et de droite raison... Il prononçait d'étranges paroles, confinant à de si étranges desseins que j'eus bientôt fait de sortir et de le quitter... Ses propos sur la Reine ne conviennent pas à un homme qui ait *mens sana in corpore sano*. Il a de mauvais conseillers, et beaucoup de mal est sorti de cette source. La Reine sait humilier ce cœur hautain, ce cœur hautain ne sait pas se soumettre, et son âme semble portée de-ci, de-là, comme les vagues d'une mer troublée. »

Ses « propos sur la Reine » étaient en vérité déraisonnables. Une fois, on parla devant lui du « caractère de Sa Majesté. » « Son caractère ! s'écria-t-il. Son caractère est aussi tordu que sa carcasse ! » Mots

tournoi) et je considère alors ce que ce sera que de venir triomphant sous l'armure, en cette présence de qui je fus tout ensemble banni par votre propre voix, et chassé par vos propres mains. » (Essex à la Reine, sans date).

intolérables qui parvinrent aux oreilles de Sa Majesté :
elle ne s'en remit jamais.

Elle aussi, peut-être, était folle. Elle voguait au
désastre suprême, ne le voyait-elle pas ? Et que lui
rendre sa liberté et lui couper les vivres, le disgracier
et pourtant ne pas l'écraser, c'était le traiter de la
plus dangereuse façon qui se pût concevoir ? La
passion que toute sa vie elle avait nourrie pour les
demi-mesures, et qui lui avait valu sa gloire, était
maintenant devenue manie ; avant peu, elle causerait
sa perte. Plongée dans une paralysie extraordinaire,
elle ne devinait pas que son destin approchait.

Mais le Secrétaire devinait tout. Il vit ce qui allait
arriver, et ce qui devait s'ensuivre. Il n'ignorait rien
des réunions de Drury House, chez Lord Southampton. Il notait les visages nouvellement arrivés des
campagnes, les attroupements inusités de gentilshommes faisant les Matamores à l'entour du Strand,
le sentiment qui était dans l'air que quelque chose
s'agitait et se préparait ; et il se tenait prêt pour le
moment critique, à quelque heure qu'il dût arriver.

Car Essex s'était abandonné, en effet, à des partis désespérés. Ne voyant plus Anthony Bacon, il prêtait l'oreille aux seuls conseils de sa mère et de Penelope Rich, à la bruyante colère de Sir Christopher Blount, aux intraitables conseils de Henry Cuffe. Quoique Mountjoy l'eût trahi, il continuait d'entretenir une correspondance avec le Roi d'Écosse, et espérait encore que de ce côté pût venir le salut. Au début de l'année suivante (1601), il écrivit à Jacques pour lui demander d'envoyer un émissaire à Londres qui avisât avec lui aux moyens d'une action commune. Et Jacques, cette fois, consentit ; il donna l'ordre au Comte de Mar de se rendre en Angleterre, en même temps qu'il adressait à Essex une lettre d'encouragement. La lettre arriva avant l'ambassadeur, et Essex la conserva dans une petite bourse de cuir noir qu'il portait cachée autour du cou.

L'explosion finale suivit de près. Les partisans du Comte étaient bouillants d'enthousiasme, de crainte, et d'animosité. De folles rumeurs avaient cours parmi eux, qu'ils semaient à travers la Cité. On déclarait que le Secrétaire était l'ami des Espagnols ; il était présentement engagé dans une intrigue pour faire succéder l'Infante d'Espagne au trône d'Angleterre. Mais plus dangereux encore était l'odieux Raleigh. Personne n'ignorait que cet homme ambitieux ne connaissait point de scrupules, qu'il ne respectait aucune loi, humaine ni divine ; et il avait juré — disait la voix publique — de tuer le Comte de sa propre main, s'il n'y avait pas d'autre moyen de se défaire de lui. Mais peut-être les ennemis du Comte avaient à ce point perverti l'esprit de la Reine que ces mesures violentes n'étaient pas nécessaires. Pendant la première semaine de février, le bruit courut qu'il allait être soudain incarcéré à la Tour. Il est possible qu'Essex lui-même l'ait cru ; il délibéra avec ses intimes ; et il leur parut téméraire d'attendre plus longtemps l'arrivée de Mar, et que le moment était venu de frapper, avant que l'initiative leur fût retirée. Mais que faire ? Les uns étaient favorables à l'idée d'un coup de main sur la Cour, et un plan détaillé fut établi qui permettait de s'assurer de la Reine avec un minimum de violence. D'autres étaient d'avis que mieux valait commencer par soulever la Cité en faveur du Comte ; la Cité une fois derrière eux, ils pouvaient être certains d'en imposer à la Cour. Essex ne put se résoudre à rien ; avec son naturel éperdument indécis, il est probable que même en cette occasion il aurait indéfiniment ajourné les deux projets, et serait retombé dans son état habituel de fébrile impuissance, si quelque chose ne s'était pas produit, qui le précipita dans l'action

Ce quelque chose porte tous les signes de l'aimable génie de Cecil. Avec son infaillible instinct, le Secrétaire vit que le temps était enfin arrivé dans lequel il convenait de tirer la conclusion des événements, et il agit en conséquence. Ce fut une touche extrêmement légère. Le samedi 7 février, au matin, un messager vint de la part de la Reine à Essex House, requérant la présence du Comte au Conseil. C'était assez. Aux conspirateurs, il sembla évident qu'il y avait là une tentative pour se saisir du Comte, et que, s'ils n'agissaient aussitôt, tout était perdu. Essex refusa d'aller au Conseil ; il fit répondre qu'il était trop malade pour quitter le lit ; ses amis s'assemblèrent autour de lui ; et il fut décidé que ce matin-là verrait la fin du règne du Secrétaire.

La personne de la Reine — qui pouvait être assez vil, assez fou pour en douter ? — devait rester inviolable. Essex l'affirma avec insistance ; il en était pourtant, dans cette multitude emportée, qui osaient lever sur la divine Gloriana des yeux profanes. Un singulier épisode eut lieu le samedi après-midi. Sir Gilly Merrick, l'un des plus farouches de la suite du Comte. traversa la Tamise avec un groupe de ses amis, et fut trouver les comédiens de Southwark. Il avait résolu, disait-il, de faire voir au peuple qu'un souverain anglais pouvait être déposé, et il demanda aux comédiens de jouer cet après-midi la comédie de *Richard II*. Les comédiens hésitèrent. C'était une vieille pièce, et ils perdraient de l'argent à la représenter. Mais Sir Gilly insista ; il leur offrit quarante shillings s'ils acceptaient ; et c'est à ces conditions que la pièce fût jouée. Etrange circonstance en vérité ! Sir Gilly devait être plus versé en histoire qu'en littérature ; car autrement, comment pouvait-il croire que la pathétique ruine de ce héros shakespearien, qui n'avait qualité que de poète mineur, eût galvanisé personne sur terre, au point de se dresser, dans la réalité, contre un maître si étrangement différent.

Le Gouvernement, à qui rien n'échappait de ces manœuvres, prit ses précautions, et le dimanche matin, les gardes furent doublées à Whitehall. Sir Charles Davers y vint de bonne heure en reconnaissance, et s'en retourna convaincu qu'il n'était plus possible de surprendre la Cour ; il recommanda au Comte de fuir en secret de Londres, de gagner le Pays de Galles, et d'arborer l'étendard de la révolte. Sir Christopher Blount était pour agir sans délai, et son crédit reçut un surcroît de force de la multitude toujours grandissante d'hommes armés qui, depuis le lever du jour, se répandait dans la cour d'Essex House. A dix heures, ils étaient là trois cents autour d'Essex, quand on frappa le marteau. On ouvrit la petite porte, et quatre hauts dignitaires — le Lord Garde des Sceaux, le Comte de Worcester, Sir William Knollys. et le Lord Premier Président — apparurent. Ils furent introduits, leurs serviteurs restant dehors. Ils étaient venus, dit Egerton, de la part de la Reine, pour s'enquérir des causes de ce rassemblement, et dire qui si le moindre gref contre qui que ce fût l'avait fait naître, tout plainte serait entendue, et justice faite. Le bruit et le désordre étaient si grands qu'ils empêchaient toute conversation, et Essex pria les ambassadeurs, dignes mais troublés, de monter avec lui dans sa bibliothèque. Ils le suivirent, mais à peine étaient-ils entrés que la foule s'engouffra derrière eux. On entendit crier : « A mort ! A mort ! » et encore

« Enfermons-les ! Sous clé » ! Le Comte, entouré par ses gens qui vociféraient et gesticulaient, essaya de parler, mais fut interrompu. « Allons, Milord, ils vous trompent ; ils vous trahissent ; ils vous ruinent ; vous perdez du temps ! » Il était sans pouvoir au milieu d'eux, et, tandis que les Conseillers les adjuraient en vain de mettre bas les armes et se retirer calmement, il se sentit entraîné vers la porte. Il cria à Egerton et aux autres de se tenir où ils étaient, qu'il reviendrait tout à l'heure, et les accompagnerait chez la Re ne. Puis il se trouva hors de la bibliothèque ; l'huis fut tiré et verrouillé sur les Lords du Conseil : ils étaient « sous clé ». Au bas de l'escalier et dans la Cour écumait la populace en délire. On ouvrit les grandes portes et tous se précipitèrent dans la rue. Mais, à ce moment suprême encore, il y eut hésitation. Où aller ? « A la Cour ! A la Cour ! » criaient quelques-uns, et tous attendaient Essex. Mais Essex, par une décision soudaine, se tourna vers la Cité. C'est donc à la Cité qu'il fallait se rendre. Mais il n'y avait pas de chevaux pour une telle multitude ; on irait à pied ! Le Strand était devant eux, et ils descendirent le Strand comme un torrent, brandissant leurs armes. Au premier rang, se détachait la haute silhouette noire de Sir Christopher Blount : « Au secours ! Au secours ! trahison ! trahison ! » hurlait-il, cherchant avec des gestes farouches et des cris incohérents à soulever Londres en faveur du Comte.

Les insurgés entrèrent dans la Cité par Lud Gate ; mais le Gouvernement les avait devancés. Par ordre, les prédicateurs avaient dit aux bourgeois de rester chez eux, armés, en attendant des instructions, et les bourgeois obéirent. Pourquoi non ? Le Comte était leur héros ; mais ils étaient loyaux sujets de la Reine. Rien ne les préparait à cette subite émeute ; ils n'en pouvaient pénétrer les causes. Puis la nouvelle arriva que le Comte avait été proclamé traître ; et l'horrible mot, avec les épouvantables châtiments qu'il impliquait, frappa leur âme de terreur. A midi, Essex et sa bande étaient à Saint-Paul ; mais aucune apparence de mouvement populaire. Il marchait, criant à perdre haleine qu'un complot avait été tramé contre sa vie, et que la Couronne avait été vendue à l'Infante d'Espagne. En vain ; personne ne répondait ; personne ne se joignait à lui. Ceux qui étaient dans la rue demeuraient sans mouvement et sans voix ; et, de chaque côté, des visages pleins de confusion et d'effroi épiaient furtivement aux portes et aux fenêtres. Il avait espéré prononcer une harangue à Paul's Cross, mais l'atmosphère rendait impossible un discours en règle ; en outre, son assurance l'avait maintenant abandonné. Quand il descendit Cheapside, tout le monde put constater qu'il était au désespoir ; la sueur inondait, et l'horreur contractait son visage ; il le reconnaissait enfin — il était perdu — toute sa vie se fracassait dans ce hideux fiasco.

Dans Gracechurch Street, il entra chez un de ses amis, le Sheriff Smith, sur l'aide duquel il comptait. Le Sheriff le reçut avec sympathie, mais ne voulut point trahir, et s'éclipsa sous prétexte de consulter le Lord Maire. Ayant pris un peu de repos, Essex sortit, et trouva que beaucoup des siens avaient disparu, tandis que les troupes du Gouvernement se rassemblaient contre lui. Il résolut de rentrer chez soi ; mais à Lud Gate il vit que la route était barrée. L'Evêque de Londres et Sir John Leveson avaient réuni quelques soldats et bourgeois bien pensants, et tendu des chaînes en travers de l'étroit passage. Les rebelles chargèrent, et furent repoussés ; Sir Christopher fut blessé, un page tué, et quelques autres frappés à mort. Essex fit volte-face et descendit vers le fleuve. Il prit une barque et rama jusqu'à Essex House où il entra par la porte du côté de l'eau. Les Conseillers, remis en liberté, étaient repartis pour Whitehall. Après avoir détruit en hâte une masse de papiers compromettants, parmi lesquels le contenu de la bourse de cuir noir qu'il portait autour du cou, il se mit en devoir de barricader son hôtel. Bientôt les troupes de la Reine, commandées par le Lord Amiral, furent aux portes ; l'artillerie fut amenée ; il était clair que toute résistance était impossible. Après de brefs pourparlers, Essex se rendit sans conditions, et fut aussitôt transporté à la Tour.

XV

Le Gouvernement n'avait jamais été en danger ;
et pourtant, à Whitehall, on avait dû passer quelques
moments d'angoisse. Il n'était pas invraisemblable
que la Cité répondît aux excitations du Comte, et
qu'une lutte violente s'ensuivît ; mais la Reine, à qui
le courage physique ne faisait jamais défaut, attendait l'événement avec un sang-froid robuste. Lorsque
la nouvelle du succès arriva, et qu'Elisabeth connut
qu'elle pouvait se fier à la loyauté de son peuple,
elle ne sentit point de défaillance. Elle donna ordre
qu'Essex et les siens fussent mis aussitôt en jugement.

Ils étaient à peu près une centaine en prison, et le
Conseil procéda sur-le-champ à l'interrogatoire des
meneurs. Très vite, l'histoire des intrigues des dix-
huit derniers mois, comprenant la correspondance
avec Jacques et la complicité de Mountjoy, avait trans-
piré. On arrêta que le procès des deux Comtes, Essex
et Southampton, aurait lieu devant une commission
spéciale composée de Pairs du Royaume, le 18 février.
Quel aspect prendraient ces poursuites ? Il fut promptement décidé qu'aucune allusion ne serait faite à
l'Ecosse, et que les faits compromettants pour Mount-

joy, des services duquel on ne pouvait se passer en
Irlande, seraient étouffés. Il resterait d'assez déci-
sives preuves de trahison sans entrer dans des détails
si délicats et embarrassants.

Bacon avait pris part à l'interrogatoire préliminaire
de quelques-uns des moins importants prisonniers,
puis il fut désigné comme l'un des avocats de l'accusation. Il n'éprouva ni doute, ni hésitation. D'autres
esprits se seraient troublés à sa place ; mais il savait
distinguer avec une parfaite netteté ce qu'il devait
au Comte et ce qu'exigeaient les lois. L'amitié privée,
les bienfaits privés étaient une chose ; le devoir civique
de remplir la fonction requise de lui par l'État, en
déférant à la justice un criminel dangereux, était
autre chose. Il ne s'agissait pas pour lui de siéger au
tribunal ; son rôle se bornerait à celui d'un juriste,
qui exposât devant les Pairs, avec le meilleur de son
talent, la cause de la Couronne. Ses propres opinions,
ses sentiments n'étaient pas en question. Il est vrai
qu'en s'associant au procès, il récolterait d'appré-
ciables avantages. Du seul point de vue de ses finances,
l'affaire était certes providentielle, car il restait sous
le coup de dettes criardes ; en outre, c'était l'occasion
d'entrer plus avant dans les bonnes grâces de l'homme
qui, sans doute, était maintenant le plus puissant
personnage d'Angleterre — son cousin Robert Cecil.
Mais était-ce là une raison pour refuser d'obéir ?
Il y avait de la folie à le supposer. De ce qu'un juriste
reçoit des honoraires, suit-il que ses motifs soient
dignes de peu d'estime ? Une autre complication
s'ajoutait aux précédentes. De toute évidence, le
Gouvernement avait un intérêt particulier à compter

Francis Bacon parmi ses soutiens actifs. Le Comte avait été son patron, était l'ami intime de son frère ; qu'on le vît maintenant disposé à faire figure d'accusateur du Comte, et l'effet sur le public, sinon sur les juges, serait considérable ; on pourrait difficilement se défendre de conclure que l'accusation portée contre Essex devait être sérieuse, puisque Francis Bacon y participait. D'un autre côté se récuser, c'était encourir le déplaisir de la Reine, et le risque d'une peine effective ; c'est-à-dire peut-être la fin de sa carrière. Conséquence ? Hésiter devant ce problème était simplicité d'esprit. La responsabilité des actes du Gouvernement incombait au Gouvernement ; ce n'était pas à lui de s'interroger sur les desseins du Gouvernement. Et si, en faisant son devoir, il évitait un désastre personnel — tant mieux ! D'autres auraient renoncé à distinguer bienfaits accessoires et mobiles criminels : à ses yeux, tout était clair comme le jour.

Jamais son intellect n'avait fonctionné avec une plus satisfaisante, une plus esthétique précision. Le raisonnement était parfait ; il n'avait, à vrai dire, qu'un défaut, celui précisément d'avoir été conçu. Un simple d'esprit aurait pu mieux faire ; il aurait instinctivement compris l'essentiel de la situation. Il y fallait la large prise de l'humanité moyenne, non la lame de rasoir d'une intelligence subtile. Bacon ne s'en rendait pas compte ; il ne voyait pas qu'en retour de la longue amitié, l'inlassable bienveillance, la magnifique générosité, et la touchante admiration du Comte, avoir part à sa ruine était chose déplorable et déshonorante. Sir Charles Davers n'était pas un homme intelligent ; mais son absolu dévouement à son bienfaiteur a gardé bonne odeur parmi les exhalaisons fétides de l'histoire. Dans le cas de Bacon, un tel sacrifice n'était pas nécessaire ; son abstention eût suffi. Si, bravant le déplaisir de la Reine, il avait fait retraite à Cambridge, restreint ses dépenses, renvoyé Jones, et consacré ses jours aux sciences qu'il aimait si sincèrement... impossible ! Ce n'était pas dans sa nature ni sa destinée. Le sac de laine des Lords Chanceliers l'attendait. Inspiré par la sublime ingéniosité du serpent, il fallait qu'il déroulât jusqu'au bout le luxe sans fin de ses replis. On contemple, fasciné, l'éblouissant séducteur ; on souhaite en vain détourner les yeux.

Un procès d'Etat n'était guère plus qu'une formalité dramatique. Le verdict était fixé d'avance par l'accusation : prévenu de trahison, il ne se pouvait qu'on fût acquitté. Le peu de signification qu'avaient les séances était une signification politique ; elles permettaient aux gens en place de donner une expression publique à leurs griefs contre l'inculpé, à produire devant le monde les raisons auxquels le Gouvernement désirait qu'on crût qu'il obéissait. Dans le cas présent, il n'y avait pas de doute sur la culpabilité technique de l'accusé. La Cour des Pairs avait consulté les Juges, lesquels avaient prononcé que la conduite d'Essex et ses partisans le dimanche 8 février, quelles qu'eussent pu être leurs intentions, constituait en elle-même une trahison, en sorte qu'il eût été possible de passer condamnation, aussitôt acquise la preuve formelle de cette conduite. Mais qu'une promenade à travers la Cité entraînât de si redoutables conséquences, eût offensé l'opinion publique : et c'était l'objet des débats — de montrer qu'Essex était coupable d'un complot pernicieux et délibéré. Le fait que l'article le plus sérieux du procès — l'intrigue avec le Roi d'Ecosse — dût être supprimé, était un inconvénient pour les avocats de la Couronne ; mais leur position était extrêmement forte. Les accusés n'avaient point de défense ; leur droit de contre-interrogatoire était réduit au minimum ; et les témoignages les plus importants furent rendus sous forme de dépositions lues à haute voix à la Cour — dépositions qui avaient été arrachées dans la prison, et qu'on ne pouvait ni contrôler, ni vérifier. Au total, il semblait certain qu'avec une bonne tactique, l'accusation serait capable de noircir la conduite et le caractère des inculpés d'une façon qui emportât la conviction — à tous les sens du mot.

Il arriva toutefois qu'une bonne tactique fut ce qui manqua le plus du côté du Président, Edward Coke. En cette occasion beaucoup plus grave, le Procuney Général répéta les erreurs de méthode qu'il avait commises à York House. Il chargea ses adversaires assez rudement pour exciter la sympathie en leur faveur ; et il se laissa entraîner à des discussions échauffées qui obscurcirent les véritables fins du procès. Au cours de ces débats, Essex sut plus d'une fois porter la guerre dans le camp ennemi. Il déclara avec véhémence que Raleigh avait eu l'intention de le tuer, et Raleigh fut amené au banc des témoins pour se disculper de ce grief inopportun. Un peu plus tard, Essex introduisit l'histoire de la succession vendue aux Espagnols par le Secrétaire. Une scène remarquable et inattendue suivit. C ecil, qui, derrière

un rideau, avait assisté aux séances, soudain s'avança
et, tombant à genoux, demanda l'autorisation de
dissiper cette calomnie. On consentit à l'écouter, et,
après une longue altercation avec Essex, Cecil réussit
à établir que le dénonciateur sur le rapport de qui ce
grief était fondé, était Sir William Knollys, oncle du
Comte. Knollys, à son tour, fut mandé, et son témoignage innocenta le Secrétaire. Tout ce qui s'était
passé, dit-il, est que Cecil avait une fois mentionnné
devant lui un livre dans lequel le titre de l'Infante
avait le pas sur tous les autres. Les imputations
d'Essex étaient confondues, mais il s'agissait de
prouver ses intentions criminelles, et dans ce sens le
procès, après de longues heures, n'avait pas avancé
d'un pouce. Coke avait beau clamer et monter sur
ses grands chevaux. « Votre dessein, cria-t-il, poin-
tant sur Essex un doigt menaçant, était de prendre
non seulement la Tour de Londres, mais le palais
royal et la personne du prince — la personne du
prince ! — et de lui ravir l'existence ». Exagérations
qui ne pouvaient que nuire à sa cause.

Bacon vit ce qui se passait, et jugea qu'il était
temps d'intervenir. La véritable question en litige,
— à savoir la nature précise des mobiles du Comte —
était en vérité obscure et compliquée. Les mobiles des
plus communs mortels ne sont jamais aisés à démêler,
et Essex était loin du commun. Son âme était un
composé d'extrêmes, et son caractère sans assiette.
Il sautait d'un contraire à l'autre ; il souffrait que les
plus bizarres contradictions prissent racine ensemble,
et pussent croître côte à côte, en son cœur. Il aimait
et haïssait — serviteur dévoué et rebelle forcené —

en même temps. Un œil impartial ne saurait découvrir dans sa conduite une intention déterminée d'aucune sorte. Il était balayé çà et là par les coups de vent de ses passions et le hasard des circonstances. Il nourrissait des pensées de trahison, et à la fin des projets de trahison, mais de façon instable, avec des intervalles de fidélité romanesque et de nobles remords. Son aventure en Irlande est le symbole de tout le reste. Après avoir proposé d'envahir l'Angleterre à la tête de ses troupes, il se retourna complètement et marcha avec son armée contre Tyrone. Il se trouva en fin de compte qu'il avait été trop loin pour reculer, et que, pressé par ses partisans et l'animosité de la Reine, il s'était jeté dans une entreprise désespérée. Mais jusqu'au dernier moment, il resta incertain, indéfinissable, et déchiré. Il n'y avait dans sa nature aucune malignité foncière. Il est possible qu'il crût à la trahison de Cecil, et le fait est que cette croyance n'était pas injustifiée, car Cecil, en dépit de sa loyauté, était inscrit au livre des pensions espagnoles. Convaincu de la légitimité de ses hauts desseins, cette créature chimérique peut bien avoir rêvé, dans ses heures d'assurance, qu'après tout il lui serait donné, sans verser de sang, de faire une révolution ; qu'il n'existait pas, pour jeter bas Cecil et Raleigh, de moyens trop rudes ; et qu'alors la voie serait rouverte à sa sincère affection, sincère admiration, sincère ambition — que dorénavant la Reine serait à lui, et Essex à la Reine, dans une félicité de gloire que seule la mort interromprait.

Tels étaient les secrets mouvements de son esprit, et Francis Bacon était l'homme du monde le moins fait pour les comprendre. Ils se déroulaient à des millions de lieues du clair et lumineux orbite de cette intelligence toute positive. En vain l'eût-il souhaité, l'auteur des *Essais ou Conseils* ne pouvait saisir une psychologie dominée par l'émotion et non par la raison. Mais en cette occasion, il ne le souhaitait pas. Il ne connaissait pas la sympathie. Quels étaient les faits ? A partir des faits seulement, il est permis de juger la conduite des hommes, et la Cour, séduite par les à-côtés et les récriminations, commençait à perdre contact avec les faits. Il lui revenait, à lui Bacon, de déblayer le terrain, avec calme et fermeté, des prétextes et subterfuges de l'accusé, et de concentrer l'attention des juges — et du public — sur ce qui était réellement le nœud de la question -- la signification des actes d'Essex.

Avec un tact parfait, Bacon rendit hommage à l'éducation des Pairs en illustrant ses remarques par un exemple emprunté des classiques. Toute l'histoire, dit-il, témoignait « qu'on n'entendait jamais parler d'un traître, qu'il ne colorât ses pratiques de quelque faux-semblant ». Essex avait « choisi, pour colorer les siennes, la disgrâce auprès de Sa Majesté de certains grands seigneurs et conseillers, et la crainte où il était que ses prétendus ennemis ne le fissent tuer dans sa propre maison. C'est pourquoi il dit qu'il fut obligé de se jeter dans la ville pour y trouver aide et assistance ». Essex n'était pas « très différent de Pisistrate, de qui il fut anciennement écrit comme il se navra et blessa lui-même, et qu'ainsi fait, il courut dans Athènes en criant qu'on cherchait à le mettre à mort ; prétendant émouvoir le peuple à pitié, et à prendre son parti, par ce mal et péril qu'il avait feints ; au lieu que son but et propos étaient de s'emparer du Gouvernement de la Cité, et d'en altérer la forme. Par lesquelles suppositions de périls et d'assauts, le Comte d'Essex est entré dans la cité de Londres ». En réalité, il n'avait à redouter « ni ces ennemis, ni ces périls. » Les faits étaient clairs, « et, Milord, ajouta-t-il en se tournant vers l'accusé, tout ce que vous avez dit ou pouvez dire en réponse n'a que la consistance des ombres. Aussi bien, il me semble que le mieux pour vous serait d'avouer, non de nier. »

Essex avait toujours peine à distinguer clairement un argument d'une personnalité. « J'en appelle de Mr. Bacon, répondit-il, à Mr. Bacon. » Sur quoi il raconta à la Cour comme, peu de mois auparavant, son accusateur avait écrit des lettres en son nom, qui devaient être montrées à la Reine, et dans lesquelles sa cause était établie « aussi justement pour moi que si je l'avais fait moi-même ». « Ces digressions, dit froidement Bacon, sont déplacées, et l'on ne saurait les tolérer » ; les lettres étaient inoffensives, « et, ajouta-t-il, j'ai perdu plus de temps à essayer de faire du Comte un bon serviteur de la Reine et de l'État, que je n'ai fait à aucune autre chose ».

Puis il s'assit, et la direction de la procédure fut rendue à Coke. On lut les aveux des autres conspirateurs ; mais les débats étaient conduits sans ordre ; chaque point successivement était soulevé et abandonné ; à la fin, quand le Procureur Général, après un discours sur l'irréligion de l'accusé, proposa d'en fournir le témoignage, les Pairs refusèrent de l'entendre. Une fois encore la confusion l'emportait ; une fois encore Bacon se leva pour ramener l'attention au centre du sujet. « Je n'ai jamais vu, dans aucun procès, tant de faveur accordée à aucun prévenu », dit-il, « tant de digressions, un si grand étalage de preuves fragmentaires, et une défense si stupide d'une trahison si noire et si notable ». Il donna lecture de l'opinion des juges sur le point de loi, et continua : « Concevoir un dessein secret, l'exécuter, courir en grand nombre avec des armes — quelle en peut être l'excuse ? Averti par le Lord Garde des Sceaux, par un héraut, et pourtant s'entêter. Où est l'homme simple qui n'y verra pas la trahison ? » Essex l'interrompit : « Si j'avais prémédité quelque action contre d'autres que mes ennemis privés, dit-il, je n'aurais pas pris les armes en si mince compagnie. » Bacon demeura silencieux un moment, puis reprit, s'adressant au Comte : « Ce n'est pas la compagnie que vous traîniez avec vous, mais le renfort que vous escomptiez de la Cité, qui vous enhardissait. Le Duc de Guise s'est jeté dans les rues de Paris, le jour des Barricades, en pourpoint et haut-de-chausses, escorté seulement de huit gentilshommes, mais il a trouvé ce secours qui (Dieu merci !) vous a manqué chez nous. Et vous savez la suite : le Roi forcé de revêtir les habits d'un pèlerin, et sous ce déguisement de s'esquiver pour échapper à leur fureur. Telles étaient, conclut-il en se tournant vers les Pairs, les espérances de Milord ; et ses prétextes pareillement — salut et accolade à la Cité. Mais sa fin véritable était trahison, comme il a été suffisamment démontré. »

La botte était redoutable. Mais les paroles de Bacon n'étaient plus seulement destinées à la Cour et au public. La parallèle d'Essex et de Guise, dont la révolte avait laissé un souvenir durable, détenait un pouvoir plus mortel que l'érudite allusion à Pisistrate. Qui l'employait ne pouvait avoir qu'un dessein : toucher, à l'endroit le plus sensible, le cœur de la Reine. Camper Essex devant elle, avec une si grande vraisemblance, sous les traits de l'homme qui avait soulevé Paris contre Henri III, était, en matière de diffamation, un chef-d'œuvre. Nul doute que ce discours ne parvînt à Elisabeth ; mais il s'adressait, en réalité, à quelqu'un autre — à celui qui, invisible, écoutait. Car le Secrétaire, après sa dramatique apparition, était retourné derrière la tapisserie. Son esprit, proche parent de celui de Bacon, appréciait pleinement l'implicite venin de ses paroles ; le cousin faisait merveilles. Essex se taisait. La tâche de Francis Bacon était terminée, un coup de cette langue fourchue, puis un second, avaient suffi.

Les deux inculpés furent naturellement trouvés coupables, et la révoltante sentence fut prononcée suivant les formes usuelles. Durant l'épreuve du procès, Essex avait montré de l'audace, de la dignité, et du sang-froid ; mais quand il fut ramené à la Tour, il succomba à une violente réaction ; l'angoisse et l'horreur s'emparèrent de lui. Un clergyman puritain, qui avait reçu mission de l'assister, profita de l'occasion pour troubler sa conscience et remplir son imagination de la crainte de l'enfer. Il s'abandonna complètement. Confiance en soi, respect de soi, cédèrent devant un flot d'amères lamentations. Il exprima le désir de faire un aveu aux Lords du Conseil. Ils vinrent, et en leur présence, il se reconnut pour un misérable pécheur, qui désespéré se roulait aux pieds du tribunal de Dieu. Il cria à leurs oreilles son inexcusable crime ; il fit plus : il dénonça les noires pensées, les pernicieux desseins, les mauvaises actions de ses complices. Eux aussi étaient traîtres et félons, ni plus ni moins que lui-même. Son délire n'épargna personne, ni son beau-père — ni Sir Charles Davers — ni Henry Cuffe — tous pires les uns que les autres, qui l'avaient perfidement induit à ces pratiques abominables et qu'attendait maintenant un commun naufrage, un commun jugement. Et sa sœur aussi ! qu'on prît garde de l'oublier — elle avait été parmi les plus pervers ! N'était-elle pas coupable de plus d'un péché ? » Il faut qu'on la surveille s'écria-t-il, car elle a une âme superbe ! » et il continua à noircir Mountjoy, à parler de fausse amitié et d'adúltère. Enfin, comme les graves Conseillers écoutaient dans un silence embarrassé, il revint sur ses propres forfaits : « Je sais mes péchés, dit-il, envers Sa Majesté et envers Dieu. Je dois vous confesser que je suis le traître le plus grand, le plus vil, et le plus ingrat que cette terre ait jamais produit. »

Tandis que ces scènes pénibles de faiblesse et d'humiliation se passaient à la Tour, Elisabeth s'était retirée dans le secret de ses appartements, à Whitehall. Chaque esprit se tournait de ce côté — en proie aux conjectures, à l'espoir, à la terreur ; l'inévitable, à présent, voletait et palpitait à portée de sa main redoutable.

Il n'est pas difficile d'imaginer par quels degrés elle arriva à sa conclusion définitive. Le danger réel qu'elle avait couru dut toujours lui paraître — en dépit des avertissements de Bacon — le moindre facteur en cause. Le soulèvement n'avait été qu'un acte de folie, voué dès le début à un échec sans gloire — acte si débile et si inoffensif que, pris en lui-même, on pouvait difficilement soutenir qu'il méritât le châtiment suprême. Si d'autres raisons la disposaient à la pitié, rien ne l'empêchait de considérer d'un œil clément ce qui était arrivé, de commuer la peine de mort en celle d'emprisonnement par exemple, avec confiscation des biens. Il est vrai que les intrigues tramées avec Jacques d'Ecosse avaient un caractère plus grave ; mais cela aussi avait avorté ; le monde l'ignorait, sauf quelques personnages haut placés ; on pourrait faire l'oubli sur toute l'affaire. Y avait-il donc d'autres raisons de clémence ? Bien certainement. Mais ce n'étaient point raisons juridiques, non plus que politiques ; elles étaient purement personnelles, et naturellement c'est en quoi résidait leur force.

Abolir, tout d'un coup, les tristesses d'hier ; se réconcilier encore une fois ; recouvrer, dans de nouveaux transports, le bonheur ancien — qui donc s'y opposait ? Rien certes. Elle avait pouvoir de ces sortes d'action ; elle était libre d'affirmer sa volonté, de faire largesse de son royal pardon ; après une brève éclipse, il serait près d'elle comme naguère ; aucune voix ne s'élèverait contre elle ; Cecil même, elle le savait, accepterait sans murmurer la situation ; ainsi, tout ne serait-il pas pour le mieux ? Vision céleste en vérité, et elle se laissait délicieusement porter au fil de ses désirs. Mais sa chimère durait peu. Elle n'aimait pas s'attarder indéfiniment parmi ses imaginations ; son sens de la réalité s'insinuait dans l'enceinte — sournois et souverain ; de ses doigts impitoyables il minait les palais dorés des songes, et les réduisait en poudre. Elle se réveillait, debout sur le roc nu. Elle voyait clairement qu'elle n'aurait jamais confiance en lui, que l'avenir toujours répéterait le passé ; quels que pussent être ses sentiments, ceux d'Essex resteraient divisés, dangereux, profondément indociles ; une fois cette catastrophe exorcisée, une autre, même pire, viendrait à la place.

Et cependant, pourquoi n'en pas courir le risque ? Elle avait, toute sa vie, aimé le jeu ; peu d'années restaient encore ; que ne les vivait-elle à la mode de jadis, et, comme jadis, au hasard — vaisseau qui halait le vent et louvoyait sans relâche ? Qu'il intrigue, s'il veut, avec Jacques d'Ecosse, elle pouvait s'arranger de cela ! Qu'il fasse pis — elle y serait égale ! elle lutterait avec lui, le mâterait, le tiendrait à sa merci, et lui pardonnerait — avec magnificence, avec extase, elle lui pardonnerait — encore et encore ! Si elle échouait, tant mieux ! ce serait une expérience nouvelle, et — combien de fois ne l'avait-elle pas dit ! — *per molto variare la natura è bella.* Oui, en vérité, elle et la nature allaient de pair — variables, belles... Un affreux souvenir la transperça ; des mots terriblement outrageants résonnèrent dans son esprit : « Tordue ! » — « Carcasse » — c'est donc là ce qu'il pensait d'elle ! Au moment qu'il se répandait en fades soupirs d'amour, il ne sentait pour elle que dégoût, que mépris, que répugnance. Eh quoi ? Etait-ce là toute l'histoire de leurs rapports, une longue, une infâme trahison ? Tout n'avait-il été qu'amertume et aveuglement ? Peut-être l'avait-il sincèrement aimée autrefois. Autrefois ! Mais le passé était le passé, et le temps inexorable. Chaque minute élargissait entre eux le fatal gouffre. Ces rêves de tout à l'heure ? folie pure. Elle aimait mieux ne pas se regarder au miroir — à quoi bon ? Elle n'en avait pas besoin. Elle savait très bien sans cela ce qui était arrivé. Elle n'était qu'une pauvre vieille de soixante-sept ans. Elle connaissait la vérité — toute la vérité — enfin.

Sa formidable vanité — citadelle des penchants romanesques qu'elle avait refoulés — était par terre ; la fureur et la haine plantèrent leur drapeau sur ces ruines. L'animosité qui depuis si longtemps avait couvé dans son sein, soudain s'enflamma triomphale, et s'élança contre l'auteur de son tourment et de son infortune. Il l'avait trahie de toutes les manières possibles, en pensée, en sentiment, en action — comme reine et comme femme — aux yeux du monde et dans la plus douce intimité du cœur. Et il s'était figuré vraiment qu'il échapperait au châtiment de cette iniquité — il avait rêvé de se dresser contre elle — il avait pris les hésitations de sa force pour les faiblesses d'un caractère subalterne. Quel réveil l'attendait ! Il verrait qu'elle était digne fille d'un père qui avait su gouverner un royaume et punir la perfidie de ceux qu'il aimait le mieux. Oui certes, c'était l'esprit de son père qui l'animait ; et une extraordinaire émotion traversa les obscurs abîmes de son être, dans l'instant qu'elle condamnait son amant à la même mort que sa mère avait subie.. En tout ce qui s'était passé, elle découvrait une sombre nécessité, une perfection sinistre ; le destin paternel, en vertu de quelque ordre secret, se répétait dans le sien ; il était extrêmement juste que Robert Devereux suivît

Anne Boleyn sur l'échafaud. Son père !... mais à une profondeur plus insondable encore, on devinait d'encore plus étranges mouvements ; il y avait une différence en même temps qu'une ressemblance ; après tout, elle n'était pas homme, elle était femme ; et n'y avait-il pas ici autre chose qu'une répétition — une revanche ? Après toutes les longues années de sa vie, et dans ce dénouement épouvantable, n'était-ce pas sa mère assassinée qui enfin émergeait ? La roue avait achevé de tourner. Le sexe viril — charmante et détestable engeance, qui s'était une première fois saisie d'elle, magnifiquement voilée de jaune, le jour où son père l'avait prise dans ses bras — ce sexe était abattu enfin, et dans la personne du traître, on le verrait désarmé. Il se peut qu'au sens littéral... Elle connaissait bien la peine pour haute trahison. Mais non ! Elle eut un rire sardonique. Elle ne voulait pas lui ôter le privilège de son rang. Il suffisait qu'il souffrît comme tant d'autres — le Lord Amiral Seymour en particulier — avaient souffert ; il suffisait de lui couper la tête.

Ce fut la seule occasion de sa vie dans laquelle Elisabeth n'hésita pas. Le jugement avait été rendu le 19 février, et l'exécution fixée au 25. Un peu de flottement était nécessaire — sans quoi elle n'eût pas été Elisabeth ; mais il fut à peine sensible. Le 23 elle envoya une note afin d'ajourner l'exécution ; le 24, elle envoya une seconde note pour qu'on y procédât. Elle n'intervint plus désormais, et laissa la loi suivre son cours.

Dans la suite, on inventa une romanesque histoire, où la catastrophe finale était l'effet d'une funeste malchance. Le conte est bien connu : qu'au temps de leur bonheur, Essex avait reçu de la Reine un anneau, avec la promesse que si jamais il le lui renvoyait, il serait pardonné ; que le Comte, se penchant à une fenêtre de la Tour, confia la bague à un enfant pour qu'il la portât à Lady Scrope, et la priât de la montrer à Sa Majesté ; que l'enfant, par erreur, remit la bague à la sœur de Lady Scrope, Lady Nottingham, femme de l'ennemi du Comte ; que Lady Nottingham la garda, sans dire mot, et qu'enfin, à son lit de mort, deux ans plus tard, elle fit des aveux complets à la Reine qui, sur le cri de « Dieu vous pardonne, Madame, quant à moi je ne puis ! » baissa le rideau de la tragédie. Ce récit est assez approprié à l'endroit où, pour la première fois, il fut composé — un feuilleton sentimental [1] ; mais il n'appartient pas à l'histoire. L'invraisemblance de ses détails est manifeste. et la preuve de sa fausseté irrécusable. Il est implicitement démenti par Camden, le plus considérable des historiens du temps ; explicitement contredit par Clarendon, qui, écrivant à la génération suivante, était bien placé pour savoir la vérité ; et rejeté par les écrivains postérieurs, parmi lesquels l'érudit et judicieux Ranke. Et assurément, la réalité est plus frappante dans son affreuse simplicité, sans l'appui d'ornements accessoires. Essex ne fit point d'appel. A quoi bon crier

1. *La Secrète histoire de la très-renommée Reine Elisabeth et du Comte d'Essex, par une Personne de Qualité* (1695). Une allusion à la légende dans sa forme rudimentaire apparaît dans le *Procès du Diable* (vers 1620). Cf. *Les œuvres de John Webster*, éd. Lucas, ii, 342.

merci ? Il n'était rien qu'Elisabeth pût entendre, si elle restait sourde à son propre cœur. Le dénouement vint en silence ; et à la fin, il comprit trop tard qu'il s'était entièrement mépris sur sa nature, qu'il n'y avait jamais eu la moindre chance de la réduire, que l'énorme appareil de ses hésitations et faiblesses n'était qu'une façade incroyablement concertée, et que tout le dedans était du fer.

Il fit une requête — celle de n'être pas exécuté en public ; et elle fut volontiers accordée, car il semblait encore qu'un mouvement populaire en sa faveur ne fût pas tout à fait impossible. Il devait être décapité, comme tous les grands criminels d'Etat qui l'avaient précédés, dans la cour de la prison.

C'est là, au pied de la Tour, que le matin du 25 février 1601 se réunirent tous ceux qui avaient qualité pour assister à la cérémonie finale. Parmi lesquels était Walter Raleigh. Comme Capitaine des Gardes, sa présence était requise ; mais il avait pensé, en outre, que peut-être le condamné aurait quelques mots à lui dire, et il prit place très près du billot. Il se fit un murmure autour de lui. Etait-ce là la bienséance ? Maintenant que le grand Essex était tombé si bas, convenait-il que ses ennemis vinssent en rangs pressés lui infliger la vue de leur mépris et de leur jubilation ? Honteux spectacle. Raleigh entendit, et sans mot dire, avec un sombre visage, aussitôt se retira. Il gagna la Tour Blanche, monta à l'Arsenal, et de là, d'une fenêtre, le sinistre prophète de l'impérialisme contempla la scène.

Elle dura longtemps. L'époque exigeait qu'une solennelle étiquette présidât à ces sortes d'événements, et que l'effrayante action physique se préparât à travers une longue suite de lieux communs, élégants et dévots. Essex parut, en manteau et chapeau noirs, entre trois hommes d'Église. Montant sur l'échafaud, il tira sa coiffure, et s'inclina devant les Lords assemblés. Il parla longuement et gravement — oraison soignée, à demi discours, à demi prière. Il confessa ses péchés, à la fois généraux et privés. Il dit qu'il était jeune — il était dans sa trente-quatrième année — et « qu'il avait dépensé sa jeunesse en dérèglements, impuretés et concupiscence ». Il avait paru « enflé d'orgueil, de vanité, et d'amour des plaisirs de ce monde »; ses péchés, étaient « plus nombreux que les cheveux sur sa tête ». « C'est pourquoi, continuait-il, je supplie humblement mon Sauveur Christ d'intercéder auprès de l'Eternelle Majesté pour mon pardon ; spécialement pour ce dernier de mes péchés, ce lourd, ce sanglant, ce criant, ce pestilentiel péché, par où, pour l'amour de moi, tant d'âmes ont été induites à offenser Dieu, à offenser leur souveraine, à offenser le monde. Je supplie Dieu de nous le pardonner, et de me le pardonner — à moi le plus misérable de tous. » Il pria pour la prospérité de la Reine, « de qui je proteste que je n'ai jamais voulu la mort, ni de violence à sa personne. » Il n'avait jamais été, déclara-t-il, ni athée, ni papiste, mais il avait attendu son salut de Dieu seul par la miséricorde et les mérites de « mon Sauveur Jésus-Christ ». « En cette foi je fus élevé ; en cette foi je suis prêt à mourir ; vous suppliant d'unir vos âmes à la mienne dans cette prière. » Il s'arrêta, et se disposait à ôter son manteau, quand l'un des religieux lui rappela qu'il avait à demander à Dieu de pardonner à ses ennemis. Ce qu'il fit, puis, retirant son manteau et sa fraise, en pourpoint noir il s'agenouilla contre le billot. Un autre des religieux l'exhorta contre la crainte de la mort, sur quoi, d'un ton naïvement pénétré, il avoua qu'à plusieurs reprises, sur le champ de bataille, il avait « senti la faiblesse de la chair, et donc, en ce grand combat, souhaitait que Dieu lui prêtât force et assistance ». Après quoi, les yeux levés vers le ciel, il pria, avec une passion plus fervente, le Tout-Puissant. Il pria pour tous les Etats du Royaume, et il répéta le Notre-Père. Le bourreau, à genoux devant lui, demanda son pardon, et l'obtint. Les prêtres lui demandèrent de réciter le Credo, et il le récita, reprenant après eux, article par article. Il se leva et ôta son pourpoint ; un gilet écarlate, avec de longues manches écarlates, apparut. Alors — avec sa haute taille et son éclatante beauté, tête nue, ses cheveux blonds retombant sur ses épaules — il fut debout à la face du monde pour la dernière fois. Puis, se tournant, il se pencha devant le billot, et, disant qu'il serait prêt quand il étendrait les bras, se coucha sur l'échafaud. « Seigneur, sois miséricordieux à ton serviteur humilié », cria-t-il, et posa la tête obliquement sur le billot. « Seigneur, dans tes mains je recommande mon esprit. » Il y eut un silence ; et tout d'un coup, on vit les bras rouges s'étendre. Le bourreau fit tourner sa hache et l'abattit ; il n'y eut aucun mouvement ; mais deux fois encore le geste de violence fut répété avant que la tête se détachât et que le sang jaillît. L'homme se baissa, et, prenant la tête par les cheveux, la souleva aux yeux des spectateurs, criant en même temps : « Dieu sauve la Reine ! »

XVI

Southampton fut épargné. Sa jeunesse et son chevaleresque dévouement au Comte furent reçus comme
une atténuation de ses crimes, et la sentence de mort
commuée en celle de réclusion à la Tour. Sir Christopher Blount et Sir Charles Davers furent décapités ;
Sir Gilly Merrick et Henry Cuffe. pendus. De lourdes
amendes furent imposées aux autres conspirateurs,
mais là se bornèrent les exécutions capitales ; le
Gouvernement était moins jaloux de sa vengeance
qu'on aurait pu s'y attendre. Penelope Rich, qui
avait été emprisonnée à Essex House en même
temps que son frère, fut remise en liberté. A l'heure
de son triomphe, Cecil n'avait qu'un seul désir, celui
de ne montrer aucune animosité ; il lâcha la bride
à son instinctive douceur, et fut aussi courtois que
possible envers ses ennemis tombés. Une occasion se
présenta d'accorder une faveur à Lady Essex, et il
la saisit avec empressement. Un certain Daniell,
serviteur du Comte, avait fait main basse sur quelques-
unes de ses lettres privées, en avait forgé des copies,
et extorquait de l'argent à la Comtesse en menaçant
de les publier. Elle fit appel à Cecil, qui agit avec

une grande promptitude. Il se saisit du coquin, et le
déféra devant la Chambre Etoilée ; là, en vertu d'une
sentence alambiquée, pleine des louanges les plus
fleuries de la Comtesse, Daniell fut condamné à lui
verser deux mille livres, à payer une amende d'un
autre millier, à être emprisonné à vie, et, « afin que
non seulement lesdites offenses du susdit Daniell
soient notifiées à l'opinion publique, mais que les
autres soient portés à s'abstenir d'en commettre de
semblables, il est en même temps ordonné et décrété
que pour ces mêmes offenses ledit Daniell sera mis
au pilori, y ayant les oreilles clouées, et portant sur
la tête un papier marqué des mots suivants — Pour
faux, corruption, fourberie, et autres basses pratiques. »
Lady Essex se montra justement reconnaissante ;
une lettre de remerciements, adressée à Cecil, nous
donne un bref aperçu du personnage le plus mystérieux de cette tragique histoire. Forme voilée, qu'on
entrevoit confusément bouger aux feux brillants du
théâtre, Frances Walsingham reste entièrement inconnue de nous. Tout juste pouvons-nous supposer, à
notre fantaisie, une rare beauté, un charme souverain
— et quelque chose de plus : une vitalité surabondante.
Car, avant deux ans, la veuve de Sidney et d'Essex
se mariait pour la troisième fois — avec le Comte de
Clanricarde. Sur quoi elle disparaît de la scène.

Le soulèvement n'avait été suivi d'aucune réper-
cussion parmi le peuple, mais le Gouvernement restait
un tant soit peu mal à l'aise. Il désirait impatiemment
convaincre le public qu'Essex n'était pas un martyr,
sacrifié à des intrigues politiques, mais un criminel
dangereux, qui avait subi un châtiment légitime. Le

prédicateur de Saint-Paul fut chargé de prononcer un sermon à cet effet ; par surcroît, on décida d'imprimer et de publier un récit des évènements, avec un extrait des témoignages officiels en appendice. Evidemment Bacon était l'homme qualifié pour mener à bien cette besogne ; il reçut des instructions dans ce sens ; son travail fut soumis aux corrections de la Reine et du Conseil ; et la « Déclaration des Pratiques et Trahisons de Robert dernier Comte d'Essex et ses Complices... ensemble avec les véritables Confessions, et autres parties des Témoignages eux-mêmes, mot pour mot reproduites de l'Original », en résulta. Ce petit livre était écrit avec concision et clarté, et, comme on pouvait s'y attendre, exprimait sous une forme plus détaillée les vues que Bacon, dans ses interventions au cours du procès, avait esquissées. Il prouvait que le soulèvement avait été l'aboutissement d'une conspiration longuement préméditée et délibérément préparée. Ce résultat était obtenu avec élégance et dextérité ; certains passages des aveux étaient supprimés sans plus ; mais la falsification des preuves réduite au minimum ; et il n'y avait qu'un seul point de fait réellement controuvé. La date des propositions du Comte, tendant à envahir l'Angleterre avec l'armée d'Irlande, était altérée ; il prétendait qu'elles avaient eu lieu après l'expédition contre Tyrone, non pas avant, et de la sorte une des plus claires indications sur la nature indécise et flottante d'Essex et de ses plans était non seulement tenue secrète, mais tournée en confirmation de la thèse de Bacon. Au moyen d'un judicieux enchaînement de légères omissions dans l'ensemble des preuves, l'équi-

libre des faits immédiatement antérieurs au soulève-
vement était entièrement changé ; les hésitations du
Comte — qui en vérité avaient continué jusqu'au
dernier moment — étaient effacées ; et l'impression
obtenue était que la marche sur la Cité avait été
froidement concertée pendant des semaines. Si menus,
si subtils étaient les moyens par où Bacon en venait
à ses fins, qu'on peut se demander si, après tout, il
en avait conscience. Et pourtant une si belle économie
eût-elle pu lui venir à son insu ? Qui sait ? Le
serpent s'évanouit avec son secret.

En récompense de ses services, Bacon reçut 1.200
livres de la Reine. Et bientôt sa situation financière
fut encore améliorée. Trois mois après la catastrophe
finale, Anthony Bacon trouva le repos que ce monde
lui avait toujours refusé. Cette suite terrible d'événements — la perte de son maître, la perte de son
frère, la ruine de ses espérances, le triomphe de la
folie, de la passion, et de la méchanceté — avait rompu
le dernier soutien de sa santé délabrée — son cœur
fier et indomptable. Il mourut, et Francis hérita
de sa petite fortune. L'avenir allait s'éclaircissant.
Du bien — quelque prospérité — une multitude de
satisfactions, sensuelles et intellectuelles — une
existence pleine jusqu'aux bords de science, de
pouvoir, et d'éclat — est-ce que ces choses devaient
venir enfin ? Peut-être ; mais quand elles viendraient,
nul besoin de les partager en réjouissances familiales.
Un étrange caquetage troublait seul le silence de
Gorhambury. Car l'esprit de la vieille Lady Bacon
l'avait définitivement quittée. Marmottant on ne sait
quoi sur le Seigneur et sur le Comte, sur ses fils et

sur son neveu, sur les flammes de l'enfer et le dérè-
glement du monde, dans une confusion de prières
et de rages, elle passait ses futiles journées. Farouche,
elle clopinait au seuil de l'extrême sénilité. L'oubli
la recouvre.

La puissance était aux mains de Robert Cecil — mais
puissance tempérée par l'inquiétude et la vigilance.
A peine son grand rival était-il abattu qu'une nouvelle
crise, la plus grave de sa carrière, fondit sur lui. Le
Comte de Mar arriva à Londres. La situation avait
complètement changé depuis qu'il avait quitté l'Ecosse,
et il semblait que l'envoyé de Jacques n'eût plus rien
à faire à la Cour d'Angleterre. Il attendait, dans une
extrême perplexité, quand il reçut de Cecil la demande
d'un entretien particulier. Le Secrétaire avait découvert la cachette où la clé de l'avenir était serrée. Il sut
convaincre Mar qu'il était sincèrement dévoué à la
cause du Roi d'Ecosse. Pourvu, dit-il, que Jacques
renonçât à sa politique de protestations et de manœuvres clandestines, qu'il lui donnât sa confiance, qu'il
lui laissât le soin des détails nécessaires, il trouverait,
au moment voulu, les choses à point, la transition
accomplie, et la couronne d'Angleterre sur sa tête —
cela sans la moindre difficulté, sans le moindre danger.
Le discours fit sur Mar une impression profonde. Il
retourna à Edimbourg, et réussit à pénétrer Jacques
de l'importance capitale de ces avances. Une secrète
correspondance commença entre le Roi et le Secrétaire.
Les lettres, faisant en manière de précaution le détour
d'un intermédiaire à Dublin, engagèrent de plus en plus
étroitement le Roi Jacques sous la prudente et débonnaire influence de Cecil. Graduellement, continûment,

avec une douceur infinie, les obstacles qui se dressaient
sur le chemin de l'avenir furent écartés ; et la gratitude
royale devenait affection, puis dévouement, à mesure
que le moment fatal approchait.

Aux yeux de Cecil, veilleur attentif, une possibilité
surtout restait inquiétante. L'élévation de Raleigh
avait accompagné la chute d'Essex ; la Reine l'avait
fait Gouverneur de Jersey ; elle commençait à l'employer dans la diplomatie ; où cela finirait-il ? Se
pouvait-il concevoir que la morale du drame fût
simplement un changement de favoris dangereux —
mais un changement dans le sens du pire, où l'incapacité brouillonne d'Essex faisait place à la sinistre
force de Raleigh ? Et, même s'il était trop tard désormais pour que cet homme audacieux s'accrût encore
beaucoup du vivant d'Elisabeth, quel funeste ascendant n'exercerait-il pas sur l'âme romanesque et
facilement impressionnable de Jacques ? Il fallait
y mettre bon ordre. Incontinent les sentiments
voulus furent à souhait inoculés au Roi ; Cecil personnellement parla très peu — il ne prononça qu'un
mot perçant, une fois ; mais Lord Henry Howard,
qui, en qualité de proche allié de Cecil, avait été
autorisé à prendre part à la correspondance secrète,
déversa, lettre après lettre, un fleuve d'avertissements
venimeux et d'amères accusations ; et très vite Jacques
ne sentit pour Raleigh que crainte et que dégoût.
Raleigh ne se doutait de rien ; il semblait qu'existât
une chaleureuse amitié entre lui et le Secrétaire. Une
fois encore il fut victime de sa mauvaise étoile. Ses
premiers espoirs avaient été anéantis par Essex ;
et maintenant qu'Essex n'était plus, il se voyait en

face d'un adversaire plus dangereux encore. En fait, la ruine du Comte, qu'il avait si véhémentement souhaitée, devait servir de prologue à la sienne. Le jour où de l'Arsenal il avait assisté à l'exécution de son ennemi, ses yeux s'étaient remplis de larmes. La grandeur de la tragédie avait attendri son cœur d'une étrange émotion. Mais quelque lointain avertissement peut-être aussi le traversa, quelque obscur pressentiment du sort qui l'attendait lui-même à la fin.

Ce grand règne se poursuivit deux années encore ; pourtant l'action battait d'un pouls affaibli ; et sur les affaires publiques planait un nuage de lassitude et d'attente. D'un seul côté on continuait à créer de l'histoire — en Irlande. Le choix qu'Elisabeth avait fait de Mountjoy s'était complètement justifié. Avec une habileté et une énergie inflexibles il avait usé les forces de Tyrone. En vain toute l'Europe catholique priait pour le rebelle, en vain le Pape lui fit présent d'une plume de phénix, en vain trois mille Espagnols débarquèrent à Kinsale. Mountjoy fut victorieux en bataille rangée ; les Espagnols forcés de capituler ; Tyrone harcelé, poursuivi, pressé, poussé de retranchement en retranchement. A sa coutume il négocia et se soumit ; mais cette fois le rêve d'une puissance catholique en Irlande fut définitivement ruiné. Le triomphe final d'Elisabeth s'accomplit. Pourtant l'étonnante histoire de Tyrone n'était pas terminée ; quelques poussières imprévues restaient encore dans le sablier du Temps. Rétabli haut seigneur sur ses états d'Ulster, riche et superbe au milieu d'un cercle adorateur de vassaux, il se jeta soudain dans de nouveaux démêlés avec le Gouvernement anglais. Tout d'un coup il prit peur — il s'enfuit. Longtemps avec sa famille et ses gens il erra, de France en Allemagne, et d'Allemagne aux Flandres, misérable proscrit. foyer mobile où s'allumaient les plus douteuses intrigues. A la fin le Pape l'accueillit, l'hébergea, le pensionna ; ses aventures finirent silencieusement. Et lui aussi disparaît à notre vue — enseveli par les longues, les vagues années de paix, d'indolence, et de banalité — sombrant dans l'oubli sous la monotonie des après-midis romains.

Elisabeth avait résisté aux premiers assauts de la douleur avec un extrême courage, mais une inévitable réaction suivit, et, à mesure que la pleine conscience de ce qui s'était passé s'imposait à elle, son système nerveux commença à fléchir. Son caractère se fit plus difficile et plus capricieux que jamais ; elle demeurait assise plusieurs jours de suite, sans parler, dans une mélancolie chagrine. Elle pouvait à peine se contraindre à se nourrir ; « hormis du petit pain et du potage à la chicorée » — note Sir John Harington — elle ne mangeait rien. Elle gardait constamment à côté d'elle une épée, et quand un accès s'emparait de son esprit elle la ramassait, piétinait le sol d'un air farouche, et la plantait furieusement dans une tapisserie. A Sir John, qui sollicitait une audience, elle fit une réponse acerbe. « Allez dire à ce plaisant, mon filleul, de rentrer chez soi ; ce n'est pas la saison maintenant de bouffonner. » Certes, elle disait vrai, et Sir John obéit, la mort dans l'âme. Parfois elle s'enfermait dans une chambre obscure, et pleurait avec rage. Puis elle reparaissait, maussade, flairait une négligence imaginaire, et tançait si vertement ses femmes qu'à leur tour elles fondaient en larmes.

Elle travaillait toujours aux affaires quotidiennes du Gouvernement, quoiqu'on pût de temps en temps reconnaître à certains signes que les habitudes de sa vie allaient se désagrégeant, et qu'elle était distraite, ou sans mémoire, comme elle n'avait jamais été auparavant. A ceux qui l'observaient, il semblait pour ainsi dire que son ressort intérieur était rompu, et que la mécanique ne marchait plus qu'en vertu de la loi d'inertie. En même temps ses forces physiques présentaient les symptômes d'un alarmant déclin. Une scène pénible eut lieu, en octobre, quand elle ouvrit le Parlement. Elle était debout sous ses lourds vêtement en présence des Lords et des Communes, et tout à coup on la vit chanceler ; plusieurs gentilshommes s'élancèrent pour la soutenir ; sans eux, elle fût tombée par terre.

Mais en réalité son génie n'était pas encore éteint ; elle restait capable de produire une sensation magnifique. L'antique main de la magicienne pouvait bien trembler, elle n'avait pas perdu le secret des tours les plus imprévus. Quand la session du Parlement commença, il se trouva qu'il y avait un grand et général mécontentement sur le sujet des monopoles. Ces licences, accordées à des particuliers, du droit exclusif de vendre diverses denrées, étaient devenues de plus en plus nombreuses, et se faisaient lourdement sentir au peuple. Comme on lisait à la Chambre des Communes l'interminable liste des marchandises visées, un député s'écria : « Et le pain, est-il compris là-dedans ? » « Si l'on n'y met bon ordre, répondit un autre, il le sera avant le prochain Parlement. » Les monopoles — le fermage des vins doux consenti à Essex avait été du nombre — était l'économique méthode dont Elisabeth se servait pour récompenser ses favoris ou fonctionnaires ; et le fait de protester là-contre équivalait à une attaque indirecte de la prérogative royale. Elisabeth n'était pas habituée à s'accommoder d'interruptions de ce genre de la part des Communes ; combien de fois, pour un motif moins grave, l'avait-on vue, dans un profond courroux, se déchaîner contre elles et les congédier, tremblantes ! Aussi personne ne s'étonna qu'elle convoquât le Président, et le pauvre homme se préparait à se faire terriblement laver la tête. Grande fut sa stupéfaction. Elle l'accueillit avec une extrême amabilité, lui dit qu'elle s'était récemment avisée que « certaines patentes qu'elle avait accordées étaient onéreuses pour ses sujets », l'assura qu'elle avait beaucoup réfléchi à la matière, cela « même au milieu des plus considérables et douloureuses conjonctures », et promit des réformes immédiates. Le Président s'en fut au comble du ravissement. Avec son sens infaillible de la réalité, elle avait compris que le débat des Communes représentait un courant de l'opinion du pays avec lequel il serait imprudent d'entrer en conflit ; elle vit que la sagesse conseillait de battre en retraite ; et elle résolut de tirer le meilleur parti d'une situation malheureuse. Quand elles apprirent la nouvelle, les Communes furent confondues ; le mécontentement fit place à l'enthousiasme ; il y eut un débordement de tendresse ; et la popularité accumulée depuis un demi-siècle soudain jaillit à son point le plus haut. Elles déléguèrent une députation pour exprimer leurs sentiments, et la Reine la reçut avec apparat. « En toute révérence et gratitude », dit le Président, pendant que la compagnie entière s'agenouillait devant elle, « prosternés à vos pieds, nous vous présentons nos cœurs très loyaux et reconnaissants, et le dernier souffle de nos narines, prêt à sortir et s'exhaler pour votre salut. » Il y eut un silence, et soudain retentit cette voix aiguë : « Monsieur le Président, nous voyons que votre venue est pour nous présenter vos remerciements ; sachez que je les accepte avec non moins de joie que votre affection a pu souhaiter m'offrir un tel présent, et l'estime plus qu'aucun trésor ou richesses, de quoi nous savons bien le véritable prix, au lieu que loyauté, affection, et reconnaissance sont tenues de nous pour inappréciables ; et, quoique Dieu m'ait portée si haut, pourtant en ce point je mets la gloire de ma couronne, que j'ai régné avec votre affection. » Elle s'interrompit et les invita à se lever, ayant encore quelque chose à leur dire. « Quand je l'ai su, reprit-elle, je ne pus donner de cesse à mes pensées que je ne l'eusse réformé, et ces marauds, vils personnages, suborneurs de ma libéralité, sauront que je ne le souffrirai pas. Et, M. le Président, dites à la Chambre que je le prends avec un plaisir extrême que cette connaissance me soit venue par elle. Pour moi, je dois l'avouer, je n'ai jamais été une avide gloutonne, pressurant ses sujets, et tenant serrés les cordons de sa bourse, ni encore moins une prodigue ; mon cœur ne fut jamais soumis aux biens terrestres, mais uniquement au bien de mon peuple. » S'arrêtant encore un moment, elle continua sur un ton plus bas : « Régner et porter une couronne est un état plus glorieux pour ceux qui regardent qu'il n'est plaisant à ceux qui le soutiennent. Les soucis et les tracas d'une couronne, je ne les puis plus justement comparer qu'aux drogues d'un savant médecin, parfumées de quelque saveur aromatique, ou aux amères pilules dorées, par quoi elles sont rendues plus agréables ou moins offensantes, étant en effet amères et intolérables à avaler. Et pour ma part, n'était la conscience d'accomplir le devoir que Dieu m'a imposé, et défendre sa gloire, et vous maintenir en sûreté, ma propre inclination me ferait volontiers résigner la place que j'occupe aux mains d'un autre, et être contente d'en quitter la gloire avec les travaux ; car il n'est pas dans mon désir de vivre ni de régner plus longtemps que ma vie et mon règne ne serviront à votre bien. Et, quoique vous ayez eu et puissiez avoir beaucoup de princes plus puissants et plus sages assis sur ce trône, jamais vous n'en avez eu ni n'aurez qui vous aime mieux. » Elle se raidit dans un dernier effort ; ses yeux lancèrent des éclairs ; il y eut une sonnerie de trompettes ; et, se détournant dans ses brocarts à traîne — droite et terrible — elle sortit.

XVII

La fin approchait à pas comptés — avec les délais
qui, semblaient-ils, étaient passés de rigueur dans cette
Cour mystérieuse. La routine ordinaire continua, et
dans sa soixante-dizième année la Reine négocia des
affaires, visita ses sujets, dansa pendant que les
ambassadeurs regardaient à la dérobée derrière les
tentures, comme jadis. Ses forces refluaient lentement ; mais de temps à autre il y avait un retour
soudain ; la vigueur et la santé inondaient cet organisme capricieux ; l'esprit étincelait ; les éclats de rire
familiers retentissaient dans Whitehall. Puis les heures
sombres revenaient — le dégoût de tout ce qu'offrait
la vie — les farouches transports — les lamentations.
En être venue là ! Elle le voyait clairement — son
triomphe démesuré n'avait abouti qu'à la solitude
et à la ruine. Tout alentour n'était que vide et que
cendres ; elle était seule, privée de l'unique chose au
monde qui valût la peine. Et c'est elle-même, de sa
propre main, qui l'avait jetée au loin, qui l'avait
détruite... mais non, mensonge ! Elle avait été toute
faiblesse... simple hochet dans la main d'on ne sait

quel malin pouvoir, quelle odieuse influence inhérente à la structure même du réel. Quand c'était là son humeur, avec une indifférence royale, elle soulageait son âme auprès de quiconque l'approchait — ses femmes, un ambassadeur, un vieux savant qui était venu lui montrer des livres. Avec de profonds soupirs et des gestes éplorés elle répétait sans cesse le nom d'Essex. Puis elle les renvoyait — futiles confidents — d'un signe de la main. Il valait mieux que la vérité du dedans se peignît dans l'apparence du dehors ; il valait mieux demeurer seule.

Dans l'hiver de 1602, Harington revint à la Cour, et cette fois obtint une audience de sa marraine. « Je l'ai trouvée, dit-il à sa femme, dans l'état le plus pitoyable. » Des négociations avec Tyrone étaient alors en cours, et la Reine, oubliant une précédente conversation, demanda à Sir John s'il avait jamais vu le rebelle. « Je répondis avec respect que je l'avais vu en compagnie du Lord Député ; elle me regarda avec un air de colère et de chagrin, et dit : « Oh, maintenant il me revient que vous n'êtes pas sans avoir vu cet homme autre part », et là-dessus elle versa une larme, et se frappa le sein. » Il pensa l'amuser à quelques passe-temps littéraires, et lui lut une ou deux de ses épigrammes rimées. Elle sourit faiblement. « Quand tu sentiras le temps qui rampe à ta porte, dit-elle, ces sottises te plairont moins ; mon goût est passé pour ces sortes de jeux. »

Avec la nouvelle année son âme reprit une vie nouvelle, et elle assista à quelques dîners d'apparat. Puis elle fut à Richmond, pour changer d'air ; et à Richmond, au mois de mars 1603. ses forces la trahirent enfin. Il n'y eut aucun symptôme très défini, sauf la croissante faiblesse physique, et le profond abattement de son esprit. Elle ne souffrait qu'aucun docteur vînt près d'elle ; elle mangeait et buvait très peu, gisant sur une chaise basse, des heures durant. Alors on comprit qu'une crise extraordinaire approchait. Elle fit de violents efforts pour se lever, et n'y pouvant réussir, commanda à ses serviteurs de la mettre sur pied. On la vit debout. Refusant qu'on l'aidât davantage, elle resta immobile, pendant que les assistants la regardaient dans un silence terrifié ; trop faible pour marcher, elle avait encore la force de se tenir ; si elle retournait à sa chaise, elle savait qu'elle ne se relèverait jamais ; c'est pourquoi elle restait debout ; n'était-ce pas, de tout temps, son attitude favorite ? Elle luttait contre la Mort, et luttait avec une ténacité effrayante. L'affreux combat dura quinze heures. Puis elle se rendit — tout en proclamant qu'elle n'irait point au lit. Elle tomba sur des coussins répandus pour l'accueillir ; et elle demeura là pendant quatre jours et quatre nuits, sans parler, un doigt dans la bouche. Entre temps, une atmosphère de cauchemar s'était abattue sur la Cour. L'air était saturé de destinée et de terreur. L'une des dames d'honneur, regardant sous une chaise, vit, clouée sous le siège, une reine de cœur. Que signifiait l'odieux présage ? Une autre, quittant la chambre de la Reine pour prendre un peu de repos, descendit une galerie, et entrevit la forme d'une ombre qui prit la fuite dans l'appareil familier de Sa Majesté. Eperdue de frayeur, elle revint sur ses pas, et, faisant irruption dans la chambre royale, regarda. Elle aperçut la Reine, étendue sur ses oreillers, silencieuse, un doigt dans la bouche, comme elle l'avait laissée.

Les grands qui l'entouraient la supplièrent d'obéir aux médecins et se laisser transporter — en vain. A la fin Cecil dit audacieusement : « Votre Majesté, pour contenter le peuple, il faut que vous alliez au lit. » « Petit homme, petit homme, répondit-elle, le mot *il faut* n'est pas d'usage à l'adresse des princes. » Elle fit signe qu'elle désirait entendre de la musique, et les instruments furent amenés dans la chambre ; ils lui tinrent un discours d'une mélancolie délicate, et pendant un moment elle en fut soulagée. Restaient les consolations de la religion ; mais ce n'étaient que vagues formalités à cette nature irrémédiablement terrestre ; un air d'épinette avait toujours eu plus de pouvoir sur son esprit qu'une prière. Finalement elle fut conduite sur son lit. Cecil et les autres Conseillers se rassemblèrent autour ; n'avait-elle aucune instruction à faire connaître, demanda le Secrétaire, au sujet de son successeur ? Il n'y eut pas de réponse. « Le Roi d'Ecosse ? » insinua-t-il ; et elle fit un signe — du moins il le crut — qui voulait dire acquiescement. L'Archevêque de Cantorbéry entra — le vénérable Whitgift qu'en des temps plus heureux elle avait surnommé son « petit mari, tout de noir vêtu » — et s'agenouilla à côté d'elle. Il pria avec ferveur et longtemps ; et cette fois, chose inattendue, elle sembla prendre plaisir aux rites de son ministère ; il pria et pria jusqu'à ce que ses vieux genoux fussent au supplice ; alors il fit un mouvement comme pour se lever. Mais elle ne voulut point y consentir, et de nouveau, pour un espace de temps interminable, il éleva vers le ciel ses oraisons. Il se faisait tard dans la nuit qu'il n'était pas encore délivré ; quand il vit qu'elle s'était endormie. Elle continua de dormir. Enfin — aux froides, aux sombres heures de l'aube, le 24 mars — un changement se produisit ; et les courtisans, se penchant anxieusement sur le lit, s'aperçurent qu'une fois de plus l'inexplicable génie leur avait échappé. Mais c'était la dernière fois : une écorce livide est tout ce qui restait de la Reine Elisabeth.

Mais cependant, dans une chambre retirée, à sa table, seul, le Secrétaire écrivait. Il avait prévu toutes les éventualités, arrangé toutes choses, il n'y avait plus qu'à appliquer les dernières chiquenaudes. La redoutable transmission du pouvoir se ferait à présent avec une aisance délectable. Sa main courait sur le papier et sa pensée en même temps courait, errant tristement parmi les vicissitudes des mortels, méditant sur les révolutions des royaumes, et rêvant, avec une calme lucidité, à ce que les heures désormais portaient avec elles — l'union de deux nations — le triomphe d'une nouvelle aristocratie — succès, pouvoir, et richesse — un nom dans la suite des âges — une noble lignée — une grande Maison.

BIBLIOGRAPHIE

ABBOT (Edwin A.). *Bacon and Essex*. 1877.

ABBOT (Edwin A.). *Francis Bacon*. 1885.

AUBREY (John). *Brief Lives*. Edited by Andrew Clark. 1898.

BAGENAL (Philip H.). *Vicissitudes of an Anglo-Irish Family*. 1925.

BIRCH (Thomas). *Memoirs of the Reign of Queen Elizabeth*. 1754.

BIRCH Mss. British Museum.

BREWER (J. S.). *English Studies*. 1881.

CAMDEN (William). *Rerum Anglicarum et Hibernicarum Annales, regnante Elizabetha*. 1625.

CARY (Robert). *Memoirs*. 1759.

CECIL (Sir Robert). *Letters to Sir George Carew*. Camden Society. 1864.

CHAMBERLAIN (John). *Letters*. Camden Society. 1861.

CHAMBERLIN (Frederick). *The Private Character of Queen Elizabeth*. 1921.

CREIGHTON (Mandell). *Queen Elizabeth*. 1906.

DEVEREUX (Walter Bourchier). *Lives and Letters of the Devereux, Earls of Essex*, 1853.

Dictionnary of National Biography.

Egerton Papers. Camden Society. 1840.

ELIZABETH (Queen). *Correspondence with James VI of Scotland.* Camden Society, 1849.

English Historical Review. Vol. IX. 1894.

FROUDE (James Anthony). *History of England.* 1870.

FROUDE (James Anthony). *The spanish Story of the Armada.* 1892.

GOODMAN (Godfrey). *The Court of King James the First.* 1839.

GOSSE (Edmund). *The Life and Letters of John Donne* 1899.

HARINGTON (Sir John). *Nugae Antiquae.* 1779.

Hatfield Papers. Historical Manuscripts Commission. 1906.

HAYNES (Samuel). *Collection of State Papers.* 1740.

HAYWARD (John). *The First Part of the Life and Raigne of King Henry IIII.* 1599.

HERBERT OF CHERBURY (Lord). *Autobiography.* 1770.

HUME (Martin). *Life of Sir Walter Raleigh.* 1904.

HUME (Martin). *Philip II of Spain.* 1906.

HUME (Martin). *Treason and Plot.* 1901.

JAMES VI. *Correspondence with Cecil and Others.* Camden Society, 1861.

JONSON (Ben). *Conversations with William Drummond of Hawthornden.* Edited by R. F. Patterson. 1923.

MIGNET (M.). *Antonio Perez et Philippe II.* 1845.

NAUNTON (Sir Robert). *Fragmenta Regalia.* 1641.

NICHOLS (John). *Biblictheca Topographica Britannica.*

POLLARD (A. F.). *History of England.* 1547-1603. 1910.

PRÉVOST-PARADOL. *Elisabeth et Henri IV.* Deuxième Édition. 1863.

RALEIGH (Sir Walter). *The Prerogative of Parliaments in England.* 1628.

READ (Conyers). *Mr Secretary Walsingham and the Policy of Queen Elizabeth.* 1925.

SMITH (Logan Pearsall). *The Life and Letters of Sir Henry Wotton.* 1907.

SPEDDING (James). *The Letters and the Life of Francis Bacon.* 1862.

SPENSER (Edmund). *A Veue of the Present State of Ireland.* Ed. Grosart. Vol. IX. 1882-4.

STEBBING (Walter). *Sir Walter Raleigh.* 1899.

STRICKLAND (Agnes). *The Life of Queen Elizabeth.* 1848.

SULLY. *Mémoires des Sages et Royales Œconomies d'Estat.*

Sydney Papers. Edited by Arthur Collins. 1746.

WEBSTER (John). *Works.* Edited by F. L. Lucas. 1927.

WOTTON (Sir Henry). *Reliquiae Wottonianae.* Fourth Edition. 1685.

INDEX

—

ACHEVÉ D'IMPRIMER
LE 12 NOVEMBRE 1929
PAR F. PAILLART A
ABBEVILLE (SOMME)

COLLECTION " VIES DES HOMMES ILLUSTRES "

FRANZ LISZT, par G. de Pourtalès. — TALLEYRAND, par J. Sindral. — LAZARE HOCHE, par G. Girard. — MONTAIGNE, par J. Prévost — HENRI IV, par P. de Lanux. — HOFFMANN, par J. Mistler. — CHOPIN ou LE POÈTE, par G. de Pourtalès. — DISRAELI, par A. Maurois. — DICKENS, par G. K. Chesterton. — CYRANO DE BERGERAC, par L.-R. Lefèvre. — STENDHAL, par P. Hazard. — DELACROIX, par P. Courthion. — GŒTHE, par J.-M. Carré. — ALEXANDRE DUMAS PÈRE, par J. Lucas-Dubreton. — BARON LOUIS, par C.-J. Gignoux. — FERNAND CORTÈS, par J. Babelon. — BEAUMARCHAIS, par R. Dalsème. — LA FAYETTE, par Jacques Kayser. — SCHUBERT, par P. Landormy. — JOHN KEATS, par A. Erlande. — ATTILA, par M. Brion. — LOUIS II, par G. de Pourtalès. — GOYA, par E. D'Ors. — LOUIS PASTEUR, par H. Drouin. — CHATEAUBRIAND, par M. Rouff. — MARÉCHAL DE RICHELIEU, par R. Honnert et M. Augagneur. — CROMWELL, par J. Drinkwater. — STEVENSON, par J.-M. Carré. — PHILIPPE II, par J. Cassou. — BEETHOVEN, par E. Herriot. — SAINT LOUIS, par J. Boulenger. — MOLIÈRE, par R. Fernandez. — CLAUDE MONET, par M. de Fels. — VATEL, par J. Moura et P. Louvet. — SŒURS BRONTË, par E. et G. Romieu. — WILLIAM CORBETT, par G. K. Chesterton. — MADAME DE MAINTENON, par G. Truc. — SAINT-JUST, par E. Aegerter. — SCARRON, par J. Jéramec. — GRACCHUS BABEUF, par Ilya Ehrenbourg. — ÉLISABETH ET LE COMTE D'ESSEX, par Lytton Strachey. — THEOPHRASTE RENAUDOT, par ********. — VAUVENARGUES, par P. Richard. — BAKOUNINE, par H. Iswolsky. — BOUGAINVILLE, par J. Dorsenne. — WALT WHITMAN, par C. Rogers. — EURIPIDE, par M. Delcourt. — RAMSÈS II, par C. Parain. — ARMAND CARREL, par R. G. Nobecourt. — FRANÇOIS PIZARRE, par L. Baudin. — GEORGE ELIOT, par E. et G. Romieu. — AMBROISE PARÉ, par C. d'Eschevannes. — SIMON BOLIVAR, par G. Lafond et G. Tersane. — GÉNÉRAL YUSUF, par M. Constantin-Weyer. — CHRISTOPHE COLOMB, par J. Wassermann. — ALARIC, par M. Brion. — HAROUN-AL-RASCHID, par G. Audisio. — GRIMOD DE LA REYNIÈRE, par P. Bearn. — ROBERT BROWNING, par G. K. Chesterton. — NOSTRADAMUS, par J. Moura et P. Louvet. — BENJAMIN CONSTANT, par L. Dumont-Wilden. — INGRES, par J. Fouquet. — AUGUSTE COMTE, par Henri Gouhier. — ROBERT SCHUMANN, par Alfred Colling. — IVAN LE TERRIBLE, par André Beucler. — GÉNÉRAL NOGI, par Kikou Yamata. — ALEXANDRE LE GRAND, par K. Bercovici. — MEREDITH, par R. Sencourt. — TAMERLAN, par Harold Lamb.